D1726232

Schriftenreihe Wertewelten

herausgegeben von
Prof. Dr. Frank Baasner
Prof. Dr. Heinz-Dieter Assmann, LL.M.
Prof. Dr. Jürgen Wertheimer

Band 3

Heinz-Dieter Assmann | Frank Baasner |
Jürgen Wertheimer [Hrsg.]

Normen, Standards, Werte –
was die Welt zusammenhält

 Nomos

Bildnachweis Titel: Stefan Tuschy, Dortmund

Die Deutsche Nationalbibliothek verzeichnet diese Publikation in
der Deutschen Nationalbibliografie; detaillierte bibliografische
Daten sind im Internet über http://dnb.d-nb.de abrufbar.

ISBN 978-3-8329-7019-2

1. Auflage 2012
© Nomos Verlagsgesellschaft, Baden-Baden 2012. Printed in Germany. Alle Rechte, auch
die des Nachdrucks von Auszügen, der fotomechanischen Wiedergabe und der Übersetzung, vorbehalten. Gedruckt auf alterungsbeständigem Papier.

Danksagung

Der vorliegende Band versammelt Beiträge von Autorinnen und Autoren aus ganz verschiedenen Kulturen. Ihnen gebührt der größte Dank, sowohl für ihre Kommunikationsbereitschaft wie für ihr Engagement.

Für die Unterstützung des Wertewelten-Projekts durch die Finanzierung aus Mitteln der Landesstiftung haben wir dem Wissenschaftsministerium Baden-Württemberg zu danken.

Für redaktionelle Mitarbeit und Lektorierung der Beiträge danken wir Cornelie Ueding, für die graphische Gestaltung Michael Diebold, und Jan Thomas Kühnel fürs Korrekturlesen und die Herstellung des druckfertigen Manuskripts.

Tübingen, im Juli 2011   Die Herausgeber

Inhalt

Vorwort: Normen, Standards, Werte

Jürgen Wertheimer, Universität Tübingen

Wann immer man es mit „Normen" zu tun bekommt, ist Gefahr im Verzug. Es ist sicherlich kein Zufall, dass bereits die Einführung „Deutscher Industrie-Normen" (DIN) mit Rationalisierungsbestrebungen im Rahmen der Rüstungs-produktion der Streitkräfte während des Ersten Weltkriegs, insbesondere im Be-reich Maschinenbau und Waffenherstellung 1917, in unmittelbarer Verbindung stand. Was im Krieg begann, hat sich als Krieg fortgesetzt: als Kampf gegen den "Terror" der Beliebigkeit und der Willkür. So zumindest sehen es die Strategen der Kultur des Normierens und es gab und gibt gute Gründe, die Klarheit, Über-sichtlichkeit und Effizienz, die jedes normierende System verspricht, als Fort-schritt zu sehen.

Was zu Beginn des 20. Jahrhunderts vergleichsweise harmlos Einzug hielt, jedenfalls auf einzelne Bereiche beschränkt war, hat sich unter den Vorzeichen der Globalisierung zu einem alle Lebensbereiche überformenden Dogma ver-selbständigt. Aus einem technologisch nützlichen Instrument wurde ein über-mächtiger Apparat. Ein Apparat, der jeden Zweifel an seiner Legitimation be-stenfalls als Querulantismus, schlimmstenfalls als Widerstand gegen die Macht des Fortschritts diskreditiert: Pflegesätze, Sendeformate, Bildungsstandards dik-tieren unser Leben von der Wiege bis zur Bahre und mit wachsender Tendenz, alle Kulturen gleichermaßen zu normieren. Es gibt derzeit eine nicht zu überse-hende Tendenz, auch Werte und ethische Normen zu vereinheitlichen, oft auch dies mit guten Gründen und in durchaus humanitärer Absicht. Doch wenn Werte in ein normatives Schema gezwungen werden, ist die Gefahr nicht gering, dass am Ende dieses Prozesses die Norm als einzig verbindlicher Wert verbleibt.

Je mehr wir aber in die Lebensrealität anderer Kulturen der Welt eindringen, umso unausweichlicher und ernsthafter stellt sich die Frage nach dem Sinn, den Folgen und der Legitimität dieses Zugriffs bzw. Übergriffs. Oder gibt es tatsäch-lich Normen, Standards, denen universelle Geltung zukommt und die folgerich-tig dann auch weltweit und verbindlich durchgesetzt werden müssten?

Seit Beginn dieses Jahrhunderts stellen sich viele der genannten Fragen zu-dem unter den Vorzeichen einer Macht, die bisher nicht mit dieser Vehemenz und Dynamik auf den Plan getreten ist: eines Ökonomismus' und einer Markt-idolatrie, die alle anderen Normen diskreditiert oder allenfalls als Mittel zum Zweck in Erscheinung treten lässt.

Oder ist alles ganz anders? Wird nur eine normativ grundierte Oberfläche geliefert, unter der die Diversitäten nicht nur erhalten bleiben, sondern sogar gesteigerte subversive Wucht erfahren?

Der vorliegende Band versammelt Texte eines Forums zum Thema *Normen, Standards, Werte – was die Welt zusammenhält*, das vom 18. – 21. Februar 2010 an der Universität Tübingen stattfand und Teilnehmer/innen aus acht Ländern und unterschiedlichen Disziplinen die Gelegenheit bot, das brisante Thema undogmatisch und offen, bisweilen auch in gutem Sinne polemisch zu diskutieren. Am Ende dieses Bandes steht keine griffige These, kein Rezept, sondern ein Ausblick in gelebte Wirklichkeit.

Im Jahr 2010 startete das Projekt *Wertewelten* eine Umfrage unter jungen Menschen aus aller Welt zum Thema: *Nach welchen Werten leben wir?*

Die zehn interessantesten und prämierten Beiträge werden am Ende des Buches abgedruckt. Diese Texte geben einen Einblick in die komplexe Vielfalt, die heutigen Biographien eingeschrieben ist. Ein Stück weit halten sie reflektierte, verschriftlichte Lebenswirklichkeit fest und bilden einen wichtigen kontrapunktischen Akzent zu den theorieorientierten Debatten.

Alle Weltworte streben nach Standardisierung Vereinheitlichung und Vereinheitlichungskritik in historischer Perspektive

Miloš Vec, Johann-Wolfgang-Goethe-Universität, Frankfurt am Main

Der folgende Beitrag widmet sich aus rechtshistorischer Perspektive ausgewählten Fragen der Standardisierung. Er versucht dabei ausgehend von mehreren Beispielen, die überwiegend aus der Neuzeit und der Moderne stammen, Muster und Motive von Vereinheitlichungsprozessen zu benennen. Er fragt nach Akteuren, deren Interessen und den von ihnen gewählten Regelungsmodellen. Auf dieser Grundlage wird abschließend eine ethische Bewertung der Standardisierungsprozesse versucht.

Die Begriffe „Standardisierung" und „Vereinheitlichung" werden dabei im Folgenden als analytische Kriterien zur Beschreibung dieser Prozesse verwendet, auch wenn sie in der Sprache des 19. Jahrhundert selbst noch wenig verwendet wurden,[1] sondern erst im Verlauf des 20. Jahrhunderts ihren Siegeszug antraten. Die beiden Worte werden darüber hinaus synonym gebraucht. Eine Heuristik, die insoweit auch sprachlich zwischen verschiedenen Typen differenziert, ist demnach hier nicht beabsichtigt.

---

[1] Siehe die Einträge in den Standardwerken: Meyers Konversations-Lexikon, 5. Auflage, 21 Bde., neuer Abdruck Leipzig und Wien 1897–1901: Kein Eintrag „Standardisierung" vorhanden, jedoch im 16. Bd. Sirup bis Turkmenen, Leipzig und Wien 1897: S.318, der Eintrag „Standard (engl., ...), soviel wie gesetzlich, normal, mustermäßig (vgl. Standard work), im englischen und nordamerikan. Maß-, Gewichts- und Münzwesen die den Gesetzen entsprechenden Einheiten und Maße; z. B. s. gold, Goldlegierung von dem Gesetz entsprechendem (11/12) Feingehalt (s. d.)". Ebenda wieder kein Eintrag „Vereinheitlichung" vorhanden im 17. Bd. Turkos bis Zz, Leipzig und Wien 1897, 6. Auflage, 24 Bde., Leipzig und Wien 1905–1913. Weder „Standardisierung" noch „Vereinheitlichung" sind enthalten in Deutsches Wörterbuch, hg. von Jacob und Wilhelm Grimm, 33 Bde., 10. Bd., II. Abteilung, I. Teil. Sprecher – Stehuhr, Leipzig 1960, 25. Bd., I. Abteilung. V – Verwurzeln, Leipzig 1956. Krünitz verzeichnet gleichfalls weder „Standardisierung" (Oeconomische Encyclopädie oder allgemeines System der Land-, Haus- und Staats-Wirthschaft: in alphabetischer Ordnung, 169. Bd., Berlin 1838, Stahlwasser – Stärke [Weitzen=]) noch „Vereinheitlichung" (ebenda, 205. Bd., Berlin 1851, Verbrechen – Vereinigte Niederlande).

I. Glückwunsch an die „Norm des Monats"!

Zuallererst jedoch geziemt sich ein Glückwunsch. Gratulation an diejenige, die es geschafft hat – geschafft, unter Tausenden und Abertausenden den begehrten ersten Platz zu erringen!

1. DIN 18650-1

Die Rede ist von der DIN 18650-1. Sie ist im Februar 2010 zur „Norm des Monats" gekürt worden. Die DIN 18650-1 trägt den erläuternden Zusatz „Automatische Türsysteme und deren Produktanforderungen und Prüfverfahren" und ersetzt in der Sache die Vorgängernorm mit der Bezeichnung DIN 18650-1 2005-12. Als Preisträgerin im Wettbewerb zur „Norm des Monats" folgt sie wiederum der DIN EN 62424 „Darstellung von Aufgaben der Prozessleittechnik", die Norm des Monats Januar 2010 war. Wer in der nächsten Runde „Germany's next Topnorm" sein wird, weiß man nicht und wird allgemein mit kaum zu überbietender Spannung erwartet.

Geschaffen wurde die DIN 18650-1 vom „DIN Deutsches Institut für Normung e.V.", der institutionellen Mutter aller Standardisierungen in Deutschland. Wenn es in Deutschland einen Inbegriff einer standardisierenden Institution gibt, ist es vermutlich das DIN. Es wurde 1917 als „Normenausschuss der deutschen Industrie" gegründet,[2] beflügelt durch das Wumba, das Kaiserliche Wehr- und Munitionsbeschaffungsamt in Spandau. Das DIN ist also ein Kriegskind.

Das DIN erarbeitet in seinen Ausschüssen Standards, die als DIN-Normen bezeichnet werden. Die aktuelle Zahl der Normen ist laut Auskunft der Pressestelle 32.189, so jedenfalls die jüngste Zählung zum 31.12.2009.[3] Auch das DIN weiß um die Notwendigkeit, die eigene Arbeit zu legitimieren und zu vermarkten. Deswegen wird die Norm des Monats auch vom Verlag getwittert, unter http://twitter.com/BeuthVerlag kann man *follower* werden, und dort habe ich auch meine Informationen bezogen. Klickt man auf den angegebenen Link, kommt man zur Internet-Seite des Beuth Verlags und erfährt mehr über den Regelungsgegenstand. Im Falle der DIN 18650-1 lauten diese Informationen:

---

2   Peter Berz: Der deutsche Normenausschuß. Zur Theorie und Geschichte einer technischen Institution. In: Armin Adam/ Martin Stingelin (Hg.): Übertragung und Gesetz: Gründungsmythen, Kriegstheater und Unterwerfungstechniken von Institutionen. Berlin 1995, S. 221–236; Thomas Wölker: Entstehung und Entwicklung des Deutschen Normenausschusses 1917 bis 1925 (DIN Normungskunde 30). Berlin 1991.

3   Telefonische Auskunft am 15.2.2010 an den Verfasser durch Herrn Peter Anthony, dem Kommunikationsmanager des DIN.

Diese Norm legt Anforderungen an den Aufbau von und die Prüfverfahren für Antriebseinheiten, Türflügel und Zubehör von automatischen Türsystemen in Fußgängerbereichen fest. Türen dieser Art können elektromechanisch, elektrohydraulisch oder pneumatisch betrieben werden.

Die Norm behandelt automatische Türsysteme, die in Rettungswegen eingebaut und solche, die als Feuer- und/oder Rauchschutztüren eingesetzt werden. Zusätzlich werden automatische Türsysteme für andere Anwendungen erörtert.

Zu den hier behandelten Arten von Türen gehören automatische Schiebe-, Drehflügel- und Karusselltüren, einschließlich Drehschiebetüren, sowie Faltflügeltüren mit horizontal bewegten Flügeln.[4]

Soweit die knappe Verlagsauskunft, eine Art Setcard zur Preisträgerin des Monats. Die eigentliche Norm, erlassen vom „Normenausschuss Bauwesen" im DIN, ist freilich viel umfangreicher als diese fünf dürren Sätze erahnen lassen: 58 Seiten sind dem Interessenten vorangekündigt – denn deutsche Ingenieure stehen im Ruf, gründlich zu sein, und sie wollen ihn nicht verlieren. Zugleich betreiben sie ein wenig Öffentlichkeitsarbeit.

Damit freilich finden die kostenfreien Informationen, die man zitieren darf, schon ihr Ende. Wer es genau wissen will, wird nämlich zur Kasse gebeten. Sich die Norm zuschicken zu lassen oder sie herunterzuladen, kostet 124,50 Euro. Normsetzung, -vermittlung und -implementation hat eben ihren Preis. Entrichtet wird der Obolus an die „Beuth Verlag GmbH – Ihr DINstleister für Norm- und Fachpublikationen" – man beachte die Großbuchstaben; auch technische Standardisierer haben Sinn für ungenormte Scherze bzw. Wortspiele, die die Sprachnorm verletzen.

2. DIN EN ISO 21987

Ich will zu Beginn dieses Beitrags nicht gleich Wasser in den Wein gießen, aber man muss doch bei der Wahrheit bleiben, auch wenn sie den Glanz der DIN 18650-1 schmälert. Denn neben der vom Beuth-Verlag proklamierten „Norm des Monats" gibt es irritierender weise auch noch eine weitere „Norm des Monats", die vom DIN NA 27, Normausschuss Feinmechanik und Optik (NaFuO) – Motto: „Gemeinsam Normen setzen – für Ihren Erfolg"[5] – bekanntgegeben wird.

---

4   http://www.beuth.de/cmd?level=tpl-artikel&cmstextid=din18650-1&languageid=de (zuletzt aufgerufen 12.2.2010).
5   Siehe die Imagebroschüre des NaFuO, Download unter http://www.nafuo.din.de/sixcms_ upload/media/2609/Imagebrosch%FCre_NAFuO.pdf (zuletzt aufgerufen 13.2.2010).

13

Im Februar 2010 war es die DIN EN ISO 21987 Augenoptik – Fertig montierte Korrektionsbrillengläser.[6] Ihre Vorgängerin wiederum war die DIN EN ISO 16061 Instrumente, die in Verbindung mit nichtaktiven chirurgischen Implantaten verwendet werden – Allgemeine Anforderungen[7]. Ob man sich in einigen Monaten noch an sie erinnern wird? Nach Auskunft des DIN[8] hat dieses sogar vor mehr als einem Jahr angeregt, dass alle Ausschüsse eine „Norm des Monats" proklamieren, was aber nicht aufgegriffen wurde.

Welche Konkurrenz wäre da erst unter den Siegerinnen entstanden? Anders gesagt: Wie vergänglich ist doch der Ruhm der Welt auch unter den Standardisierten!

II. Begriffe der Standardisierung

Dieser Band befasst sich mit „Prozessen der Standardisierung in der Gesellschaft" und stellt die Frage, „was das Konzept der Standardisierung leistet und worin seine Gefahrenmomente liegen […]".[9] Die Veranstalter benennen dabei folgende Bedenken: „[…] vor allem gilt es, die Gefahr der mit dem Standardisierungsprozess verbundenen Nivellierung signifikanter Eigenarten zu bedenken. Aber auch die Möglichkeit, die mit ihnen verbundene Macht als Mittel der Befriedung einzusetzen".[10]

Das Anliegen ist somit eine ethisch unterlegte Sorge, unter anderem um den Verlust von Vielfalt. Nun fand die Tagung nicht nur räumlich im Evangelischen Stift Tübingen statt, der Wiege der deutschen Reformation, sondern in einer Zeit der Reform der Universität. Kritiker der Reform bemängeln dabei einerseits die zunehmende Standardisierung und Verregelung in gewissen Bereichen,[11] andere attackieren die deutsche Wissenschaftslandschaft wegen mancher Sonderwege, die ihnen in internationalen Kontexten problematisch erscheinen. Standardisierung und fehlende Standardisierung sind also zugleich Topoi der Diskussion.

Wolf Wagner etwa greift in seinem im Februar 2010 erschienenem Buch „Tatort Universität" die deutsche Wissenschaft, genauer, den deutschen Wissen-

---

6   http://www.nafuo.din.de/cmd?bcrumblevel=1&contextid=nafuo&contextid=nafuo& cms-textid=112762&level=tpl-artikel&languageid=de (zuletzt aufgerufen 13.2.2010).

7   http://www.nafuo.din.de/cmd?bcrumblevel=1&contextid=nafuo&contextid=nafuo& cms-textid=111156&level=tpl-artikel&languageid=de (zuletzt aufgerufen 13.2.2010).

8   Telefonische Auskunft am 15.2.2010 an den Verfasser durch Herrn Peter Anthony, dem Kommunikationsmanager des DIN.

9   So der Programmtext zur ursprünglichen Tübinger Tagung, zitiert nach dem Flyer.

10   Ebd.

11   R. Münch: Qualitätssicherung, Benchmarking, Ranking. Wissenschaft im Kampf um die besten Zahlen. In: H-Soz-u-Kult, 27.5.2009, http://hsozkult.geschichte.hu-berlin.de/forum/id=1104&type=diskussionen (zuletzt aufgerufen 4.3.2011).

14

schaftsstil, deswegen an, weil dieser eine Neigung zu Abstraktionen als Selbstwert habe. Wagner folgt dabei Johan Galtung und konstatiert, dass Referate im teutonischen Wissenschaftsstil zu theoretischen Ausführungen neigten: „Empirisches Material dient zur Untermauerung der Theorie, hat aber kaum Wert an sich."[12]

Als praktischen Beitrag zur methodischen Vielfalt hierzulande soll daher zunächst nicht mit einer abstrakten Theorie der ethischen Kollateralschäden der Standardisierung aufgewartet werden. Stattdessen möchte ich im Hauptteil des Beitrags ausgewähltes historisches Material ausbreiten. Diese Beispiele erfassen Standardisierungsvorgänge der Neuzeit, der Zeitgeschichte und der Gegenwart. Sie versuchen, ihre wesentlichen Merkmale zu erfassen und die mit ihnen verbundenen Zwecke zu benennen. Damit sollen sie die Grundlage für eine die Einzelanalysen übergreifende Bewertung liefern, die den Schluss des Beitrags bildet. Dort werden die Beobachtungen unter sieben Punkten zusammengefasst.

1. Gesetzgebung und Verregelung als Standardisierung?

Ich diskutiere die Frage der Standardisierung einerseits mit historischer Perspektive, andererseits als Jurist. Juristen sind insoweit Experten für Standardisierung, als jede rechtliche Norm im weitesten Sinne einen Standard setzt.[13] Gesetzgebung, Verregelung und Standardisierung gehen oft Hand in Hand. Man denke etwa an die jüngst erfolgte Umsetzung der EU-Zahlungsdiensterichtlinie in deutsches Recht. Sie erfolgte im neuen Untertitel 3 „Zahlungsdienste" im Titel 12 des BGB, wo die Paragrafen §§ 675c bis 675z sowie 676 bis 676b BGB geschaffen wurden. Die Verregelung, zum 31.10.2009 in Kraft getreten, ist in Umfang und Detailreichtum eindrücklich, man könnte auch sagen erschreckend: 4.717 Wörter zählt mein Rechner, wo die Paragrafen 675 und 676 im Jahr 1900 nur 84 Worte umfassten.

Es handelt sich um die zivilrechtlichen Regelungen für die diversen Zahlungsdiensteanbieter und Zahlungsverfahren. Hier werden Standards etwa für den Zahlungsverkehr mit sogenannten Zahlungsauthentifizierungsinstrumenten festgelegt. Was sind Zahlungsauthentifizierungsinstrumente? Welche Rechte und Pflichten hat der Zahlungsdienstenutzer, welche der Zahlungsdiensteanbieter?

---

12 Wolf Wagner: Tatort Universität. Vom Versagen deutscher Hochschulen und ihrer Rettung. Stuttgart 2010, S. 44.

13 Vgl. Klaus F. Röhl / Hans Christian Röhl: Allgemeine Rechtslehre. 3. Auflage, Köln und München 2008, S. 151–153, 189 f., 268 f., jedoch später mit der definitorischen Einschränkung: „Nach neuerem Sprachgebrauch sind Standards ausformulierte private Regelwerke […]" (S. 240); Thomas Vesting: Rechtstheorie. Ein Studienbuch. München 2007, S. 17 f., insb. Rdnr. 32 u. 33.

Informations- und Sorgfaltspflichten werden normiert. Was passiert im Fall des Verlusts oder der missbräuchlichen Verwendung des Zahlungsauthentifizierungsinstruments bzw. persönlicher Sicherheitsmerkmale (das sind PIN und TAN) und danach folgenden Abbuchungen? Kurz: was sind die Standards der beiderseitigen Haftung in diesem Rechtsgeschäft? Man könnte diese Gesetzesreform wie auch jedes Gesetz und jede Norm als „Standardisierung" auffassen. Das ist möglich und würde gewissermaßen einen weiten Begriff von Standardisierung durch jede Normierung in Ansatz bringen.

2. Standardisierung als normative Vereinheitlichung: EU-Zahlungsdiensterichtlinie pro SEPA

Im Folgenden soll aber ein engerer Begriff von Standardisierung verwendet werden, der nur solche Fälle erfasst, bei denen Normen eine Vereinheitlichung vornehmen, also Vielfalt bewusst und zweckgerichtet reduzieren. Dieses Verständnis teile ich mit anderen Standardisierungsforschern, etwa Norman F. Harriman, der in seinem – man möge bitte das Wortspiel nachsehen – Standardwerk von 1928 definiert: „Standardization may be defined as the unification of the methods, practices, and technique involved in the manufacture, construction, and use of materials, machines, and products, and in all lines of endeavor which present the necessity for performing repetition work."[14] Standardisierung also als Vereinheitlichung, hier freilich vom industriellen Sachbereich her gedacht, was uns natürlich nicht binden soll. Im Gegenteil: Auch jenseits der industriellen Massenfabrikation findet Vereinheitlichung von Methoden, Praktiken und Techniken statt.

Betrachtet man die oben genannte Reform der Zahlungsdienste unter diesem Aspekt, findet man mehrere Anknüpfungspunkte. Denn standardisierend ist diese Reform insofern, als sie der Schaffung eines europaweiten einheitlichen Euro-Zahlungsraumes dient, der Sepa-Area (Single Euro Payments Area).[15] Um in diesem politisch-geografischen Raum den Zahlungsverkehr zu erleichtern und zu vereinheitlichen, wurde den EU-Mitgliedstaaten für die nationale Ebene eine

---

14   Norman F. Harriman: Standards and Standardization. New York 1928, S. 78.
15   Wolfgang Rühl: Weitreichende Änderungen im Verbraucherdarlehensrecht und Recht der Zahlungsdienste. Deutsches Steuerrecht (DStR) 2009, S. 2256–2263 (2256); Peter Derleder: Die vollharmonisierende Europäisierung des Rechts der Zahlungsdienste und des Verbraucherkredits. Neue Juristische Wochenschrift (NJW) 2009, S. 3195–3202 (3195); Christian Scheibengruber: Zur Zulässigkeit und Sinnhaftigkeit der Verlagerung des Missbrauchsrisikos bei Zahlungsdiensten auf die Nutzer. Ein Beitrag zur Analyse der Umsetzung der Zahlungsdiensterichtlinie in das BGB und die AGB der Banken. Zeitschrift für Bank- und Kapitalmarktrecht (BKR) 2010, S. 15–23.

Rechtsvereinheitlichung aufgegeben, während umgekehrt ausdrücklich alle Fremdwährungen ausgenommen sind. Abwicklung von Transaktionen und Umgang mit Leistungsstörungen sollen einheitlich geregelt sein.

Standardisierung des Rechts und Standardisierung durch Recht sind hier zwei miteinander verschränkte Varianten. Sie sollen eine politisch-wirtschaftliche Integration des Zahlungsraums leisten. Daher die umfassende und vorsätzliche Vereinheitlichung dieser Vorschriften, die meinem engeren Standardisierungsbegriff entspricht, der auch im Folgenden zugrunde gelegt wird.

III. Standardisierung und Normierung in vier historischen Beispielen

Vier historische Beispiele aus einem unendlich scheinenden Fundus habe ich ausgewählt, um die Frage der Leistungen und Defizite von Standardisierung anschaulich diskutieren zu können.

1. Weltpostvertrag

Wenn man ein globales System voller Standards und Standardisierungen sucht, könnte man an die Post denken. Hier trifft man bekanntlich nicht nur auf Standardbrief und Standardporto, sondern auf eine Fülle weiterer Standardisierungen, die als Vereinheitlichungsprozess bis in die Gegenwart anhalten, ja nunmehr geradezu neue technische Phasen der Beschleunigung durchlaufen, da die Post sich als „weltweit führende Logistikgruppe"[16] mit „modernste[r] Sortiertechnik"[17] geriert und auch ihre Kunden zu Standardisierungen anhält. Man konsultiere etwa die fünfzig Seiten umfassenden „Vorgaben der deutschen Post für automatisierungsfähige Schreiben", in denen sich diese beiden Selbstbeschreibungen finden.[18]

Dieser Drang der Post zur Standardisierung ist keine nationale Eigenheit der deutschen Post, und er findet seine Grenzen nicht innerhalb des Nationalstaats. Im Gegenteil, der Anspruch auf Standardisierung ist global. Juristisch gründet er sich auf den Weltpostvertrag,[19] 1874 unter maßgeblicher Anteilnahme des Orga-

---

16 www.deutschepost.de//mlm.nf/dpag/images/a/automationsfaehige/automationsfaehige_
    briefsendungen_2008.pdf (zuletzt aufgerufen 24.2.2010), S.5.
17 www.deutschepost.de//mlm.nf/dpag/images/a/automationsfaehige/automationsfaehige_
    briefsendungen_2008.pdf (zuletzt aufgerufen 24.2.2010), S.5.
18 www.deutschepost.de//mlm.nf/dpag/images/a/automationsfaehige/automationsfaehige_
    briefsendungen_2008.pdf (zuletzt aufgerufen 24.2.2010).
19 Vertragstext (Englisch / Deutsch) bei Franz Knipping (Hg.): Vorläufer der Vereinten Nationen. 19. Jahrhundert und Völkerbundzeit (Das System der Vereinten Nationen und

nisators des deutschen Postwesens Heinrich von Stephan geschlossen. Dieser Weltpostvertrag installierte 1875 den Allgemein Postverein, 1878 zum Weltpostverein ausgeweitet, samt einem Büro in Bern als der Hüterin der Standards. Schon der ursprüngliche Vertrag nahm eine Reihe von elementaren Standardisierungen vor, in der Folge wurden im späten 19. und im Verlauf des 20. Jahrhunderts weitere Zusatzabkommen geschlossen.[20]

Völkerrechtlich gesehen handelt es sich um einen multilateralen, beitrittsoffenen Vertrag. Wer am Standard teilhaben möchte, war und ist formal gesehen frei, dem Vertrag beizutreten. Die Standardisierung erfolgt nicht durch Zwang, sondern setzt auf die Schaffung von Anreizstrukturen, insbesondere den Netzwerkeffekt: Je mehr Teilnehmer dabei sind, desto besser für das System und den Einzelnen.

Nicht alle Standardisierungswünsche konnten von Anfang an durch den Weltpostvertrag erfüllt werden, und auch später blieben infolge von Interessenkonflikten Regelungspunkte offen, von denen manche wünschten, sie würden vereinheitlicht werden. Zudem brachte und bringt der technische und ökonomische Wandel neue Herausforderungen, so wirft er aktuell etwa die Frage auf, wie mit den Privatposten umgegangen werden soll: Sollen sie in gleichem Maße von den Standardisierungen profitieren und in das Regelungswerk einbezogen werden?[21]

Motiv des Weltpostvertrags war dabei eine Vereinfachung und Verbilligung des internationalen Postverkehrs. An die Stelle mühsam ausgehandelter bilateraler Verträge sollte ein allgemein geltender, sogenannter Weltvertrag treten. Die Vereinheitlichung und Absenkung der Tarife würde, so die Hoffnung der Akteure, die Zahl der Briefsendungen dermaßen erhöhen, dass keine nationalökonomischen Verluste zu befürchten seien. Als Vorbild konnten zur Zeit der Planung des Weltpostvertrags die auf nationaler Ebene insbesondere in England 1840 vorgenommenen Reformen und Vereinfachungen dienen.[22] Hier war die Vielfalt

---

seine Vorläufer 2). München und Bern 1996, S. 160–179, und bei Paul David Fischer: Die Deutsche Post- und Telegraphen-Gesetzgebung. Nebst dem Weltpostvertrag und dem Internationalen Telegraphenvertrag. Text-Ausgabe mit Anmerkungen und Sachregister, 3. Auflage, Berlin und Leipzig 1886, S. 263–288.

20   Miloš Vec: Die Bindungswirkung von Standards aus rechtsgeschichtlicher Perspektive. Globale Normsetzung und Normimplementation am Beispiel des Weltpostvereins von 1878. In: Thomas M.J. Möllers (Hg.): Geltung und Faktizität von Standards (Schriften des Augsburg Center for Global Economic Law and Regulation – Arbeiten zum internationalen Wirtschaftsrecht und zur Wirtschaftsregulierung). Baden-Baden 2009, S. 221–251.

21   Bettina Gaus: Die Strategiekonferenz des Weltpostvereins; Auch in Kenia ist die Post mittlerweile von gestern – und nicht nur in dieser Beziehung sind afrikanische Verhältnisse weniger weit weg, als man denkt, die tageszeitung, 4.9.2010, S.15; vgl. auch Matthias Roeser: Regierung packt Postwettbewerb an. In: Deutsche Verkehrszeitung DVZ – Deutsche Logistik Zeitung, 28.1.2010, Ausgabe 012/10, S.7.

22   Hugo Weithase: Geschichte des Weltpostvereins. 2. Auflage, Straßburg 1895, S .20.

der Tarife der Posten radikal beschnitten worden und zwar mit Erfolg für beide Seiten: Nutzer und Betreiber. Diese erfolgreiche Transaktionskostenminimierung war Ziel der Standardisierung, eine Rückkehr zu den vormaligen Verhältnissen wünschte danach niemand mehr. Die Unklarheiten und Umständlichkeiten waren umso größer, je mehr Akteure und Territorien man für eine Sendung einbeziehen musste – also besonders hoch in einem territorial zersplitterten Deutschen Reich oder später im Deutschen Bund.

Die Postvereinheitlichung, die politische, ökonomische und soziale Integration durch Standardisierung herstellte, fand im 19. Jahrhundert zahlreiche Parallelstücke.[23] Das bedeutendste Beispiel ist aus meiner Sicht, ohne dem Code Civil oder dem BGB nahe treten zu wollen, die ebenfalls durch einen Weltvertrag 1875 erfolgte Metrifizierung,[24] also die radikale internationale Ersetzung zahlloser Maßeinheiten durch das revolutionäre französische Metermaß. Statt „Fuß" in dutzenden Varianten bestand nun eine naturwissenschaftlich abgestützte neue Größe, deren globales Verbreitungspotenzial zu Recht hoch eingeschätzt wurde. Wo sie den Sieg errang, weinte niemand den vormodernen Verhältnissen hinterher, die ob ihrer Intransparenz den Handel erschwert und Betrügereien begünstigt hatten. Auch hier erfolgte die Standardisierung auf internationaler Ebene über Anreizstrukturen und ohne Zwang.

2. Duz-Dekret der Französischen Nationalversammlung (1793)

Eine weitere revolutionäre Tat schwebte den Franzosen in jenen turbulenten Jahren vor, in denen auch die Metrifizierung ihren Durchbruch auf nationaler Ebene feierte. Es war 1793, als ein Duz-Dekret erlassen wurde. Es sollte alle republikanisch gesinnten Franzosen dazu verpflichten, sich ohne Unterschied zu duzen, „de tutoyer sans distinction"[25]

Das war gewissermaßen der Anti-Barock pur. Statt extrem ausdifferenzierter Ehrbezeugungen, die nach sozialem Stand unterschieden, sollte es nur noch eine

---

23 Jürgen Osterhammel: Die Verwandlung der Welt. Eine Geschichte des 19. Jahrhunderts. München 2009, S. 118–121, 1029 ff.

24 Miloš Vec: Recht und Normierung in der Industriellen Revolution. Neue Strukturen der Normsetzung in Völkerrecht, staatlicher Gesetzgebung und gesellschaftlicher Selbstnormierung (Studien zur europäischen Rechtsgeschichte 200; Recht in der Industriellen Revolution 1). Frankfurt am Main 2006, S. 31 ff.; Gerold Ambrosius: Regulativer Wettbewerb und koordinative Standardisierung zwischen Staaten. Theoretische Annahmen und historische Beispiele. Stuttgart 2005, S .143–162.

25 Werner Besch / Anne Betten / Oskar Reichmann / Stefan Sonderegger (Hg.): Sprachgeschichte. Ein Handbuch zur Geschichte der deutschen Sprache und ihrer Erforschung. 2. Auflage, Berlin, New York 2003, S. 2599; und Werner Besch: Duzen, Siezen, Titulieren. Zur Anrede im Deutschen heute und gestern. Göttingen 1996, S. 27.

einzige Anredeform geben. Wer sie nicht benutzte, machte sich verdächtig, Feind der neuen Staatsform zu sein. Auch in Deutschland hatte es in den davorliegenden Jahrzehnten ähnliche Vereinfachungen in diesem Bereich gegeben. Fünf Anredeformen kannte Johann Christoph Gottsched in der Mitte des 18. Jahrhunderts noch: natürlich (Du), althöflich (Ihr), mittelhöflich (Er/Sie), neuhöflich (Sie), überhöflich (Dieselben).[26] Daraus wurden nun weniger Anredeformen, barocker Zierrat wurde abgeschlagen, den man als überspitzt und übertrieben empfand, ohne jemanden an der Ehre kränken zu wollen. Heute ist man in Deutschland bei zwei Anredenformen angelangt, Du und Sie, die aber immer wieder von innen und außen angefochten werden.

Das französische Duz-Dekret war somit einerseits Teil von umfassenderen Anredestandardisierungen zu Zeiten der Hoch- und Spätaufklärung, andererseits verschärfte es diesen Trend mit egalitär-revolutionärer Stoßrichtung. Und anders als der Rückbau in Deutschland, der zumeist über soziale Konventionen erfolgte, stützte es sich auf das staatliche Gesetz.

Das Schicksal freilich war dem Duz-Dekret weniger gewogen als der Metrifizierung. Das Duz-Dekret traf auf soziale Konventionen, die mächtiger waren und bald fand sich von der gewollten Einspurigkeit keine Spur mehr im Sprachleben der Franzosen. Auch per Gesetz dekretierte Standardisierungen können somit spektakulär scheitern, wenn sie mit sozialen Gewohnheiten kollidieren.[27] Umgekehrt funktionieren diese sozialen Gewohnheiten ohne jede Zwangsandrohung einigermaßen gut und garantieren eine Regelbefolgung.

Auch heute noch gehören die Anredeformen zu jenen Bereichen der Gesellschaft, in denen soziale Regeln besonders wirksam sind. Durch Gesetz oder Betriebsvereinbarung werden manchmal kleine Anläufe zu Änderungen in bestimmten sozialen Zusammenhängen versucht, zumeist aber vollziehen sich die Änderungen nur dann, wenn sich die sozialethischen Anschauungen wandeln oder neue Kommunikationstechniken erscheinen. Ohne Telefon keine Kommunikette, ohne Internet keine Netiquette. Den Sprung zum Gesetz haben weder Kommunikette noch Netiquette freilich je versucht und würden ihn – so darf man vermuten – auch in Punkto erfolgreicher Normimplementation nicht bestehen.

26 Johann Christoph Gottsched: Deutsche Sprachkunst. 5. Auflage, Leipzig 1762 (bearbeitet von Herbert Penzl, Berlin 1978), S. 329, zitiert nach Werner Besch: Duzen, Siezen, Titulieren. Zur Anrede im Deutschen heute und gestern, Göttingen 1996, S. 92 bzw. 137, Anm. 39.
27 Siehe etwa das Beispiel vormodernen Policeyrechts: Michael Stolleis: Was bedeutet „Normdurchsetzung" bei Policeyordnungen der Frühen Neuzeit?. In: Richard H. Helmholz / P. Mikat / J. Müller und M. Stolleis (Hg.): Grundlagen des Rechts. Festschrift für Peter Landau zum 65. Geburtstag. Paderborn 2000, S .739–757.

3. Normalprofilbuch für Walzeisen (1881) und Einheitsfarben für Rohre (1911)

Im Jahre 2010 wurde der „Verein deutscher Eisenhüttenleute" 150 Jahre alt, eine Festschrift würdigte seine Verdienste.[28] Gegründet 1860 als „Technischer Verein für Eisenhüttenwesen" und ursprünglich ein Zweigverein des VDI, wurde er 1880 ein selbständiger Fachverein. Er gehört dem Alter und seiner Bedeutung nach zum Stamm der Industrialisierung, und zur Industrialisierung gehört die Vereinheitlichung und Massenfabrikation. Der VDI etwa, der Verein deutscher Ingenieure, schrieb sich die Normungsarbeit von Anfang an aufs Panier und war treibende Kraft vieler industrieller Vereinheitlichungen im Kaiserreich. Die Normungen des VDEh sind im Vergleich zu denen des VDI etwas weniger bekannt, sie weisen aber die gleichen Strukturmerkmale auf.

Eines der ersten und bedeutendsten Normungsvorhaben waren die Normalprofilbücher für Walzeisen.[29] 1869 wurde mit der Normalisierung der Walzeisen begonnen, und sie sollten damit die Marktvielfalt beschränken. Denn zu dieser Zeit war eine Fülle von Walzeisen vorhanden, die je nach Herkunft stark voneinander abwichen. Daher erging auf einer Hauptversammlung des VDI die Anregung, „einheitliche Walzkaliber nach metrischem Maß aufzustellen und die gangbaren Walzeisensorten übersichtlich zu ordnen". Es sollten also parallel die Zwecke erstens der allgemeinen Metrifizierung und spezieller zweitens die Markttransparenz für die Verbraucher verfolgt werden. 1881 lag dann nach einigem Hin und Her das erste Normalprofilbuch vor, eine weitere Reduzierung der Vielfalt durch Herabsetzung der Profilzahl erfolgte im Ersten Weltkrieg.[30]

Andere Vereinheitlichungen des VDEh betrafen die Vorschriften für Lieferung von Stahl und Eisen. Neben diesen Projekten zur Rationalisierung möchte ich aber noch ein anderes wichtiges Projekt aufführen: „Die vereinheitlichende Kennzeichnung von Rohrleitungen im Fabrikbetriebe mittels Farben"[31] So berichtet es das Fachblatt „Stahl und Eisen" im Jahr 1910. Auch hierfür wurde in Kooperation mit dem VDI eine Sachverständigenkommission eingesetzt, um Vorschläge zu erarbeiten. 1911 konnte man schon mit Ergebnissen aufwarten, es handelte sich um eine schlichte Farbtafel, von der – so konnte man in der Fußno-

---

28 Helmut Maier / Andreas Zilt / Manfred Rasch (Hg.): 150 Jahre Stahlinstitut VDEh – 1860–2010, Essen 2010.

29 Der folgende Abschnitt stützt sich auf den Beitrag des Verfassers: Miloš Vec: Zerreißproben in der Massenfabrikation. Selbstregulierte Normierung von Eisen- und Stahlprodukten durch den Verein Deutscher Eisenhüttenleute 1860–1914. In: Helmut Maier / Andreas Zilt / Manfred Rasch (Hg.), 150 Jahre Stahlinstitut VDEh – 1860–2010, Essen 2010, S. 823–850.

30 Georg Garbotz: Vereinheitlichung in der Industrie. Die geschichtliche Entwicklung, die bisherigen Ergebnisse, die technischen und wirtschaftlichen Grundlagen. München und Berlin 1920, S. 54.

31 Stahl und Eisen 1910, S .780.

te lesen – „Abzüge […] soweit der Vorrat reicht, von der Geschäftsstelle des Vereins deutscher Eisenhüttenleute kostenlos abgegeben (werden)."[32]

Vereinheitlicht werden sollte damit das Wirrwarr an zahllosen verschiedenen Farben in Betrieben, wo Rohrleitungen zusammentreffen, die verschiedenste Stoffe transportieren. Die Rohre waren zwar farbig, es fehlten aber eindeutige Unterscheidungsmerkmale. Um dieser „Systemlosigkeit" abzuhelfen, wurde nun über Einheitsfarben Orientierung geschaffen. Dadurch sollten Irrtümer vermieden und die Zahl der Unglücksfälle verringert werden. So hieß es 1911 in „Stahl und Eisen":

> Zweifellos sind farbige Kennzeichen für das Bedienungspersonal sowie für die leitenden und überwachenden Beamten das beste Hilfsmittel zur schnellen Orientierung, und gerade bei Betriebsstörungen oder Unglücksfällen sowie der daraus erwachsenden Aufregung wird die durch die farbigen Anstriche ermöglichte schnelle Unterscheidung gute Dienste leisten.[33]

Die Farbenstandardisierung war also kein Instrument der Transaktionskostenreduzierung, sondern eines des technischen Arbeitsschutzes.[34] Die überbetriebliche technische Normung erfolgte autonom als technisch-wissenschaftliche Selbstregulierung der betroffenen industriellen Vereinigungen, nicht durch staatliches Gesetz.[35] Ihre Befolgung setzte nicht auf Zwang, sondern auf freiwillige Nachahmung der Standards im Eigeninteresse der betroffenen Industrien und ihrer Angehörigen. Die technischen Normen verschiedener nationaler und internationaler Organisationen gehören in diese Gruppe und sie bilden einen für die moderne Standardisierung nachgerade typischen Sachbereich. Auch die Embleme dieser Tagung, der Strichcode und die Container (abgebildet auf dem Programm und den Plakaten zur Tagung sowie der Tagungsmappe),[36] entstammen solchen Normungen auf untergesetzlicher Ebene.

32 Stahl und Eisen 1911, S. 1949.
33 Stahl und Eisen 1911, S. 1949.
34 Zu diesem Feld: Gerold Ambrosius: Regulativer Wettbewerb und koordinative Standardisierung zwischen Staaten. Theoretische Annahmen und historische Beispiele. Stuttgart 2005, S. 91–113.
35 Zu diesem Modus der Regelsetzung und seiner historischen Entfaltung: Miloš Vec, Recht und Normierung in der Industriellen Revolution. Neue Strukturen der Normsetzung in Völkerrecht, staatlicher Gesetzgebung und gesellschaftlicher Selbstnormierung (Studien zur europäischen Rechtsgeschichte 200; Recht in der Industriellen Revolution 1). Frankfurt am Main 2006, S. 293 ff.
36 Zu seinem Vorläufer der Palette und der späteren Konkurrenz siehe Monika Dommann: Be wise – Palletize. Die Transformierung eines Transportbretts zwischen den USA und Europa im Zeitalter der Logistik. In: Traverse. Zeitschrift für Geschichte, Heft 3/2009, Thema: Gesteuerte Gesellschaft, S. 21–35.

4. Alphabetisch-phonetisches System des Internationalen Suchdienstes (1950er Jahre)

Im nordhessischen Bad Arolsen sitzt seit 1946 der Internationale Suchdienst, englisch „International Tracing Service" (ITS).[37] Seine Aufgabe war von Anfang an, über das Schicksal von Opfern der Naziverfolgung aufzuklären. Dafür hält sein Archiv unter anderem 50 Millionen Hinweiskarten zu 17,5 Millionen Personen bereit. Den Mitarbeiterstab der Anfangsjahre bildeten vielfach Emigranten oder Verfolgte, da man nicht wusste, ob und inwieweit man den Deutschen schon oder noch trauen durfte.

Die Anfragen, die sie empfingen, stellten sie aber immer wieder vor ein wiederkehrendes praktisches Problem[38]: Wie sollte man den Namen eines Gesuchten finden, wie sollte man mit den vorliegenden Namen in den archivierten Dokumenten umgehen? Eine geografische Systematisierung des Zugangs nach Herkunftsländern kam ohnehin nicht in Frage, zu verschlungen waren die Wege, zu radikal die Verschleppungen durch die Nationalsozialisten. Und die Namen und ihre Schreibweisen konnten verblüffend voneinander abweichen – auch bei einer Person! „Abramovitsch" etwa liegt in (mindestens) 849 Varianten vor.[39]

Daher führte man in den 1950er Jahren ein alphabetisch-phonetisches System als Zugangsschlüssel ein. Es lenkt jeden Nachnamen auf eine standardisierte Fassung zurück. Während man also einerseits für den Namen Schwarz empirisch 156 verschiedene Schreibweisen feststellen kann, verweist das phonetische Regelwerk einheitlich auf die Fassung „Svartz" und übernimmt diese auf die Indexkarten.

Mit dieser Standardisierung möchte der ITS seinem Auftrag bestmöglich gerecht werden. Juristisch gesehen handelt es sich um eine bloße interne Anweisung ohne jede Rechtsqualität und ohne Außenwirkung. Die „Hinweise zur Kartenablage nach alphabetisch-phonetischem System" – wie sie korrekt heißen – sind ein lose zusammengeheftetes Werk von fünf DIN A 4-Seiten.[40] Sie werden von den Adressaten, den Mitarbeitern des ITS, dennoch in hohem Maße befolgt

---

37 Wilfried F. Schoeller, Internationaler Suchdienst, Bad Arolsen: Wider die Macht des Nichterzählten. In: Hilmar Schmundt / Miloš Vec / Hildegard Westphal (Hg.): Mekkas der Moderne. Pilgerstätten der Wissensgesellschaft. Köln, Weimar und Wien 2010, S. 376–381.

38 Die folgenden Ausführungen stützen sich auf die Erläuterungen, die Herr Udo Jost vom ITS (Bereichsleiter Archiv und Forschung) dem Verfasser freundlicherweise telefonisch am 12.2.2010 erteilte.

39 [Merkblatt] Abramovitsch (6 Seiten), Internationaler Suchdienst, Bad Arolsen 2008.

40 Hinweise zur Kartenablage nach alphabetisch-phonetischem System (5 S.), Internationaler Suchdienst, Bad Arolsen 2008.

und sie haben sich in den vergangenen fünf Jahrzehnten bewährt. Parallele Standardisierungen wurden später auch bei den Vornamen vorgenommen.

Mittlerweile gibt es gedruckte Fassungen des Regelwerks, die aber weiterhin nur für den internen Gebrauch sind. Auch sie helfen den Mitarbeitern des ITS, ihrem satzungsmäßigen humanitären Mandat gerecht zu werden, nämlich Schicksale aufzuklären. Die Standardisierung erfolgt in Art einer rein internadministrativen Fiktion, von Widerständen gegen sie ist nichts bekannt und sie scheinen angesichts der geringen Folgen auch unwahrscheinlich – so sehr kulturelle Identität durch Sprache ein potentielles Konfliktfeld ist. Hier aber wird sie mangels Außenwirkung nicht angefochten.

IV. Standardisierende Schlüsse

Damit sei der Durchgang durch die zweifellos vermehr- und vertiefbaren Beispiele beendet und es sollen einige Schlüsse versucht werden. Sie sind ihrerseits standardisierend, weil sie die Zahl der Deutungsmöglichkeiten der historischen Beispiele absichtsvoll zu verringern versuchen.

1. Die verregelte Moderne standardisiert

Obwohl man Standardisierungen in allen Epochen der Zivilisation finden kann – frühe Hinweise deuten auf genormte Lehmziegel beim Pyramidenbau – ist doch zu vermuten, dass die Moderne einen präzedenzlosen Standardisierungsschub mit sich brachte. Aufbau und Durchsetzung von Staatlichkeit bedingten eine Standardisierung von administrativen Herrschaftspraktiken,[41] sie betrafen die Verschriftlichung von Befehlen, die Anlegung und Führung von Akten,[42] den Aufbau archivalischer Systeme und vieles mehr. Im Recht und seiner Wissenschaft waren und sind die Verregelung und Verrechtlichung Begleitphänomene der Standardisierung, die seit einiger Zeit mit kritischem Unterton kommentiert

---

41   Peter Becker: Formulare als „Fließband" der Verwaltung? Zur Rationalisierung und Standardisierung von Kommunikationsbeziehungen. In: Peter Collin / Klaus-Gert Lutterbeck (Hg.): Eine intelligente Maschine? Handlungsorientierungen moderner Verwaltung (19. / 20. Jh.). Baden-Baden 2009, S. 281–298; Ders.: The Standardized Gaze: The Standardization of the Search Warrant in the 19th Century. In: J. Caplan / J. Torpey (ed.): Documenting Individual Identity. The Development of State Practices in the Modern World. Princeton 2001, S. 139–163; Ders.: Kaiser Josephs Schreibmaschine: Ansätze zur Rationalisierung der Verwaltung im aufgeklärten Absolutismus. In: Jahrbuch für Europäische Verwaltungsgeschichte 12 (2000), S.223–254.
42   Cornelia Vismann: Akten. Medientechnik und Recht. Frankfurt am Main 2000.

24

und erforscht werden.[43] Hinzu kommen nicht-staatliche Vereinheitlichungen, die damit teils konkurrieren, teils bewusst komplementär agieren (etwa um staatliche Normsetzung präventiv abzuwehren). Andere gesellschaftliche Selbstnormierungen erfolgen ganz autonom.

2. Technik, Verwaltung und Wirtschaft als treibende Kräfte

Zweitens sind innerhalb der Moderne insbesondere technische, ökonomische und administrative Zwecke Triebkräfte der Standardisierung. Technik, Verwaltung und Wirtschaft bedürfen und bedingen Vereinheitlichungen; auch die Wissenschaft (Forschung und Lehre) bringt Standardisierungen hervor oder fördert sie bewusst.[44] Das haben die Beispiele der Weltpost, der Metrifizierung, der Umsetzung der EU-Zahlungsdiensterichtlinie und das alphabetisch-phonetische System des Internationalen Suchdienstes gezeigt. Hinter dem Bestreben nach Transaktionskostensenkung stehen oft politische Integrationswünsche, die sowohl auf territorialer, als auch nationalstaatlicher oder international-globaler Ebene auszumachen sind. Hinzu kommen weitere Ziele, die sich auf der normativen Ebene abbilden und innerhalb des Rechtssystems oder der Rechtswissenschaft neue Rechtsgebiete wie etwa das Wirtschaftsrecht[45] oder das Technikrecht[46] entstehen lassen.

---

43 Gunther Teubner: Verrechtlichung – Begriffe, Merkmale, Grenzen, Auswege. In: Friedrich Kübler (Hg.): Verrechtlichung von Wirtschaft, Arbeit und sozialer Solidarität. Vergleichende Analysen. Baden-Baden 1984, S. 289–344; Rüdiger Voigt: Verrechtlichung in Staat und Gesellschaft. In: Ders. (Hg.): Verrechtlichung. Analysen zu Funktion und Wirkung von Parlamentarisierung, Bürokratisierung und Justizialisierung sozialer, politischer und ökonomischer Prozesse. Königstein 1980, S. 15–37.

44 Siehe etwa die weitgehend standardisierte Praxis des „Dokumentierens": Monika Dommann: Dokumentieren: die Arbeit am institutionellen Gedächtnis in Wissenschaft, Wirtschaft und Verwaltung 1895–1945. In: Erk Volkmar Heyen (Hg.): Technikentwicklung zwischen Wirtschaft und Verwaltung in Großbritannien und Deutschland (19./20. Jh.) = Jahrbuch für europäische Verwaltungsgeschichte 20, Baden-Baden 2008, S. 277–299.

45 Michael Stolleis: Wie entsteht ein Wissenschaftszweig? Wirtschaftsrecht und Wirtschaftverwaltungsrecht nach dem Ersten Weltkrieg. In: Hartmut Bauer u.a. (Hg.): Umwelt, Wirtschaft und Recht. Wissenschaftliches Symposium aus Anlaß des 65. Geburtstages von Reiner Schmidt, 16./17. November 2001. Tübingen 2002, S. 1–13.

46 Miloš Vec: Kurze Geschichte des Technikrechts. In: Rainer Schröder / Martin Schulte (Hg.): Handbuch des Technikrechts (Enzyklopädie der Rechts- und Staatswissenschaften). 2. Auflage, Heidelberg 2011, S. 3–92.

3. Instrumente auf allen Rechtsquellenebenen. Multinormativität

Drittens ist festzustellen, dass sich die Standardisierung zwar teils durch bloße soziale Regeln vollzieht, man denke etwa an die Anredevereinfachung und den Rückbau von fünf auf zwei Formen im Deutschland des 18. Jahrhunderts (siehe oben III.2). Dennoch stehen in der überwältigenden Zahl der Fälle hinter den Standardisierungen eine explizite Norm und der schriftlich gefasste Wille eines Normsetzers zur Standardisierung.

Diese Norm hat keine einheitliche Qualität auf der Rechtsquellenskala. Es kann sich um einen völkerrechtlichen Vertrag handeln, siehe Weltpost und Metrifizierung (oben III.1). Oder aber um staatliche Gesetze wie beim Duz-Dekret (oben III.2) oder bei der Umsetzung der Zahlungsdiensterichtlinie und ihrer Vereinheitlichung des europäischen Zahlungsraumes (oben II.1 und II.2). Oder aber um technische Normen eines privaten Regelsetzers, die ohne juristische Verbindlichkeit sind, man erinnere sich an die DIN-Normen (oben I.1 und I.2). Schließlich können auch interne administrative Regeln Standardisierungen anordnen, siehe das Beispiel des alphabetisch-phonetischen Regelwerks beim ITS (oben III.4). Hier herrscht also Rechtspluralismus, und eigentlich sollte man, weil es sich nicht nur um juristische Normen handelt, die standardisieren, von „Multinormativität"[47] sprechen.

4. Ethisierung?

Wenn man diese historische Vielfalt von Standardisierungsvorgängen nicht unter einem juristischen, sondern unter einem ethisch-moralischen Gesichtspunkt analysiert, stellt sich die Frage nach den Kriterien.

Dass Standardisierung Vielfalt reduziert, ist eine tautologische Feststellung und kann für eine Kritik oder auch ein Lob nicht ausreichen. Denn die Farben der Rohre,[48] die Schreibweisen der Namen[49] sollten ja gerade vereinheitlicht werden. Vielfalt oder Einheit scheinen keine Werte an sich zu sein. Eher schon könnte man die Frage stellen, ob diese reduzierte Vielfalt ethisch bedenklich erscheint. Liegt eine kritische „Nivellierung signifikanter Eigenarten"[50] vor, und was wäre der Maßstab für eine solche Kritik?

---

47   Miloš Vec: Multinormativität in der Rechtsgeschichte. In: Berlin-Brandenburgische Akademie der Wissenschaften (vormals Preußische Akademie der Wissenschaften), Jahrbuch 2008. Berlin 2009, S. 155–166.
48   Siehe oben III.3.
49   Siehe oben III.4.
50   So der Programmtext zur ursprünglichen Tübinger Tagung, zitiert nach dem Flyer.

Als Rechtshistoriker würde ich vorschlagen, zunächst die Quellen zu befragen. Gibt es Aussagen zum als bedenklich empfundenen Verlust von Vielfalt, dem Abschied von liebgewonnenen Eigenschaften? Überprüft man die oben genannten Beispiele in chronologischer Reihenfolge, so ergibt sich in etwa folgendes Bild:

Unter den Zeitgenossen wurden Weltpost und Standardisierung der Maße im 19. Jahrhundert als großartige, unhintergehbare Fortschritte gefeiert. Sie galten als zivilisatorische Errungenschaft gegenüber alten Zeiten, deren Eigenheiten man im Ergebnis kaum nachtrauerte. Man lese etwa „Des Adjunkts Standrede über das neue Maß"[51] von Johann Peter Hebel, 1812 geschrieben,[52] wo die badische Vereinheitlichung nach französischem Vorbild in hohen Tönen und mit akademischer Akribie gepriesen wird. Austausch von Waren und Informationen, traditionell hochgeschätzte Tätigkeiten,[53] waren nun sogar in transnationalen Kontexten leichter geworden.[54]

Die Anredestandardisierungen im Deutschen wurden ebenso vielfach begrüßt, die historische präzedenzlose Ausdifferenzierung im Barock wurde als unangemessen angesehen, ihre partielle Absicherung durch Recht und Policeynormen[55] als übertrieben verworfen. Stattdessen gab man die Anredenormierung zurück in die Autonomie der Gesellschaft.[56] In Frankreich, wo eine noch radikalere Vereinheitlichung versucht wurde, die sich auf das Gesetz als Normquelle stützte

---

51   Des Adjunkts Standrede über das neue Maß und Gewicht (Rheinländischer Hausfreund 1819) findet sich in: Hannelore Schlaffer / Harald Zils (Hg.): Johann Peter Hebel. Die Kalendergeschichten. München 1999, S. 372–381 oder in Wilhelm Altwegg (Hg.): Johann Peter Hebels Werke. Bd. II, 2. Auflage, Freiburg o. J., S. 290–297.

52   Zu den Hintergründen: Michael Stolleis: Neues Mass und Gewicht. In: Ders.: Brotlose Kunst. Vier Studien zu Johann Peter Hebel (Sitzungsberichte der wissenschaftlichen Gesellschaft an der Johann Wolfgang Goethe Universität Frankfurt am Main, Bd. XLIV, Nr. 2). Stuttgart 2006, S. 25–38; zuerst in: Richard Faber (Hg.), Lebendige Tradition und antizipierte Moderne. Über Johann Peter Hebel, Würzburg 2004, S. 37–49.

53   Siehe etwa für die Post: Johann Ludwig Klüber: Europäisches Völkerrecht. Stuttgart 1821: „Das Institut der *Posten*, dieses unschätzbare Verkehrsmittel aller civilisirten Nationen, obgleich an sich unabhängig von andern Staaten, wird von benachbarten Staaten für ihr gemeinschaftliches Interesse an den Grenzen in Verbindung gesetzt, durch Combinations- und u.a. Postverträge." – Hervorhebung im Original.

54   Gerold Ambrosius: Regulativer Wettbewerb und koordinative Standardisierung zwischen Staaten. Theoretische Annahmen und historische Beispiele. Stuttgart 2005, S. 162–172.

55   Miloš Vec: Juristische Normen des Anstands. Zur Ausdifferenzierung und Konvergenz von Recht und Sitte bei Christian Thomasius. In: Reiner Schulze (Hg.): Rechtssymbolik und Wertevermittlung. (Schriften zur europäischen Rechts- und Verfassungsgeschichte 47). Berlin 2004, S. 69–100.

56   Miloš Vec: Höflichkeit als Selbstgesetzgebung. Beobachtungen zu einer spezifischen Normativität im Natur-, Staats- und Völkerrecht der Aufklärung. In: Gisela Engel / Brita Rang / Susanne Scholz / Johannes Süßmann (Hg.): Konjunkturen der Höflichkeit in der Frühen Neuzeit (=Zeitsprünge. Forschungen zur Frühen Neuzeit, Bd. XIII, Heft 3/4). Frankfurt am Main 2009, S. 510–530

(oben III.2), scheiterte solcher Standardisierungsversuch, da er offenbar vom Staat an den sozialen Gegebenheiten vorbei konstruiert worden war.

Auch die rund hundert Jahre später durch das DIN erfolgten Standardisierungen, beginnend mit der „DI-Norm 1 Kegelstifte", erschienen im März 1918, trafen zwar oft auf Widerstände, da bisweilen vorhandene Maschinen und bestehende Skalen abgeschafft oder geändert werden mussten. Doch die erhoffte Kostenersparnis stellte sich mittelfristig ebenso ein wie die erhofften Sicherheitsgewinne, man denke etwa an die Einheitsfarben des VDEh. Die ITS-Standardisierungen schließlich sind auf keinen Widerstand gestoßen oder haben öffentliche Kritik erfahren.

Kurz: Viele Standardisierungen des 19. und 20. Jahrhunderts wurden in historischer Rückschau sehr positiv bewertet, weniges kritisch. Viele konkrete Regelungen freilich bleiben der weiteren Öffentlichkeit verschlossen, sie bewegen sich in einem nur von technischen Experten und Betroffenen wahrgenommenen Raum. Anderes wirkt ob seiner sehr technischen Regelungsmaterie ethisch auch bei näherer Betrachtung nur neutral. Stellungnahmen weckt dann nicht die konkrete Standardisierung, sondern allenfalls die bei dieser Gelegenheit wahrgenommene Verdichtung von Regeln: „08/15" ist als Chiffre der Massengesellschaft allgemein interessant geworden, nicht als Standardisierung des Maschinengewehrs der deutschen Infanterie, etatisiert 1908, umgebaut 1915.[57]

5. Werteverwirklichung durch Standardisierung

Die Frage nach dem Verhältnis von Werten und Standardisierungen muss berücksichtigen, dass Standardisierungen oft deswegen vorgenommen werden, um Werten Geltung zu verschaffen. Pauschalisierungen des Schutzniveaus im Umweltrecht richten sich nach dem „Normmenschen",[58] um die Gesundheit der Bürger zu schützen. Auch die selbstregulierende Normung durch DIN und auf europäischer Ebene soll vielfach Gesundheit und Umweltschutz gewährleisten, viele EU-Standardisierungen dienen zumindest aus Sicht des Standardsetzers als „Qualitätsnormen"[59] auf die eine oder andere Weise dem Verbraucherschutz. Das Konzept der Grenzwerte ist ein weiteres Beispiel für den standardisierenden Zugriff, wo es darum geht, gerade besonders hochrangige individuelle und kol-

---

57 Peter Berz: 08/15. Ein Standard des 20. Jahrhunderts. München 2001.
58 Monika Böhm: Der Normmensch. Materielle und prozedurale Aspekte des Schutzes der menschlichen Gesundheit vor Umweltschadstoffen (Jus Publicum 16). Tübingen 1996.
59 So wiederum die funktionelle Klassifikation der DIN 820-3.

lektive Rechtsgüter zu schützen.[60] Ähnlich die Funktion von (nicht-staatlichen) Regulierungen im Lebensmittelbereich, die teils von der (wissenschaftlichen) Nahrungsmittelchemie, teils von der Nahrungsmittelwirtschaft verantwortet wurden.[61]

So bilden also sehr spröde scheinende technische Regelwerke auch wechselnde und sich in ihrer Gesamtheit vermutlich verdichtende Wertorientierungen der Gesellschaft ab.[62] Ähnliches ließe sich für das staatliche Gesetz oder völkerrechtliche Verträge sagen, man denke etwa an die Setzung eines internationalen Schutzniveaus durch die Genfer Konvention und die Gründung des internationalen Komitees des Roten Kreuzes 1864,[63] das standardisierend zahlreiche bilaterale Abkommen ersetzte bzw. künftig erübrigte und dabei im Schutzniveau über sie hinausging. Auch hier sind die historischen Vereinheitlichungs-Beispiele unschwer vermehrbar, mit denen Werten zur Geltung verholfen wird.[64]

6. Standardisierungskritik als Kennzeichen der Moderne

Vergleicht man diesen zugegebenermaßen recht optimistisch klingenden Befund mit der Ausgangsfrage der Tagung, dann lässt sich eine Diskrepanz zwischen historischer Würdigung der Standardisierung und gegenwärtiger Standardisie-

---

60 Precht Fischer: Umweltschutz durch technische Regelungen. Zur Bedeutung der Grenzwertfestsetzungen und Verfahrensbeschreibungen des Immissions- und Atomrechts. (Schriften zum Umweltrecht 10). Berlin 1989; Dietrich Milles, Rainer Müller: Die relative Schädlichkeit industrieller Produktion. Zur Geschichte des Grenzwertkonzepts in der Gewerbehygiene. In: Gerd Winter (Hg.): Grenzwerte. Interdisziplinäre Untersuchungen zu einer Rechtsfigur des Umwelt-, Arbeits- und Lebensmittelschutzes. Düsseldorf 1986, S. 227–262.

61 Vera Hierholzer: Nahrung nach Norm. Regulierung von Nahrungsmittelqualität in der Industrialisierung, 1871–1914 (Kritische Studien zur Geschichtswissenschaft 190). Göttingen 2010; Gerold Ambrosius: Regulativer Wettbewerb und koordinative Standardisierung zwischen Staaten. Theoretische Annahmen und historische Beispiele. Stuttgart 2005, S. 64–90.

62 Wilgart Schuchardt: Außertechnische Zielsetzungen und Wertbezüge in der Entwicklung des deutschen technischen Regelwerks. In: Technikgeschichte 46 (1979), S. 227–244; Ulrich Kypke: Technische Normung und Verbraucherinteresse. Strukturelle, konzeptionelle und steuerungspolitische Probleme technischer Regelwerke. Köln 1982.

63 Ulrich Ladurner, Solferino und Castiglione: Die Geburt des Humanitären Völkerrechts. In: Hilmar Schmundt / Miloš Vec / Hildegard Westphal (Hg.): Mekkas der Moderne. Pilgerstätten der Wissensgesellschaft. Köln, Weimar und Wien 2010, S. 46–49.

64 Franz Dochow: Vereinheitlichung des Arbeiterschutzrechtes durch Staatsverträge. Ein Beitrag zum internationalen Verwaltungsrecht. Berlin 1907; Zorn berichtet 1903 über die Arbeiten einer „1902 in Brüssel zusammengetretenen Konferenz, welche die *Vereinheitlichung der Vorschriften über stark wirkende Arzneimittel* im Auge hat". Albert Zorn: Grundzüge des Völkerrechts. Mit einem Vorwort von Philipp Zorn, 2. Auflage, Leipzig 1903, S. 303. – Hervorhebung im Original.

rungsskepsis nicht leugnen. Man sollte dies nicht auf die Wahl der Einzelbeispiele zurückführen oder sonstwie relativieren. Vielmehr vermute ich dahinter eine generalisierbare Beobachtung.

Die Moderne ist trotz aller anhaltenden Hoffnungen in die Segnungen durch Standardisierung insgesamt skeptischer geworden. Die Ausgangsfrage der Tagungsveranstalter ist insofern Ausdruck eines allgemeinen Unbehagens. Zuletzt hat sich Hans Magnus Enzensberger in seiner Dankesrede zur Verleihung des Sonning-Preises am 2. Februar 2010 in Kopenhagen kritisch gegen die Standardisierungen geäußert, die von der EU und ihren „Eurokraten" betrieben werden:[65] „Wo kämen wir hin, wenn nicht europaweit immer genau dieselben Baustoffe verwendet würden und wenn unsere Bananen weniger als vierzehn Zentimeter lang wären."[66]

Diese suggestive Gehässigkeit war freilich schon so sehr Gemeingut, dass sie weder das Feuilleton noch alle Leser goutierten. Dass er dabei wenig innovativ beobachtete und analysierte, war ein Aspekt der Kritik, die ihm insoweit noch Anerkennung für seine Verstärker-Funktion zollte: „Auch wenn der Autor Populismen bedient, Vorurteile pflegt sowie teilweise veraltete Fakten und unkorrekte Tatsachen beschreibt, hat er atmosphärisch doch eine diffuse Stimmung der Gesellschaft gegenüber der EU getroffen."[67] Andere tadelten Enzensberger deutlicher für seine Beispiele sowie die daraus getroffenen Ableitungen und sahen darin wohlfeile und in der Sache unkundige Anti-EU-Polemik.[68]

7. Motivlagen

Diesem zeitgenössischen Unbehagen nachzugehen fällt eigentlich nicht in den klassischen Kompetenzbereich von Juristen oder Historikern, aber vielleicht kann man doch einige Vermutungen über seine Ursachen formulieren.

Vergleicht man nämlich die Ausgangslagen historisch, so muss man feststellen, dass das Standardisierungsniveau in vielen Lebensbereichen gestiegen und

---

65 Es liegen zwei zumindest in Überschrift und Länge abweichende Fassungen vor: Hans Magnus Enzensberger: Vierzigtausend Hörgeräte für Brüssel!. In: Frankfurter Rundschau vom 3.2.2010; Ders., Wehrt euch gegen die Bananenbürokratie!. In: FAZ vom 3.2.2010. Siehe nun auch Ders.: Sanftes Monster Brüssel oder Die Entmündigung Europas. Berlin 2011.

66 Hans Magnus Enzensberger, Wehrt euch gegen die Bananenbürokratie!. In: FAZ vom 3.2.2010. – Nicht in der FR-Fassung (wie Anm. 65) enthalten!

67 Godelieve Quisthoudt-Rowohl, MDEP, Brüssel, Leserbrief: Brüssel ist nicht an allem schuld. In: FAZ vom 10.2.2010, S. 6.

68 Norbert Reich, Leserbrief: Ohne Brüssel herrschte Chaos. In: FAZ vom 6.2.2010, S. 9; Karl-Reinhard-Volz, Leserbrief: Die EU ist der Garant des Friedens in Europa. In: FAZ vom 8.2.2010, S. 6.

mittlerweile sehr hoch ist. Effektive normsetzende Institutionen haben sich auch dort etabliert, wo sie vor 200 Jahren kaum denkbar schienen, nämlich auf privater überbetrieblicher Ebene und auf Ebene der Staatengemeinschaft. Auch Enzensberger veranschaulicht den erreichten Fortschritt und zwar gerade in rückblickend-lebensweltlicher Perspektive gegenüber früheren Verhältnissen, die seiner Generation noch lebhaft vor Augen stehen:

> Wer eine Grenze überschreiten wollte, hatte beglaubigte Einladungsschreiben vorzulegen, Visa-Anträge in dreifacher Ausfertigung auszufüllen, um Aufenthaltsgenehmigungen zu ersuchen, komplizierte Devisenbestimmungen und ein Dutzend anderer Hürden zu überwinden. Wollte man ein Buch aus dem Ausland beziehen, so war dazu eine umständliche Prozedur beim Hauptzollamt nötig. Erwartete man eine Überweisung aus Frankreich oder wollte man eine Rechnung aus Spanien bezahlen, so kam das einem Hoheitsakt gleich, der durch mehrere Stempel vollzogen werden musste.[69]

Auch und gerade auf Ebene der Staatengemeinschaft sind also effektive normsetzende Institutionen heute hochaktiv und legitimieren ihre Existenz geradezu durch anhaltende Normproduktion, oft mit paternalistischer Stoßrichtung. Das führt zu einem heftigen, in seiner Gesamtheit von niemandem mehr überblickten Ausstoß an Normen, deren Segnungen eben nicht von allen Adressaten eingesehen werden. Sie treffen auf plurale Gesellschaften mit einer vielstimmigen Medienöffentlichkeit, der Überregulierung längst ein anschaulicher Begriff geworden ist, von der erlaubten Krümmung der Bananen bis zur Leuchtmittelstandardisierung samt stufenweisem Verbot von Glühbirnen.[70] Diese Gesellschaft diskutiert neue Schutzstandards wie das Rauchverbot kritisch und hinterfragt Motive und Akteure.

Dabei bleibt freilich oft unsichtbar, dass die überwiegende Zahl der Standards und Standardisierungen zwar Vielfalt und Handlungsfreiheiten einschränken, sich aber in einem kulturell neutraleren Raum bewegen. Auch sind sie selten Gegenstand politischen Streits (oft begreifen die Akteure sogar explizit die Entpolitisierung ihrer Regelsetzung als Segen). Man denke etwa an die technischen Regeln des DIN, die durch Wettbewerbe wie die „Norm des Monats" gerade erst ins Bewusstsein der Öffentlichkeit und interessierter Fachkreise gebracht werden

69 Hans Magnus Enzensberger: Vierzigtausend Hörgeräte für Brüssel!. In: Frankfurter Rundschau vom 3.2.2010; Ders.: Wehrt euch gegen die Bananenbürokratie!. In: FAZ vom 3.2.2010 (das Zitat ist in beiden Fassungen enthalten).

70 Ulf Erdmann Ziegler: Der Gegenspieler der Sonne. Die Glühbirne ist zum Opfer übler Nachrede geworden. Die EU will sie mit Argumenten aus der Ökologie-Abteilung abschaffen. Doch dann wäre Europa in kaltes Licht getaucht. In: FAZ vom 17.12.2008, S. 33; Ders., Im Elektrik-Antiquariat. Beim Einkaufen der letzten Glühbirnen der Menschheitsgeschichte: Wie man der EU am Ende doch heimleuchten kann. In: FAZ vom 7.9.2009, S. 33.

sollen. Dabei wird freilich auch die skurrile Kluft zwischen dem sehr speziellen Regelungsgegenstand und der entsprechend detailreichen Regelungstechnik einerseits und Drang nach Öffentlichkeit andererseits sichtbar, die schwer zu überbrücken scheint.

Umgekehrt ist heute infolge des hohen Standardisierungsniveaus die Empfindlichkeit für die Nachteile weiterer vereinheitlichender Schritte gestiegen, und die zu erhoffenden Vorteile relativieren sich. Es hat insofern eine Wahrnehmungsverschiebung stattgefunden, die eher die kritischen Seiten der Standardisierung in den Fokus nimmt.

V. Zusammenfassung: Weltworte, Universalismus und Standardisierung

Der kurze Programmtext zu diesem Kolloquium schlägt vier Möglichkeiten für die Bewertung von Normen und Standards vor: „verachtet, verklärt, ersehnt, dämonisiert". Müsste ich für meine historischen Beispiele unter diesen wählen, so schiene die Zuordnung an die globalen Regelsetzungen durch Völkerrecht am ehesten durch die beiden positiv besetzten Worte „ersehnt, verklärt" passend, wobei unter diesen wiederum „ersehnt" treffender wäre als „verklärt". Die globalen Vereinheitlichungen, die in den Bereichen Kommunikation, Wirtschaft und Humanität erfolgten, wurden von den Zeitgenossen in hohen Tönen gewürdigt. Der Vielfalt von Regelungen, die nun hinter ihnen lag, weinten sie keine Träne nach. Im Gegenteil, weitere universalistische Projekte schwebten ihnen vor, denn alle Weltworte streben nach Standardisierung, manche wie die Einführung der Weltzeit durch Sir Sandfort Fleming wurden realisiert,[71] andere wie Weltmünzeinheit[72] oder Weltsprache[73] scheiterten in verschiedenen Stadien; nur die Standardisierung von Fachsprachen gelang in begrenztem Umfang.[74] „Weltverträge"

71 Jürgen Osterhammel: Die Verwandlung der Welt. Eine Geschichte des 19. Jahrhunderts. München 2009, S. 118–121; Clark Blaise: Die Zähmung der Zeit. Sir Sandford Fleming und die Erfindung der Weltzeit. Aus dem Amerikanischen von Hans Günter Holl, Frankfurt am Main 2001.

72 [Max G.A. oder Andreas] Predöhl: Münzkonventionen, internationale Regelung des Münzwesens. In: Wörterbuch des Völkerrechts und der Diplomatie. Begonnen von Julius Hatschek, fortgesetzt und herausgegeben von Karl Strupp, Bd. II, Berlin 1925, S. 76 f.

73 Louis Fauvart-Bastoul: D'une langue auxiliaire internationale au point de vue du droit du gens. Dijon 1902; Franz von Liszt: Das Völkerrecht. 12. Auflage bearbeitet von Max Fleischmann, Berlin 1925, § 30 IV 4, Anm.11 (S. 244).

74 Tilmann Wesolowski: Der wissenschaftspublizistische Wettlauf um die Standardisierung der technischen Terminologie – Ein Beitrag zur Geschichte der Verwissenschaftlichung der Technik. In: Sudhoffs Archiv. Zeitschrift für Wissenschaftsgeschichte 94 (2010), S.183–194; Eugen Wüster: Internationale Sprachnormung in der Technik, besonders in der Elektrotechnik (Die nationale Sprachnormung und ihre Verallgemeinerung). (= Sprachforum. Beiheft Nr. 2), Bonn 1966.

(siehe oben III.1) waren das juristische Instrument, mit denen Regelungsziele wie „Weltwirtschaft" (eines der ersten Weltworte![75]) erreicht werden sollte.

Viele andere Standards und Standardisierungen freilich sind viel weniger ambitioniert und sie entziehen sich in ihrer Unscheinbarkeit und technischen Detailliertheit medialer Bekanntheit und öffentlicher Bewertung. Sie haben ihre exkludierenden, hegemonialen und sonst kritischen Strukturen, die uns sehr vertraut sind. Je höher das Wohlstands- und Standardisierungsniveau ist, umso empfindlicher werden wir gegen die Zumutungen neuer Standardisierungen, desto kritischer gegen weitere Vereinheitlichungen.

Dennoch darf man aber nicht vergessen, dass Standardisierungen und Werte nicht a priori in einem wechselseitigen Ausschlussverhältnis stehen, sondern Werte typischerweise der Standardisierungen und der Norm bedürfen, um sich Wirksamkeit zu verschaffen.

---

75 Manfred Koch: Weimaraner Weltbewohner. Zur Genese von Goethes Begriff „Weltliteratur" (Communicatio. Studien zur europäischen Literatur- und Kulturgeschichte 29). Tübingen 2002, S. 51 ff.; siehe ferner Hermann Braun: Welt. In: Otto Brunner / Werner Conze / Reinhart Koselleck (Hg.): Geschichtliche Grundbegriffe, Band 7. Stuttgart 1992, S. 433–510 (489).

Standardisierung und Beschleunigung: Zur Beziehung von spätmodernen Gesellschafts- und Subjektverhältnissen

Sigrid Karin Amos, Tübingen

Systematische und historische Bezüge moderner Bildungssysteme

Standardisierung und Beschleunigung scheinen gegenläufige Tendenzen zu markieren. Das eine evoziert Beständigkeit, das andere Flüchtigkeit. Es ist die These der folgenden Ausführungen, dass dies, zumal wenn es sich um Bildungsstandards (vgl. Ravitch 1994) handelt, nicht so ist; dass vielmehr im Gegenteil davon auszugehen ist, dass Standards auf gesellschaftliche Beschleunigungsprozesse reagieren. Im Folgenden möchte ich diesen Zusammenhang historisch und systematisch in Schlaglichtern beleuchten.

Die moderne Pädagogik ist ein Kind der Aufklärung. Ihr Aufstieg und ihre Anerkennung als wissenschaftliche Disziplin sind eng verbunden mit der etwa zur gleichen Zeit einsetzenden Durchsetzung einer neuen Institution: der öffentlichen Schule. Damit ist ein wichtiger Zusammenhang angesprochen, der für die Hochmoderne konstitutiv ist: gesellschaftliches Kollektiv und Individuum werden in ein bestimmtes Verhältnis gesetzt, das durch die verschränkte Zielorientierung von Fortschritt – bezogen auf das Kollektiv – und Vervollkommnungsfähigkeit – bezogen auf das Individuum – vorgegeben wurde.

Entwicklungsfähigkeit und Bildsamkeit im Horizont einer gestaltbaren und offenen Zukunft zählen zu den Grundüberzeugungen moderner Pädagogik. Nicht mehr der durch die Geburt festgelegte Stand, sondern alleine die individuelle Anstrengung – in Kombination mit einem vor allem in der deutschen Diskussion veranschlagten (nicht unproblematischen) Begabungsbegriff – sollen über den sozialen Status entscheiden. Der zunächst spöttisch gemeinte Begriff der „Meritokratie" wird insofern zum *common sense*, als dass moderne Gesellschaften nicht mehr hinnehmen, dass Geburt Schicksal sein soll. Ohne diese Grundüberzeugung wäre der durch die PISA Studie jüngst bestätigte Befund vom engen Zusammenhang zwischen sozialer Herkunft (Geburt) und schulischem Erfolg keiner weiteren Aufregung wert. Würde man diese Korrelation also nicht skandalisieren, so würde man das Gleichheitspostulat der Aufklärung, die im Kontext der damaligen Gesellschaft unerhörte These, dass jeder Mensch vernunftbegabt sei und Allen die prinzipielle Möglichkeit offen stehe, sich mittels Vernunftgebrauchs aus der selbstverschuldeten Unmündigkeit zu befreien – sapere aude! –

schlicht leugnen, die Moderne zu einer historischen Episode machen und die überkommenen Verhältnisse, die jahrhundertelang galten, neu legitimieren und fortsetzen: Zugang zu Bildung gibt es nur sortiert nach sozialer Zugehörigkeit.

Die hier umrissene Umstellung in Wahrnehmung und Erwartung, die am Anfang der modernen Gesellschafts- und Subjektverhältnisse steht, hat, wie großräumige Untersuchungen gezeigt haben, konkrete sozial- und politikgeschichtliche Hintergründe. So lassen sich historisch seit dem 16. Jahrhundert Veränderungen in der europäischen Staatenkonstellation und seit dem siebzehnten Jahrhundert zunehmend auch im Staatsverständnis nachweisen. Die Gründung von Kolonien in Übersee führt zu verdichteten Interdependenzen, welche Immanuel Wallerstein seiner neo-marxistischen Fassung der Weltsystemtheorie zugrunde gelegt hat. Konstitutiv für diese ist die Unterscheidung von Zentrum und Peripherie. Ein anderer, eher auf Max Weber zurückgehender wissenschaftlicher Blick, der so genannte makro-soziologische, phänomenologische Neo-Institutionalismus fokussiert die Dynamiken im europäischen Staatensystem und sieht im komplexen Zusammenwirken religiöser, politischer und wirtschaftlicher Faktoren die Ursache dafür, dass sich über einen längeren Entwicklungszeitraum hinweg, seit dem achtzehnten Jahrhundert eine neue politische Formation durchzusetzen beginnt – der Nationalstaat (Boli / Ramirez / Meyer 1985; Meyer / Boli / Thomas / Ramirez 1997). Dieser Prozess intensiviert sich im neunzehnten Jahrhundert und führt im zwanzigsten Jahrhundert dazu, dass es zur Form des Nationalstaats eigentlich keine Alternative gibt. John Meyer hat dafür den Begriff der Weltkultur (2005), der „World Polity" geprägt und bezeichnet damit die globale Verbreitung westlicher Prinzipien und mithin die im Bildungswesen beschlossenen gesellschaftlich vermittelten Subjektverhältnisse, die für die nationalstaatliche Verfasstheit kennzeichnend sind. Damit avanciert der Nationalstaat gleichzeitig zur wichtigsten Bezugs- und Analyseeinheit im gesellschaftlichen Vergleich. Für die Pädagogik ist dies in mehrfacher Hinsicht folgenreich.

Um diese Folgen in den Blick zu nehmen, ist es wichtig, zunächst dem Modell des Nationalstaats Aufmerksamkeit zu zollen. Unter nationalstaatlichen Bedingungen, so die bereits angesprochene These, werden gesellschaftliche Mitgliedschaftsverhältnisse verändert. Nicht mehr die Gruppenzugehörigkeit ist von zentraler Bedeutung, nicht mehr der Stand bildet die zentrale Bezugseinheit, sondern das Individuum. Sozialisation und Erziehung verstehen sich nicht mehr von selbst. Sie finden nicht mehr quasi-naturwüchsig durch das Heranwachsen in einer bestimmten vorgegebenen Ordnung statt, deren klassischer Ausdruck die Ständegesellschaft ist; eine Ordnung, in der Vergangenheit und Zukunft sich nicht wesentlich voneinander unterscheiden. Vielmehr erfordert die Zukunftsoffenheit der Moderne eine zielgerichtete und planvolle Erziehung. Diese ist die Grundlage, um das Versprechen der Moderne, gesellschaftliche Verhältnisse nicht einfach fortzuschreiben, sondern zu beständig zu verbessern, einlösen zu können. Diese für jede Generation aufs neue zu bewältigende Aufgabe, setzt also voraus, dass Erziehung mehr ist als nur Einsozialisierung in Bestehendes: Altes und Neues müssen immer wieder neu ins Verhältnis gesetzt und kalibriert werden, mit dem Ziel einer beständigen Steigerung. Gesellschaften werden also dynamisch, ihre Zukunft wird offen und kontingent, weil es immer auch so, aber auch ganz anders sein kann. Zusammengehalten werden Nationen mit Benedict Anderson (1998) gesprochen, weil sie sich als vorgestellte Gemeinschaften verstehen, die sich nicht zuletzt über ein gemeinsames soziales oder kulturelles Gedächtnis definieren, um ein Konzept aufzunehmen, das wesentlich von Jan und Aleida Assmann basierend auf den Arbeiten von Maurice Halbwachs geprägt wurde (vgl. Jan Assmann 1997). Damit entwickeln sie ein Band der Zugehörigkeit, ein imaginäres Verwandtschaftsverhältnis. Ihre Mitglieder partizipieren an den gleichen Normen und Werten, an den gleichen erinnerungswürdigen Narrationen und Ereignissen, an den gleichen Symbolen. Zu den besonders bedeutsamen zählen Standarten – hier vor allem die Nationalflaggen. Damit ist ein, wenn in der aktuellen Diskussion auch kein dominanter, eher als Fußnote zu verstehender Bezug zur Standartdebatte aufgezeigt. Mit dieser Dimension des Kulturellen beschäftigen sich die Neo-Institutionalisten nur sehr am Rande: sie interessieren sich hauptsächlich für die Verbreitung universaler Deutungsmuster und Werte; nicht für die Besonderheiten der Gemeinschaftskonstruktion, welcher dem jeweils zu betrachtenden nationalen Selbstverständnis zugrunde liegt.

Nimmt man diese Dimensionen von Kultur aber hinzu, so erscheint es schwerlich als Zufall, dass sich die moderne Geschichtswissenschaft im Kontext nationaler Erzählungen entwickelt, und es ist auch nahe liegend, dass der Schulunterricht zu dem privilegierten Ort wird, um die nachwachsende Generation auf eine bestimmte Weise in das gesellschaftliche Kollektiv „einzuschreiben" und Interpellationspraktiken zu etablieren, um zwischen Individuum und Kollektiv eine feste und dauerhafte Wechselbeziehung herzustellen. Wie viel „Sprengstoff" besonders in diesem schulischen Themenfeld steckt, sieht man, wenn man sich vergegenwärtigt, wie Geschichte zur ethnischen Mobilisierung in Anspruch genommen werden kann. Dazu hat die Holocaust-Forschung reichlich Material geliefert. Man sieht es aber auch an Konfliktgesellschaften wie Ruanda oder Ex-Jugoslawien, und man sieht noch ein Weiteres: wie schwer es in Nach-Konfliktzeiten ist, den Geschichtsunterricht neu zu schreiben. Wessen Geschichte wird wie erzählt? Wer bestimmt dies? Welcher gesellschaftliche Entwurf liegt der Erzählung zugrunde?

*Aufklärung als Schlüsselepoche für moderne und spätmoderne Erziehungsver-
hältnisse: Modi der Erzeugung gesellschaftlicher Mitgliedschaft und Pädagogik
als Modalraum*

Moderne Schule, so also die These, entsteht zunächst um gesellschaftliche Mitgliedschaftsverhältnisse zu konstruieren, denn zur Ausprägung einer gemeinsamen kollektiven Identität ist die gemeinsame Sozialisation unabdingbar. Im
schulischen Erzieher-Zögling Verhältnis wird das Staat-Bürger Verhältnis vor-
weggenommen. (Abb. nach Ramirez und Boli 1987)

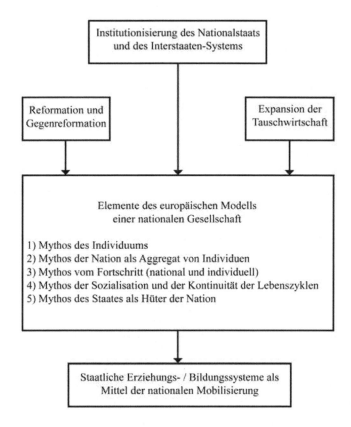

Ich lasse diesen Zusammenhang für den Augenblick so stehen und ziehe nun eine etwas andere Betrachtungsebene ein, indem ich auf die die Bedeutung der
Epoche der Aufklärung näher eingehe. Auch als pädagogisch einflussreiche Bewegung ist die Aufklärung facettenreich und weniger monolithisch als das Eti-
kett „Aufklärungspädagogik" vermuten lässt. Zwei Formationen sollen hier besonders in den Blick genommen werden. Zum einen die der sogenannten Aufklä-

rungspädagogen, der Philanthropen. Für die Philanthropen stand der Nützlichkeitsaspekt, der Utilitarismus sehr stark im Zentrum ihrer pädagogischen Bemühungen. Es ging ihnen darum, vor allem diejenigen, die wir heute als sozial benachteiligt bezeichnen würden, zu nützlichen Mitgliedern der Gesellschaft zu machen. Fleiß, Industriosität, mit Foucault gesprochen, gelehrige, disziplinierte und gehorsame Körper, waren das Ziel einer differenzierten pädagogischen Technologie der Zurichtung und Einpassung. Foucaults Überlegungen zur Disziplinargesellschaft (1994) sind sehr geeignet, diese „Einpassung" zu illustrieren. Ziel disziplinarischer Techniken, wie sie in pädagogischen Kontexten verwendet wurden und werden, war der individuelle Körper, der auf eine bestimmte Weise bewegt oder stillgehalten wurde, der auf bestimmte Signale – wie die Glocke zu Unterrichtsbeginn – mit einem bestimmten Bewegungsablauf zu reagieren lernte. Ich paraphrasiere Foucault:

Die Glocke ertönt, es erfolgt ein Aufstellen in Zweierreihen, der Unterrichtsraum wird betreten, die Schüler rücken in die Bänke ein, sie platzieren ihre Utensilien, erheben sich wieder, grüßen den Lehrer, setzen sich auf ein Signal von ihm usw. Während des gesamten Unterrichts wird eine bestimmte Haltung eingenommen. Der Unterricht folgt einer bestimmten Choreographie, deren Kernmerkmal die Vereinzelung der Körper ist, die einer bestimmten Ordnung folgt und damit auf eine kollektive Ordnungsbildung abzielt. Diese Technik wurde im so genannten *monitoring system* perfektioniert, das auf die Briten Bell und Lancaster zurückgeht und in Deutschland unter der Bezeichnung des wechselseitigen Unterrichts bekannt wurde. Diese auf Nützlichkeit und Verwertbarkeit bezogenen Überlegungen finden sich in vielfachen Variationen und Modifikationen bis heute. Bevor falsche Dichotomien entstehen: bereits Immanuel Kant wies auf die grundlegende Frage hin: wie kultiviere ich die Freiheit bei dem Zwange?

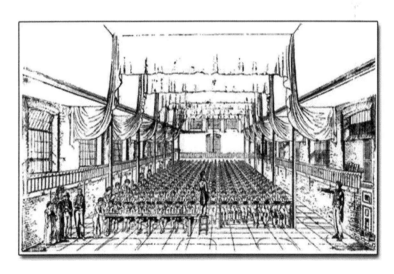

Dennoch: Eine zunächst ganz andere Vignette lässt sich mit einer bildungstheoretischen bzw. bildungsphilosophischen Betrachtung skizzieren. Aber auch hier gilt, es falsche Dichotomien zu vermeiden. Entscheidend für den Unterschied zwischen Philanthropen und der spätaufklärerischen bzw. neuhumanistischen Perspektive ist, dass nicht mehr der zu disziplinierende Körper im Mittelpunkt steht, sondern dass vor dem Hintergrund der dämmernden gesellschaftlichen Differenzierung mit ihren vielfältigen individuellen Einpassungsanforderungen der Neuhumanismus einen Entwurf zur Bestimmung eines verwertungsfreien Raums unternimmt, in der sich der Mensch ins Verhältnis zu sich selbst und zur Welt setzen soll. Dazu braucht er Distanz. Distanz bedeutet aber nicht dauerhafte Vereinzelung, auch wenn Einsamkeit ein wichtiger Wert ist, sondern ist immer gebunden an ein Bewusstsein individueller Verstrickung mit anderen Menschen und mit „Welt". „Andere Menschen" meint dabei nicht nur das nationale Kollektiv, sondern umfasst die Menschheit als solche, ist also kosmopolitisch konstruiert.

> Was verlangt man von einer Nation, einem Zeitalter, von dem ganzen Menschengeschlecht, wenn man ihm seine Achtung und seine Bewunderung schenken soll? Man verlangt, dass Bildung, Weisheit und Tugend so mächtig und allgemein verbreitet als möglich unter ihm herrschen, dass es seinen innern Wert so hoch steigern, dass der Begriff der Menschheit, wenn man von ihm als dem einzigen Beispiel, abziehen müßte, einen großen und würdigen Gehalt gewönne. (Humboldt in Tenorth 1986, S. 34)

Jedes Individuum ist auf die Idee der Menschheit ausgerichtet. Der Einzelne ist auf ein Allgemeines verwiesen. Eine Höherbildung findet nur dann statt, wenn der Mensch nicht an seiner Individualität festhält, sondern an der Menschheit partizipiert.

Bildung ist eine fortwährende Tätigkeit (energeia), die das Ziel hat, die Möglichkeiten des Menschen (dynamis) zu aktualisieren und zu verwirklichen. Der Bildungsprozess vollzieht sich in der Struktur einer Wechselwirkung zwischen Ich und Welt mit dem Ziel der Verknüpfung von Ich und Welt.

Wie David Lloyd und Paul Thomas in *Culture and the State* (1998) dargelegt haben, wurde die Idee der universalistischen Assimilation des Subjekts an das Ideal der Menschheit zu einer Zeit gedacht, als die modernen gesellschaftlichen Spaltungsprozesse längst eingesetzt hatten. Wichtiger als die Frage nach der konkreten Umsetzung oder den konkreten Implikationen von Humboldts Schulentwürfen, ist die Bedeutung Humboldts als Gegenentwurf, als bereits in seiner eigenen Zeit gegen die Zeitläufte formulierte Theorie.

Nun wäre viel zu sagen zur Bildungsidee und ihren vielfältigen Aneignungsformen. Das aus dem Zusammenhang Gelöste und schnell zum formelhaften Verkommene macht den „klassischen" Bildungsbegriff suspekt. Leicht lässt sich darin auch der deutsche Sonderweg erkennen, eine Zuflucht des aufsteigenden Bürgertums, das sich politisch und wirtschaftlich ohne großen Einfluss in einer Überhöhung der Bildung ergeht, wenn man Georg Bollenbeck folgt. Zudem lässt sich an der Einsamkeit und Freiheit kritisieren, dass das Miteinander, die Bedeutung des Sozialen in dieser Konzeption nicht wirklich ausgearbeitet ist, weswegen Horkheimer und Kron den humboldtschen Bildungsbegriff auch kritisiert haben. Von Humboldt führt kein Weg, zumindest kein gerader, zum symbolischen Interaktionismus oder zum Pragmatismus John Deweys. Ich meine aber – und folge hier Alfred Schäfer (2009) – dass die Diskussionen um die Aneignungen und Verkennungen des Bildungsbegriffs den Blick von den eigentlichen Herausforderungen ablenkt, für die Humboldt hier nur stellvertretend genannt ist. Herausforderungen, die darin begründet sind, dass für die Pädagogik ein eigener Möglichkeitsraum reklamiert ist, der über keine transzendentale Halterung mehr verfügt. Die andauernden Kontroversen auch innerhalb der Disziplin, den Bildungsbegriff zu definieren, drücken dieses Grundproblem aus. Dabei zeichnet sich ab, dass die Fassung der Pädagogik als Modalraum immer mehr zurückgedrängt wird. Vorherrschend ist die Forderung, die Pädagogik möge das Wissen und die Techniken bereitstellen, um die psychischen Strukturen der Individuen an die komplexen und beschleunigten gesellschaftlichen Verhältnisse anzupassen. Um dies zu erläutern, möchte ich den bereits angesprochenen Nützlichkeitsaspekt nochmals aufnehmen. Im bisherigen Gang meiner Überlegungen war ja bereits die Rede davon, dass mit dem Aufkommen der modernen nationalstaatlich verfassten Gesellschaft die Institution Schule an Bedeutung gewinnt, um Individuum und Kollektiv ins Verhältnis zu setzen: Kurz, um gesellschaftliche Mitgliedschaft zu erzeugen. Was sich am Anfang der Idee einer öffentlichen, staatlichen, frei zugänglichen Schule, in der alle Kinder im so genannten schulpflichtigen Alter auf die gleiche Weise sozialisiert werden, noch nicht abzeichnete, bald aber zum bestimmenden Merkmal der Wahrnehmung von Schule werden sollte, war die Koinzidenz von Schule im Prozess ihrer Ausdifferenzierung mit ihrer Bedeutung für die soziale Distinktion zum einen und darüber hinaus: grundsätzlich die Bedeutung von modernen Institutionen bzw. Organisationen.

Die Ausdifferenzierung von öffentlicher Bildung im Kontext gesellschaftlicher Beschleunigung

Vor allem der letztere Punkt ist entscheidend für eine weitere Facette meiner Denkbewegung. Sie haben es vielleicht schon geahnt: Max Webers Rationalisierung, die ich bereits im Zusammenhang mit der neo-institutionalistischen Perspektive angesprochen hatte, kommt hier ins Spiel.

Mit Hartmut Rosa (2005) gesprochen ist in modernen Gesellschaften seit der transzendentalen „Entsicherung" eine Dynamik eigen, die schubweise als Akzellerationserfahrung wahrgenommen wird. Die Dynamik, die auch unter dem Stichwort Modernisierung diskutiert wird, lässt sich Rosa zufolge nach vier Dimensionen unterscheiden: einer gesellschaftsstrukturellen, einer kulturellen, einer an der Persönlichkeitsstruktur orientierten und einer auf das gesellschaftliche Naturverhältnis bezogenen. Er entwickelt dazu ein Schema und schreibt, dass sich unter kulturellem Aspekt von Rationalisierung sprechen ließe, unter gesellschaftsstrukturellen von Differenzierung, unter persönlichkeitsstrukturellen von Individualisierung und mit Blick auf die gesellschaftlichen Naturverhältnisse von Domestizierung oder Instrumentalisierung.

An der Etablierung der Organisation Schule lassen sich Rationalisierungsprozesse hervorragend illustrieren; damit wird gleichzeitig deutlich, dass Webers Bürokratie eng mit gesellschaftlicher Modernisierung verbunden war.

Die institutionalisierte Organisation Schule hat einen entscheidenden Anteil an der Formierung der für die Hochmoderne charakteristischen Normalbiographie. Das Subjekt durchläuft unterschiedliche Stationen in einer spezifischen Taktung. Michel Foucault, der diese Zusammenhänge im Kontext seiner bereits angesprochenen Überlegungen zur Disziplinargesellschaft untersucht hat, spricht von Einschließungsmilieus. Von der Familie in die Schule, von der Schule in die Armee, von der Armee in die Fabrik. Zwischen den verschiedenen Einschließungsmilieus gab es keine „sanften" Übergänge, sondern abrupte „Neuanfänge". „Du bist hier nicht mehr in der Familie", beim Übergang zwischen der Familie in die Schule. „Du bist hier nicht mehr in der Schule", beim Übergang von der Schule in die Fabrik bzw. in die Armee.

Trotz der klaren Abgrenzung der unterschiedlichen Einschließungsmilieus folgen diese doch der gleichen Logik. So erkennt man in der komplexen Choreographie des Monitoringsystems bereits gewisse Ähnlichkeiten zum auf Teilung und perfekten Bewegungsablauf beruhenden Prinzip des Fließbands. Um diese Tätigkeit auszuüben bedarf es eines disziplinierten Körpers und koordinierter Bewegungsabläufe.

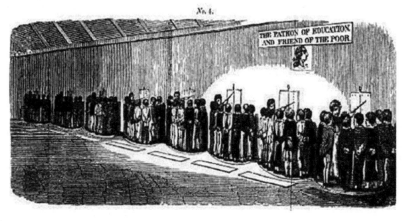

In der Moderne gibt es immer wieder „Beschleunigungserfahrungen", die nicht zuletzt dann besonders augenfällig werden, wenn sie mit technischen Innovationen zusammenfallen, die durch schnellere Überwindung räumlicher Distanzen den Akzelerationseindruck verstärken; Dampfkraft, Telegraph, Automobil, Flugzeug, usw. Diese „Beschleunigungsschübe" werden aber „beruhigt", in dem gesellschaftliche Arrangements etabliert werden. An erster Stelle sind hier die wohlfahrtsstaatlichen Neuerungen zu nennen: Reglementierung des Arbeitstages, damit Unterscheidung zwischen Arbeit und Freizeit, auf die Pädagogik bezogen: klare Taktung des Stundenplanes und des Schultages. Die Schule steht mit der gesellschaftlichen Ausdifferenzierung in fester Verbindung. In der Hochmoderne, die wir auch aufgrund des wesentlichen Kennzeichens ihrer Produktionsverhältnisse als Zeitalter der Industriegesellschaft bezeichnen, differenziert sich das Bildungssystem aus und erhält eine wichtige Allokationsfunktion für die späteren Anschlussmöglichkeiten. Durch die Schule müssen nun alle – haben dabei lediglich die Wahl zwischen einer privaten und einer öffentlichen Einrichtung; zumindest ist das hierzulande der Fall. Zu Beginn des zwanzigsten Jahrhunderts – auch vor dem Hintergrund der Verstädterung, werden Schulen zu Massenerziehungseinrichtungen. Ihre Organisationsform entspricht den Anforderungen einer durchrationalisierten Gesellschaft. Die Gliederung der Schule in einen Primar- einen Sekundar- und einen tertiären Bereich mit klar unterschiedenen Qualifikationsprofilen des Lehrpersonals setzt verbindliche wechselseitige Erwartungen, ihre Regelhaftigkeit schafft für alle Beteiligten Handlungssicherheit aufgrund klarer Rollenbilder und wechselseitiger Erwartungen. Zu den grundlegendsten dieser Erwartungen zählt das Vertrauen darauf, dass es in der Schule mit rechten Dingen zugehe, die Lehrkräfte verantwortungsvoll ihre Selektionsentscheidungen treffen und somit im großen und ganzen Gerechtigkeit herrsche (zur Besonderheit der Institution Schule vgl. den *locus classicus* bei Meyer 1977; Meyer / Rowan 1978). Bis weit in die Zeit nach der großen Bildungsreform in den siebziger Jahren ändert sich daran nichts Grundlegendes. Das schulische Geschehen selbst bleibt eine *black box*, die von außen nicht einsehbar ist. Anders gesagt: Auf Defizite des Bildungssystems, wie ungleiche Verteilung von Bildungschancen, reagiert man mit Inputsteigerung. Es werden mehr Schulen gebaut, vor allem mehr Gymnasien in Regionen, die bis dato mit dieser Schulform unterversorgt waren, insofern ist die Bildungsreform vor allem eine Bildungsexpansion. Gesteuert wird, wie bereits erwähnt, hauptsächlich über den Input: mehr Schulen, bessere Ausstattung, Aufwertung der Lehrerbildung, wenn auch für diese Phase der schulischen Entwicklung Standards definiert werden, in der Lehrerbildung in den für die Noten maßgeblichen Anforderungsprofilen, in der Vergabe von Bildungstiteln und Bildungszertifikaten.

Für die aktuellen Entwicklungen, in der Standardisierung mit Output- bzw. Outcome-Steuerung verknüpft wird, sind zwei grundlegende Entwicklungen zu beobachten, die diese Verknüpfung antreiben. Zum einen verändern sich die räumlichen Bezugsgrößen, in die die Bildungssysteme eingebettet sind. Internationalisierung und Globalisierung sind keine Naturgewalten; sie deuten aber an, dass von der Transformation des Nationalstaats zu mit Jürgen Habermas (1998) gesprochen: postnationalen Konstellationen auch die Bildungssysteme betroffen sind. Mit der Intensivierung internationaler Beziehungen entsteht eine neue, eine supranationale oder transnationale Ebene, die vor allem durch die internationalen Organisationen repräsentiert wird und die – siehe Bologna und Lissabon, zwar nationalstaatlich rückgebunden ist, gleichzeitig aber eine eigene Agenda verfolgen, mit der die Nationalstaaten konfrontiert werden, die sie zu Reaktionen veranlasst. Diese Entwicklungen haben dazu geführt, dass auch in der Erziehungswissenschaft ein spatial turn einsetzte und man dem Beziehungsgeflecht der unterschiedlichen Ebenen: international, national, regional, lokal eine stärkere Bedeutung zumaß, die es genauer zu untersuchen gilt. Die – mit Wolfgang Mitter (2006) gesprochen – nationale Bildungssouveränität ist zwar nicht aufgehoben, die internationale Ebene spielt aber eine zunehmend bedeutsame Rolle, wie man am Beispiel von Lissabon und Bologna im Hochschulbereich, der PISA Studie für die Schule und darüber hinaus für die grundsätzliche Neu-Konstellierung der Bildungssystems orientiert am Paradigma des *lifelong learning* erkennen kann. Verdeutlichen lässt sich dies an wirkmächtigen Diskursen, bzw. einem wirkmächtigen Diskurs, den ich hier nur kurz skizziere. Moderne Gesellschaften beschreiben sich nicht länger als Industrie-, sondern als Wissensgesellschaften. Damit einher gehen Humankapitaltheorien, die „Bildung" in Form des Lebenslangen Lernens als wichtigsten Veredelungsfaktor des Rohstoffs Mensch definieren. Damit nimmt aber der Wettbewerb zwischen den Bildungssystemen zu, wobei die internationalen Schülerleistungsvergleichsstudien und die internationalen Rankings ein maßgebliches Instrument sind.

Dieser Zusammenhang führt unmittelbar hin zur Standarddebatte, auf die ich gleich ausführlicher zu sprechen kommen werde. Es gilt aber zunächst noch die andere der hier angesprochenen Veränderungen nochmals ausdrücklich zu benennen, die der Beschleunigung. Hartmut Rosas umfassenden Vorschlag zu einer soziologischen Theorie der Zeit habe ich ja bereits angesprochen. Auf diesen komme ich jetzt nochmals zurück, um daran anschließend und in Verbindung mit den Veränderungen in den sozialräumlichen Konstellationen die Standarddebatte in der Pädagogik zu diskutieren. Neben den bereits erwähnten Modernisierungsdimensionen: gesellschaftsstrukturell, kulturell, persönlichkeitsstrukturell und auf die gesellschaftlichen Naturverhältnisse bezogen, nennt er drei Dimensionen sozialer Beschleunigung: die technische Beschleunigung, den technologischen Wandel, den sozialen Wandel, die Beschleunigung des Lebenstempos.

Unter dem Stichwort: technische Beschleunigung fasst er die intentionale, technische und vor allem die technologische Beschleunigung zielgerichteter Vorgänge. Paradigmatisch hierfür nennt er die Prozesse des Transports, der Kommunikation und der Produktion von Gütern und Dienstleistungen. Diese Form der Akzeleration ist am besten messbar, in Form der Fortbewegungsgeschwindigkeiten von der vormodernen und präindustriellen Gesellschaft zur Gegenwart und damit von der Fußreise über den Pferderücken und das Dampfschiff zur Eisenbahn zum Automobil und schließlich zum Flugzeug und Raumschiff.

Unter dem Stichwort: Beschleunigung des sozialen Wandels versteht er die Steigerung der Verfallsraten von handlungsorientierenden Erfahrungen und Erwartungen und die Verkürzung der für die jeweiligen Funktions-, Wert- und Handlungssphären der Gegenwart bestimmenden Zeiträume. Schließlich versteht er unter der Beschleunigung des Lebenstempos die Verkürzung oder Verdichtung von Handlungsepisoden, die sich prinzipiell etwa durch Zeitbudgetstudien ermitteln lässt.

Rosas Überlegungen können mit Gilles Deleuzes Postskriptum zur Kontrollgesellschaft (1998) weiter vertieft werden, denn in diesem hat er das Foucaultsche Konzept der Disziplinargesellschaft weitergeführt. Zu dieser Weiterentwicklung passt zudem Zygmunt Baumans Unterscheidung zwischen „fester" und „flüssiger" Moderne (2000), denn auch bei Deleuze findet man das Bild der Gussformen der Einschließungsmilieus.

Die Verkörperung der Disziplinargesellschaft ist die Fabrik, die der Kontrollgesellschaft das Unternehmen. Hörte man in der Disziplinargesellschaft nie auf anzufangen, vom einen zum nächsten Einschließungsmilieu, so postuliert Deleuze, dass man in der Kontrollgesellschaft nie mit etwas fertig wird. An die Stelle der Gussform tritt die Modulation. „Setzte die Fabrik die Individuen zu einem Körper zusammen, so verbreite das Unternehmen eine unhintergehbare Rivalität als heilsamen Wetteifer und ausgezeichnete Motivation, die die Individuen zueinander in Gegensatz bringt und jedes von ihnen durchläuft und in sich selbst spaltet."

Nicht mehr der Input und nicht mehr die getaktete Arbeitszeit sind die entscheidenden Maßeinheiten, sondern der Output, das fertige Produkt. In der flüssigen Moderne löst nicht nur das lebenslange Lernen und die permanente Weiterbildung tendenziell die Schule ab und die kontinuierliche Kontrolle ersetzt das Examen; es verschwinden zunehmend auch die klaren Grenzen zwischen Erwerbsarbeit und Privatleben. Besonders gut lässt sich dies an den paradigmatischen neuen Berufen in der Wissensgesellschaft beobachten. Die modernen IuK Technologien ermöglichen das Ausüben von Tätigkeiten zu Hause, oder, wie am Beispiel von Arbeitsplätzen in Office Cubicles sehen kann, arbeiten, schlafen, essen finden am gleichen Ort statt – Hauptsache, die gewünschte Leistung wird zum festgesetzten Zeitpunkt erbracht.

Die aktuelle Bildungsstandarddebatte hat mehrere Dimensionen, die alle mit der Umsteuerung von Input auf Output bzw. Outcome zu tun haben. Auf der Systemebene dienen Standards der Evaluation der schulischen Leistung. Schülerleistung und Schulleistung werden in dieser Perspektive in eins gesetzt. Das Abschneiden von Schülerinnen in standardisierten Tests bietet den Anlass um Anreize (Boni für Schulleiter u.ä.) für die Schulen einzuführen. Anders als in der Phase der Bildungsexpansion steht nicht mehr die Ressourcensteigerung, der Input im Mittelpunkt, sondern der effizientere und effektivere Einsatz von bereits vorhandenen.

Zum Begriff der Bildungsstandards. Der Begriff Standard verweist darauf, dass es sich sowohl um ein Beispiel, ein Modell als auch um eine Maß handelt, das der Zielbestimmung dient. Standards sind ebenfalls zutiefst in den Rationalisierungsprozess moderner Gesellschaften impliziert. Wir begegnen ihnen ständig und überall: in der industriellen Fertigung, in der Dienstleistung, zur Qualitätssicherung und Sicherheit.

Mit Bezug auf Bildung lassen sich drei wesentliche Formen von Standards unterscheiden. Inhaltsstandards. Diese hängen mit dem Curriculum, den Lehrplänen zusammen. Sie spezifizieren die Wissensdomänen und die Fertigkeiten der Schülerinnen. In den Leistungsstandards werden Stufen individueller Fertigkeiten unterschieden. In den Lerngelegenheitsstandards geht es um die Verfügbarkeit von Programmen, Lehrpersonal und andere Ressourcen, die die Schulen bereit stellen müssen.

In Deutschland ist die von Eckhard Klieme und Kollegen angefertigte Expertise für die Standarddebatte grundlegend:

> Bildungsstandards formulieren Anforderungen an das Lehren und Lernen in der Schule. Sie benennen Ziele für die pädagogische Arbeit, ausgedrückt als erwünschte Lernergebnisse der Schülerinnen und Schüler. Damit konkretisieren Standards den Bildungsauftrag, den allgemein bildende Schulen zu erfüllen haben. Bildungsstandards wie sie in dieser

Expertise konzipiert werden, greifen allgemeine Bildungsziele auf. Diese benennen die Kompetenzen, welche die Schule ihren Schülerinnen und Schülern vermitteln muss, damit bestimmte zentrale Bildungsziele erreicht werden. Die Bildungsstandards legen fest, welche Kompetenzen die Kinder oder Jugendlichen bis zu einer bestimmten Jahrgangsstufe erworben haben sollten. (BMBF 2003, S. 19)

Standards, Qualitätssicherung durch Evaluation, Orientierung an Effizienz und Effektivität bilden mithin einen Zusammenhang.

An dieser Stelle wird die Verbindung zwischen der Standarddebatte mit den ebenfalls von den internationalen Organisationen, zunächst vor allem der OECD und der Weltbank beförderten Konzeptionen zu New Public Management augenfällig. Moderne Bürokratien sind nicht mehr der Inbegriff von Fortschritt, wenn sie ihre Handlungsabläufe nicht effektivieren und ihre Effizienz steigern, kurz, wenn sie sich nicht an modernen Managementmodellen orientieren.

Ebenfalls auf die nationalstaatliche, gesellschaftliche Grenzen überschreitende Dimension verweist die Tatsache, dass Standards auch der internationalen Vergleichbarkeit dienen, da sie Anforderungen transparent machen. Wie die PISA-Studie gezeigt hat, ermöglicht die Fokussierung auf Output ein Umgehen der nationalen Einbettungen der Bildungssysteme. Ohne die Vielfalt der Lehrpläne und die unterschiedliche stoffliche Verteilung auf die Schuljahrgänge berücksichtigen zu müssen, werden diejenigen Kompetenzen gemessen, die für eine erfolgreiche gesellschaftliche Teilhabe – nicht nur für ökonomischen Erfolg – als wichtig erachtet werden. Der unmittelbare Durchgriff auf Kompetenzen verunmöglicht ein Ausweichen auf nationale Traditionen. Es spielt keine Rolle, wann welcher Lehrstoff vermittelt wird, wenn er nur am Ende dazu führt, dass für möglichst viele Schüler möglichst hohe Kompetenzniveaus erreicht werden. Damit ist der internationale Vergleich durchschlagender als bei früheren Leistungsvergleichsstudien, die sich an den Curricula orientierten.

Aus der Perspektive des Individuums betrachtet, geht es um Humankapitalentwicklung, um eine Selbstinvestition, die sich hinsichtlich aller in der Humankapitaltheorie diskutierten Dimensionen rechnen soll: bessere Arbeitsplätze, gesteigertes individuelles Wohlbefinden, ein höheres Maß an Selbstzufriedenheit, gesellschaftliche Teilhabe und eine bessere Gesundheit.

Was ist davon zu halten? Auch wenn vieles dafür spricht, dass wir uns in der Phase der Spätmoderne, der „flüssigen Moderne" befinden, so stehen wir dennoch in der gleichen Denktradition, die mit der Aufklärung begründet wurde und sind insofern, wenn man Adorno und Horkheimer in diesem Punkt folgt, in deren Dialektik gefangen.

Einerseits versprechen neue Instrumente wie Bildungsstandards und Kompetenzmodelle, dass sie die Bildungsbeteiligung verbessern. Zumindest ist das Scheitern nicht mehr unbeobachtet, wie dies in vergangenen Zeiten möglich war. Da zugleich die Bedeutung formaler Bildung vor allem seit dem Zweiten Weltkrieg zugenommen hat, ist aus Gerechtigkeits- und Chancengleichheitsgründen nur wünschenswert, dass alle die bestmögliche Förderung ihrer Möglichkeiten erfahren. Andererseits, dies zeigen vor allem die amerikanischen Erfahrungen im Kontext mit dem *No Child Left Behind* Gesetz (Ravitch 2010; Amos 2005), dass, werden Standards mit schulischen Sanktionen verknüpft, Exklusionsprozesse trotz bester Absichten verschärft werden können. Dies funktioniert ungefähr so: das Gesetz will die Schulen in die Verantwortung für die Steigerung der Schülerleistungen nehmen. Um diese festzustellen, werden in den Kernfächern regelmäßig Tests durchgeführt. Sind die Schülerleistungen zu schlecht und geschieht das in mehreren Testjahren in Folge, so werden die Schulen bestraft, schlimmstenfalls geschlossen oder auf andere Weise, beispielsweise durch ein Bildungsunternehmen weitergeführt. Um dieser Konsequenz nicht ausgesetzt zu sein, greifen Schulen auf Ausschluss zurück. Wenn schwache Schüler nicht an den Tests teilnehmen, können sie die Gesamtergebnisse nicht negativ beeinflussen.

Diane Ravitch, die in den USA viel dazu beigetragen hat, das Paradigma der Bildungsstandards durchzusetzen und ihr Plädoyer für Bildungsstandards sehr plausibel mit dem Hinweis auf Gerechtigkeit und Chancengleichheit, mit Recht auf hochwertige Bildung argumentierte, hat in ihrer jüngsten Buchpublikation (2010) gravierende Bedenken geäußert. Zum einen, das erzwungene kleinschrittige, durch die nächsten Tests geleitete Vorgehen bei der Vermittlung von Wissen. Damit führen Standards gerade nicht dazu, dass Wissen verarbeitet und kontextualisiert wird. Darüber hinaus drohen einzelne Fächer, aber auch wichtige andere Dimensionen der Menschenbildung, wie z. B. die Ästhetik, verloren zu gehen, da alle Anstrengungen auf die Bildungsstandards der Kernfächer und die damit verbundenen in Tests abrufbaren Kompetenzen konzentriert sei. Damit sei aber letztlich das pädagogische Anliegen, der Entfaltung menschlicher Potenziale nicht mehr möglich, und in diesem Kontext hat die ästhetische Bildung als „Möglichkeitsraum" einen zentralen Stellenwert.

Amos, S. Karin (2005): Die USA als Argument: Anmerkungen anlässlich der Debatte um Bildungsstandards. In: Tertium Comparationis. Journal für International und Interkulturell Vergleichende Erziehungswissenschaft, Vol. 11, No. 2, pp. 209-228.

Anderson, Benedict (1998): Die Erfindung der Nation. Zur Karriere eines folgenreichen Konzepts. Berlin: Ullstein.

Assmann, Jan (1997): Das kulturelle Gedächtnis, Schrift, Erinnerung und politische Identität in frühen Hochkulturen. München: Fink 1997.

Bauman, Zygmunt (2000): Liquid Modernity. Cambridge: Polity Press.

Bildungsministerium für Bildung und Forschung (BMBF) (Hrsg.) (2003): Zur Entwicklung nationaler Bildungsstandards. Bildungsforschung Band 1. Berlin.

Boli, John; Ramirez, Francisco, O.; Meyer, John W. (1985): Explaining the Origins and Expansion of Mass Education. In: Comparative Education Review, Vol. 29, No. 2, pp. 145-170. Elektronisch verfügbar unter: http://www.jstor.org/stable/1188401.

Deleuze, Gilles (1998): Postskriptum über die Kontrollgesellschaften. Elektronisch verfügbar unter: http://www.nadir.org/nadir/archiv/netzkritik/postskriptum.html.

Foucault, Michel (1994): Überwachen und Strafen. Die Geburt des Gefängnisses. Frankfurt am Main: Suhrkamp.

Habermas, Jürgen (1998): Die postnationale Konstellation. Politische Essays. Frankfurt am Main: Suhrkamp.

Humboldt, Wilhelm von (1986): Theorie der Bildung des Menschen. Bruchstück. I. Klassische Problemformulierungen. In: Heinz-Elmar Tenorth (Hrsg.) Allgemeine Bildung: Analysen zu ihrer Wirklichkeit. Versuche über ihre Zukunft. Weinheim: Juventa.

Lloyd, David; Thomas, Paul (1998): Culture and the State. New York: Routledge.

Meyer, John W. (1977): The Effects of Education as an Institution. In: The American Journal of Sociology, Vol. 83, No. 1, pp. 55-77.

Meyer, J. W./Rowan, B. (1978): The Structure of Educational Organizations. In: Meyer, M. W. (Hrsg.): Environments and Organizations. San Francisco u.a.: Jossey-Bass, S. 78-109.

Meyer, John W.; Boli, John; Thomas, George M.; Ramirez Francisco (1997): World Society and the Nation-State. In: American Journal of Sociology, Vol. 103, No 1, pp. 144-181

Meyer, John, O. (2005): Weltkultur. Wie die westlichen Prinzipien die Welt durchdringen. Frankfurt am Main: Suhrkamp

Mitter, Wolfgang (2006): Bildungssouveränität und Schulträgerschaft in Europa in historischer und vergleichender Sicht. In: Anweiler, Otto und Mitter, Wolfgang (Hrsg.): Bildungssouveränität im Wandel. Bielefeld: Universität Bielefeld

Ramirez, Francisco O.; Boli, John: The Political Construction of Mass Schooling: European Origins and Worldwide Institutionalization. In: Sociology of Education, Vol. 60, No. 1, pp. 2-17. Elektronisch verfügbar unter: http://www.jstor.org/pss/2112615

Ravitch, Diane (1994): National Standards in American Education. A Citizen's Guide. Washington, D.C.: Brookings Institution Press

Ravitch, Diane (2010): The Death and Life of the Great American School System. How Testing and Choice are Undermining Education. New York: Basic Books

Rosa, Hartmut (2005): Beschleunigung. Die Veränderung der Zeitstruktur in der Moderne. Frankfurt am Main: Suhrkamp

Schäfer, Alfred (2009): Die Erfindung des Pädagogischen. Paderborn: Schöningh.

Dein Glaube, mein Glaube. Unser Recht. Bedingungen von Toleranz[1]

Winfried Hassemer, Johann Wolfgang Goethe-Universität, Frankfurt am Main

1. Glaube

Dein Glaube und mein Glaube sind, so glaube ich, Bedingungen unserer Existenz, sie gehören zur Existenz aller Menschen, und zugleich haben sie wieder und immer wieder diese Existenz in ihrem Kern bedroht.

a. Aussagen über Transzendentales

Wenn man die Vorstellung von „Glaube" nur weit genug fasst und unter „Glaube" auch die Annahme versteht, dass unser Leben mit unserem körperlichen Tod zu Ende ist, wenn man also die Leugnung einer transzendenten Welt als Aussage über Transzendentales durchgehen lassen will – und dafür gibt es gute Gründe – so wird sich ein Mensch, dem dieser Art Aussagen verschlossen oder auch nur gleichgültig sind, kaum finden lassen. Wenn dieses Verständnis richtig ist, dann ist Glaube allgegenwärtig.

Wir alle, so behaupte ich, „glauben" etwas. Was wir glauben, wird in den Inhalten und in der Intensität des Für-wahr-Haltens dieser Inhalte wechseln oder mag gänzlich ohne Inhalt sein und sich darauf beschränken, solche Inhalte für absolut unzugänglich zu halten – allemal ist es Glaube, ist es die für wahr gehaltene Annahme über Existenz und Beschaffenheit einer Welt, die uns jedenfalls nicht in der Weise zugänglich ist wie die Stadt Tübingen, wie die Trauer über den Tod eines Menschen oder die Erinnerung an den ersten Schultag. Zu dieser Glaubensgemeinschaft gehören also auch die Atheisten – soweit sie immerhin für wahr halten, es gebe keinen Himmel oder der sei unbewohnt.

---

1 Dieser Beitrag verwendet die Grundgedanken eines Vortrags, den ich im Frühjahr 2004 u. a. vor der Juristischen Studiengesellschaft Regensburg gehalten und seitdem immer wieder durchdacht und überarbeitet habe; er ist ungekürzt unter dem Titel *Religiöse Toleranz im Rechtsstaat. Das Beispiel Islam* 2004 im Beck-Verlag, München, als Band 28 der Schriften der Studiengesellschaft veröffentlicht worden.

Das alles wird man leicht bestreiten können, und damit rechne ich auch. Die Vernünftigkeit von Begriffsbestimmungen, wie hier des Begriffs Glaube, ist nämlich ein weites Feld und lässt vielerlei disparate Erwägungen zu. Man darf aber nicht aus dem Auge verlieren, dass es an dieser Stelle nicht schon um die Existenz eines Gottes, sondern nur um die Wahl und die Bestimmung eines Begriffs geht. Und über die Vernünftigkeit einer Begriffswahl entscheidet am Ende nicht „Wahrheit", sondern „Pragmatik", und die wiederum ist nicht mehr als eine Tochter des jeweiligen Ziels, das in dem Diskurs, der den Begriff verwendet, erreicht werden soll. Es verschlägt also noch nicht viel, wenn man sich über den Begriff des Glaubens nicht gleich einig werden kann.

Und überdies sind mein Ziel und meine Pragmatik simpel. Sie sehen so aus:

b. Orientierung und Gewalt

Ich möchte darauf hinaus, dass das, was wir hier „Glaube" nennen, ein doppeltes Gesicht hat: Glaube gehört zur Orientierung des Menschen in seiner Welt, und dem Menschen wird diese Orientierung nicht geschenkt. Ohne Glauben fänden wir uns nicht zurecht, und Glaube ist zugleich eine teure Ausstattung. Die Menschheit hat für deinen und meinen Glauben immer wieder reichlich bezahlt, hat Glaubenskriege geführt, Blut vergossen, Hoffnungen zunichte gemacht und konkurrierende Werte ausgehöhlt oder für lange Zeiten unterdrückt; denken wir nur an die Meinungsfreiheit oder das Recht auf Leben. Das alles wissen wir, es steht uns vor Augen; es konnotiert mit dem Begriff „Glaube".

Jede Gegenwart von Glaubenserfahrung muss freilich auch ihre Vergangenheit mit reflektieren. Tut sie das nicht (oder zu zögerlich oder zu selektiv), läuft sie Gefahr, mit schiefen Bildern zu hantieren, also beispielsweise das derzeit ziemlich friedfertige Christentum einer muslimischen Glaubenserfahrung zu konfrontieren, zu deren Ausstattung derzeit auch Gewalt gegen Personen und Sachen gehört – etwa zum Ausgleich einer Beleidigung des Propheten durch Karikaturen und Theaterstücke oder überhaupt zur Markierung oder gar Bekämpfung einer fremden Kultur.

Ich mache mit diesen Überlegungen noch nicht einmal den Ansatz eines Versuchs, unterschiedliche Religionen auf ihr Verhältnis zu Gewalt zu befragen. Ich möchte nur – das aber mit Nachdruck – dem Eindruck vorbeugen, dass die Christen gleichsam von Natur aus vor Abstürzen in eine Gewaltanwendung gefeit seien, wie wir sie derzeit in anderen Glaubenskulturen beobachten müssen.

Dieser Eindruck wird auch von Theologen bekämpft[2] und von der Geschichte widerlegt. Gerade die Christen haben keinen Anlass, anderen Religionen das Büßerhemd überzustreifen. Ihre heiligen Texte, voran das Alte Testament, sind getränkt von befremdlichen Botschaften, die jeglicher gerechten und humanen Ordnung auch dann Hohn sprechen, wenn man sie mit freundlich historisierender Brille liest. Der vom vierten Laterankonzil 1215 den Juden verordnete gelbe Davidstern oder Martin Luthers Aufforderung an Mitchristen und Obrigkeit, Synagogen und Judenhäuser anzuzünden[3], gehören ebenso zu unserer Geschichte wie reale Gewalttaten und Verfolgung Unschuldiger in Gottes Namen[4].

Toleranz könnte der Schlüssel sein, der das Tor zur Lösung der Probleme aufschließt, die wir mit fremdem Glauben und fremder Religiosität derzeit haben. Dieser Schlüssel scheint, jedenfalls auf den ersten Blick, perfekt zu passen:

2. Toleranz

Toleranz leitet sich vom lateinischen *tolerare* her und bedeutet deshalb so etwas wie Dulden, Ertragen, Hinnehmen. Der Begriff ist in den meisten europäischen Sprachen, als Fremdwort, verbreitet[5], ist verfassungsrechtlich verankert und überdies konzentriert auf unseren Gegenstand:

Auch wenn weder das Grundgesetz noch die Verfassungen der Länder den Begriff „Toleranz" verwenden, so ist er doch ein Verfassungsbegriff, weil er nach ganz einhelliger und richtiger Auffassung dem verfassungsrechtlich verordneten Schutz und der Achtung religiöser Überzeugungen zugrundeliegt[6]. Und ist es nicht eine lupenreine Antwort auf unsere Fragen nach dem richtigen Umgang beispielsweise mit dem fremden Islam, wenn im *Staatslexikon* der Görres-Gesellschaft „Toleranz" gerühmt wird als „das geduldige Ertragen von abweichenden Auffassungen, auch das Hinnehmen von Beeinträchtigungen, die sich im Zusammenleben von einzelnen oder Gruppen dann ergeben, wenn unterschiedliche Überzeugungen aufeinanderstoßen"[7]? Eine milde, ja eine noble Aufforderung, um die man heute freilich eher Sorge tragen müsste: ob sie noch auf eine Befolgungsabsicht vieler Menschen in unserer Gesellschaft trifft[8].

---

2   Etwa Kress: Dialogische Toleranz. S. 228 ff., 231 ff. mit Beispielen und Nachweisen.
3   Nachweise bei Debus: Toleranz. S. 78, 96.
4   Zur erst späten Entdeckung von Religionsfreiheit und Toleranz im Christentum: Becker: Toleranz. Sp. 486 f.
5   Debus: Toleranz. S. 67 mit Nachw.
6   Steiner: Toleranz. S. 3630.
7   Becker: Toleranz. S. 486.
8   Dazu hier sofort unter 3. und 4., wo es um die Bedingungen von Toleranz unter Menschen und in Gesellschaften geht.

Und endlich weitet Goethe in seinen *Maximen und Reflexionen*, wieder einmal, das zu enge Korsett eines verbreiteten Verständnisses von Toleranz auf und erreicht eine neue Dimension des Nachdenkens, indem er den Finger in die Wunde einer hochnäsig-bornierten Toleranz legt und verlangt, diese Art „Toleranz sollte eigentlich nur eine vorübergehende Gesinnung sein. Sie muß zur Anerkennung führen. Dulden heißt beleidigen[9]" – und dann später[10]: „Die wahre Liberalität ist Anerkennung.[11]" Ist das nicht die Quintessenz einer langfristig gültigen, realitätsgerechten und menschenrechtsfreundlichen Deutung und Behandlung fremder Religiosität: den anderen wenigstens geduldig zu ertragen auf dem dornenreichen Weg, ihn am Ende aber in seiner Fremdheit anzuerkennen[12]?

Das Feld hellt sich noch weiter auf, und die Hoffnung auf die Eignung dieses Schlüssels begründet sich noch stärker, wenn man andere begriffliche Konnotationen der Toleranz differenzierend in die Betrachtung einbezieht. Die Abgrenzung der Toleranz zur Anerkennung des Fremden haben die *Maximen und Reflexionen* schon geleistet und zu Recht festgehalten, dass Toleranz auf dem Weg zur Anerkennung sein sollte, dass sie eine nur „vorübergehende Gesinnung" ist – aber eben (noch) nicht dasselbe wie Anerkennung. Toleranz notiert auf diesem Weg zur Anerkennung die Differenzen gegenüber dem anderen, ebnet sie nicht ein, ja lebt von ihnen; denn ohne Fremdheit hätte Toleranz keinen Sinn, keinen Anlaß, kein proprium. Toleranz geht nicht auf Assimilierung oder gar auf Symbiose; sie braucht Distanz und Differenz. Die Abgrenzung zur anderen Seite kommunikativer Zuwendung, zur Indifferenz, ist genauso wichtig[13]. Toleranz ist mehr als gleichgültiges Nebeneinanderher; sie relativiert Wahrheitsbehauptungen nicht, sie reibt sich an den Unterschieden, ja hält sich an ihnen lebendig. Sie ist ein Widerpart des Wegschauens, des naiven, schnell gezimmerten Weltbildes, einer Problem-„Lösung" mittels Problem-Definition; sie ist vielmehr ein Entdeckungs-Verfahren, eine Tochter auch der Neugier. Toleranz ist, im Licht dieser Abgrenzungen, die bewegliche Mitte zwischen Distanz und Nähe.

Und sie ist eine angemessene Antwort des Menschen auf seine Umgebung. Mit Verweis auf die Ringparabel in Lessings *Nathan der Weise* läßt sich vortragen[14], dass Toleranz die einzig mögliche Haltung eines Menschen ist, der verstanden hat, dass es über den miteinander in Streit liegenden Wahrheitansprü-

---

9   Ebd. VII, S. 174.
10   Ebd. VII, S. 179.
11   Klaus Lüderssen hat seinen Sammelband über Goethe und die Jurisprudenz unter diese Sentenz gestellt.
12   Was „Anerkennung" freilich im Kontext des Glaubens in Einzelheiten bedeuten könnte, lasse ich offen; das „Ertragen" reicht mir hin, um die Dimensionen religiöser Toleranz abzuschreiten.
13   Zu diesem Komplex ausführlich Debus: Toleranz. S. 102 ff.
14   Debus: Toleranz. S. 109 m. Nachw.

54

chen keinen irdischen Richter gibt, und der dennoch nicht in Resignation und to-
ter Gleichgültigkeit verharren, sondern mit dem Fremden und dessen anderer
Wahrheit leben will.

Es lässt sich anfügen, dass man die streitenden „Wahrheitsansprüche", bei deren lebenspraktischer Verarbeitung eine tolerante Haltung helfen kann, nicht
vorschnell auf Glaubenswahrheiten verengen sollte. Es geht nicht nur um Glauben, sondern überhaupt um Welt-Anschauung, um die Wahrnehmung von Welt
und die Orientierung in ihr, es geht um jedwede fremde Wahrheit, die uns begegnet, aus unbekannten Räumen, aus unbekannten Zeiten, mit anderen Personen, Traditionen, Situationen, Normen und Verfahren. Überall dort kann Toleranz ein realitätsangemessenes und deshalb erfolgreiches Entdeckungsverfahren
sein – jedenfalls eher als abstrakte Abwehr oder als blinde Indifferenz und jedenfalls in einer komplexen Umwelt wie der unseren.

3. Menschen

Auf den ersten Blick wird man dieser Sicht schon deshalb zustimmen, weil sie
nichts umstürzend Neues enthält. Sie fasst zusammen, was wir seit langer Zeit in
Worten immer wieder vortragen und im Handeln immer wieder verletzen; gerade
wegen dieser Differenz von Reden und Tun ist das Konzept Toleranz ein Kandi-
dat für political correctness. Gerade deshalb auch bedarf es eines zweiten Blicks,
der das Konzept hinter den schönen Begriffen etwas genauer in Augenschein
nimmt und nach den realen Voraussetzungen fragt, unter denen das Konzept Toleranz bei uns leben und überleben kann.

Dabei wird sich zuerst einmal Ernüchterung breit machen, weil sich zeigt: Toleranz läßt sich unmittelbar nicht verordnen, weder durch den Staat, seine Gesetze und seine Gerichte, noch durch wohlmeinende Meinungsführerschaft[15]. Es
wird sich aber auch zeigen: Toleranz läßt sich mittelbar beeinflussen. Sie läßt
sich behindern oder befördern durch Behinderung und Beförderung ihrer sozialen Voraussetzungen; das ist die gesellschaftliche Dimension von Toleranz[16].
Und: Der Rechtsstaat ist für eine Beförderung von Toleranz gut ausgestattet; das
ist die staatliche Dimension von Toleranz[17].

---

15   Sofort hier unter 3.
16   Unter 4.
17   Unter 5.

a. Toleranz als Disposition

Tolerant oder intolerant sind Menschen, nicht Gesellschaften oder gar Staaten. Gesellschaften sind „tolerant" erst durch das Denken und Handeln der in ihnen lebenden Menschen und durch gesellschaftliche Einrichtungen, die der Ausbildung und dem Überleben toleranter Haltung günstig sind, wie etwa eine durchlässige und radikale öffentliche Auseinandersetzung über religiöse Toleranz; Staaten „sind" tolerant erst durch die Existenz von Verhältnissen, die einerseits staatlichem Einfluß unterliegen, dem Staat also zurechenbar sind, und die andererseits einem toleranten Denken und Handeln günstig sind, wie etwa eine wirkungsvolle Garantie der Religionsfreiheit.

Toleranz findet sich oder verliert sich in Menschen. Sie ist, in der Sprache der Wissenschafts- und Begriffstheoretiker, nicht mehr und nicht weniger als eine Disposition[18]. Dispositionen sind auch den Juristen wohlbekannt unter dem Schlagwort „innere Tatsachen": als Vorsatz (des Schädigers), Freiwilligkeit (des Rücktritts vom Versuch), Verschleppungsabsicht (bei Beweisanträgen im Strafprozess) oder Glaubwürdigkeit (eines Zeugen). Es sind allemal Wirklichkeiten, die man unmittelbar nicht beobachten kann wie Urkunden oder Erröten, weil sie hinter der Stirn eines Menschen lagern, die man aber, in normalerweise komplizierten Verfahren, indirekt erschließen kann. Erschließen kann man (innere) Dispositionen aus (äußeren) Indikatoren, die ihrerseits beobachtbar sind und die erfahrungsgemäß einen Schluss auf die erfragte Disposition tragen können: die Glaubwürdigkeit aus einer bestimmten Mischung von Erinnern und Vergessen, den Tötungsvorsatz aus der Platzierung eines Schusses aus nächster Nähe.

Auch wenn man einen Menschen als tolerant oder intolerant beurteilen will, kann man dieses Urteil nicht auf unmittelbare Anschauung stützen; man kann ihm Toleranz nur unter Würdigung seines Verhaltens zuschreiben: eben weil er duldet, im Gespräch bleibt, nachfragt, wo andere schon zugeschlagen hätten, so oder so. Sein Inneres ist uns nicht zugänglich, wohl aber können wir seine Werke sehen und uns daraus einen – immer ungesicherten – Reim machen auf seine (innere) Haltung. Und wenn der Reim sich reimt, können wir sogar eine – immer ungesicherte – Prognose wagen auf das, was er morgen in einer ähnlichen Situation tun wird. Und am Ende fügen sich die Perlen der Erfahrungen mit einem Menschen zu einer Kette: Er ist (ziemlich-manchmal-normalerweise-nur wenn man Glück hat) tolerant. Kurz und auf Deutsch: Toleranz ist eine Haltung[19].

---

18   Umfänglich mit Nachweisen und Anwendungen meine Einführung, S. 183 ff., 219 ff.
19   Vgl. damit auch Debus: Toleranz. S. 105 ff.

b. Disposition und Kontingenz

Der Topos „Toleranz als Haltung" ist fruchtbar. In ihm ist nicht nur zum Ausdruck gebracht, dass Toleranz ein personales Attribut ist, ein auf Menschen bezogenes Merkmal (und für Gesellschaften oder Staaten nur vermittelt gilt), und es ist auch nicht nur zum Ausdruck gebracht, dass uns dieses Merkmal nur mittelbar zugänglich ist.

Im Topos der Haltung stecken noch mehr Chancen der Erkenntnis. In ihm ist auch Kontingenz beschlossen: die Bedrohtheit, die Lebendigkeit, die Wechselhaftigkeit, die Abhängigkeit der Toleranz von differenten, von zeitabhängigen und umweltabhängigen Voraussetzungen. Toleranz hat man nicht wie rote Haare oder große Füße; Toleranz ist voraussetzungsreich, und sie ist vorübergehend. Ihr Auftreten wird vermutlich wahrscheinlicher oder unwahrscheinlicher unter bestimmten Lebensbedingungen von Menschen: beispielsweise mit

- der Weite des geistigen Horizonts,
- dem Reichtum weltläufiger Erfahrungen,
- der verbleibenden Lebenskraft und Neugier, wenn die Alltagsprobleme halbwegs bewältigt sind,
- dem Alter eines Menschen,
- den Medien, denen er sich aussetzt,
- der Zusammensetzung seines Freundeskreises.

Toleranz ist, als personale Disposition, anstrengend und mobil. Sie kann nicht erzwungen, sondern nur erhofft und allenfalls mit Gründen eingefordert werden. Sie ist eine Zumutung, sie ist eher Sollen als Sein, sie siedelt näher am Prinzip Hoffnung als am Realitätsprinzip, sie verlangt Kraft, Großzügigkeit, Gelassenheit, Optimismus und heutzutage wahrscheinlich besonders dringlich auch das Gefühl von Sicherheit im Alltag[20]. Gibt es von diesen Bedingungen wenig, so gibt es auch nur eine vergleichsweise geringe Hoffnung auf tolerante Einstellungen. Wer mit dem Rücken zur Wand lebt, Angst vor dem Alltag hat, zwischen wechselnden Orientierungen schwankt, sich vor dem Fremden fürchtet, sich von ihm bedrängt, bedroht, beleidigt oder auch nur beengt fühlt, wer schlechte Erfahrungen mit dem Fremden gemacht hat, von ihm nur Übles erwarten kann und in seinem Vorurteil natürlich immer wieder bestätigt wird – einen solchen Menschen einfach auf Toleranz zu verpflichten, wäre deplatziert und wirklichkeitsfern. Das ist die menschliche Schranke von Toleranz.

---

20 In meiner Einschätzung bedrohen Verbrechensfurcht und Unsicherheitsgefühle die Verbreitung toleranter Einstellungen; vgl. W. Hassemer: Innere Sicherheit. passim.

Es dürfte die zentrale Täuschung naiver Konzepte von Multikulti sein, sich und anderen über die Kontingenz von Toleranz keine Rechenschaft zu legen. Diese Konzepte haben die Lebendigkeit und Wechselbezüglichkeit von Toleranz übersehen; sie haben die Menschen wie Klötzchen behandelt, die man nach Farben, Formen und Linien zusammenstellt, damit sie ein schönes buntes Bild ergeben – wo doch schon die Botanik weiß, dass nicht jede Pflanze auf jedem Boden wächst, dass sich nicht alle Pflanzen untereinander vertragen und dass man Pflanzen nicht einfach hinstellen darf, sondern pflegen muß. Sie haben Toleranz von den Leuten eingefordert, ohne zu bedenken, dass Toleranz Voraussetzungen hat, die sich nicht schon dann einstellen, wenn man sie theoretisch unanfechtbar begründet und praktisch nachdrücklich anordnet. Und sie haben endlich nicht die Erfahrung zugelassen, dass die Verhältnisse eben so voraussetzungslos einfach nicht sind. Das ist die Wiege einer political correctness, die unsere öffentlichen Diskurse auf Dauer verdirbt und erstickt, die Quelle der Differenz von verzuckertem Reden und verbittertem Handeln.

4. Gesellschaft

Die Voraussetzungen von Toleranz, von denen hier gerade die Rede war[21], sind individueller Natur; sie variieren von Person zu Person, wie jeder weiß, der Augen für seine Umwelt und für andere Menschen hat. Und sie variieren bei jeder Person mit dem Wechsel von Erfahrungen, Einstellungen und Lebensgeschichte, wie jede weiß, die Augen für sich selber hat. Die veränderliche Toleranz und Intoleranz der vielen, die zusammen existieren, ist am Ende das wechselnde Klima von Toleranz, das ihr Leben bestimmt – der Einheimischen und der Fremden, der einander Nahen und der einander Fernen. Genau hier ereignet sich Toleranz oder bleibt sie aus: im Individuum, als personale Disposition.

Aber die personale ist nicht die einzige Dimension von Toleranz. Toleranz hat auch nicht-individuelle Dimensionen. Dies sind zuerst einmal die sozialen Voraussetzungen von Toleranz, denen wir alle als vergesellschaftete Wesen ausgesetzt sind. Diese, gewissermaßen äußeren, Voraussetzungen werfen ihr eigenes Licht auf die Möglichkeit von Toleranz; auch sie sind, neben den personalen Voraussetzungen, aussagekräftig und folgenreich für das jeweilige Klima von Toleranz.

Toleranz läßt sich nicht zureichend verstehen nur im Blick auf das Individuum. Sie greift vielmehr, wie etwa Freundschaft oder auch Recht, schon begrifflich auf andere Menschen aus; sie ist zugleich Produkt wie Merkmal von

---

21   Unter 3.b.

Vergesellschaftung. Ohne den Blick auf andere Menschen, die miteinander leben, macht die Rede von Freundschaft und Recht, macht aber auch die Rede von Toleranz keinen Sinn. Man mag zwar sagen können, dass man tolerant mit sich selber umgeht oder umgehen soll; das scheint mir aber eine eher metaphorische Redeweise zu sein, die ein „Verhältnis zu sich selbst" von einem vorgängigen „Verhältnis zu anderen" ableitet und erst von diesem ihre empirische Sättigung und Überzeugungskraft bezieht. Nein: Toleranz ist „ad alterum", sie ist ein mehrstelliges Prädikat, hat nicht nur einen einzigen Beteiligten. Robinson hatte erst dann Bedarf an ihr, als Freitag in seinem Angesicht auftauchte.

Also darf man erwarten, dass es nicht nur individuelle, sondern auch gesellschaftliche Voraussetzungen von Toleranz gibt. Und so ist es auch. Ich nenne dafür ein paar Gründe und ein paar Beispiele.

Toleranz ist ein kommunikatives Phänomen. Sie ist, in meinen Augen, so etwas wie ein Vorschuss, ein Kredit, dessen Bedienung niemals ganz gesichert ist. Sie erscheint in der Zeit, sie ist der Beginn oder das Andauern von etwas, nicht das Ende. Sie hat etwas Aufforderndes, sie ist Teil eines Prozesses, sie wartet auf Antwort, ist unabgeschlossen; sie wird nicht angeliefert, damit man dann zur Tagesordnung übergehen kann, sondern richtet den Blick forschend auf das Gegenüber, dem Toleranz entgegengebracht wird. Bleibt das Gegenüber die Antwort schuldig, fällt die Antwort falsch aus oder passt sie nicht auf die Aufforderung, so wird das Angebot frustriert, erscheint der Kredit als faul.

Das ist der Grund der Redeweise, Toleranz sei keine Einbahnstraße, sei nicht nur eine Sache der einheimischen Mehrheit, sondern müsse auch von den fremden Minderheiten erbracht werden[22]. Dieser Grund ergibt sich zwingend aus unserer Bestimmung von Disposition als Kontingenz[23]: Wenn Toleranz als personale Disposition eher Sollen als Sein, wenn sie eher Hoffnung als Wirklichkeit, wenn sie als Haltung beweglich und immer bedroht ist, dann ist damit zugleich gesagt, dass sie die Funktion von etwas Drittem ist, dass sie nicht nur auf sich selber steht, dass sie durch günstige oder widrige Umstände außerhalb ihrer selbst befördert oder behindert werden kann. Diese Umstände sind Zeichen in einem kommunikativen Prozess, sie sind Antworten auf Fragen, Reaktionen auf Angebote. Die Erwartung, Toleranz könne ohne Rücksicht auf kommunikative Gleichgewichte überleben oder ein Akt toleranter Zuwendung brauche keine passende Antwort, wäre im strengen Wortsinn außerirdisch.

Die Umstände, von denen hier die Rede ist, sind Entstehungs- und Überlebensbedingungen von Toleranz. Sie siedeln nicht auf den Ebenen von Person und von Staat, sondern auf der Ebene der Gesellschaft. Sie sind mit personaler

22 So etwa Steiner: Konflikt. S. 11.
23 Oben 3.b.

Disposition[24] nicht identisch; sie sind vielmehr ein Teil von deren Voraussetzungen. Sie sind auch nicht staatlicher Natur; sie sind nämlich keine Äußerungsformen eines Staates (wenngleich sie, wie wir gleich sehen werden[25], von solchen Äußerungsformen abhängig sind). Sie sind Ergebnisse gesellschaftlicher Wahrnehmung und normativer gesellschaftlicher Verständigung[26], sie sind langfristig wechselnde Betrachtungsweisen der jeweiligen Umgebung, mobile Grundannahmen dessen, was als plausibel, einleuchtend oder abwegig gilt. Sie sind, in einer vagen Begrifflichkeit, Zeitgeist[27].

Zu ihnen gehören beispielsweise Überzeugungen, dass die Kriminalität im Wesentlichen ein Produkt der Einwanderer ist oder dass man sich von der einheimischen Mehrheitsbevölkerung am besten fernhält, weil sie „unrein" ist[28]. Zu ihnen gehören die basalen Annahmen, die Fremden seien im Grunde Leute wie du und ich oder sie trügen den Dolch im Gewande. Zu ihnen rechnen aber auch die Praxen von Religionsgemeinschaften, in der Öffentlichkeit auf sich aufmerksam zu machen, Gotteshäuser zu bauen[29], einheimischen Bräuchen beizuwohnen oder fernzubleiben, die Sprache im Gastland zu erlernen oder sich auf das Eigene zu beschränken: zwischen Anbiederung, Behutsamkeit, Angebot und Abgrenzung.

Solche in einer Gesellschaft verbreiteten Überzeugungen und Verhaltensweisen sind für individuelle Dispositionen folgenreich: Wer sich von den Einheimischen fernhält oder gar abgrenzt, riskiert die Frustration toleranter Anfragen oder schon das Ausbleiben solcher Anfragen. Wer in Fremden vor allem gefährliche Kriminelle sieht, wird sich in toleranten Kommunikationsformen schon von vorneherein nicht bewegen können. Wer aggressiv sein Fremdsein betont, wird mit aggressiven Reaktionen rechnen müssen. Mit abgewandtem Gesicht kann man nicht kommunizieren. Je weiter verbreitet und je tiefer verwurzelt solche normativen Annahmen sind, desto nachdrücklicher bestimmen sie das Klima von Toleranz und Intoleranz, das in einer Gesellschaft und in ihren abgrenzbaren Teilen herrscht: Sie sind dessen Voraussetzungen.

Das ist diejenige Schranke von Toleranz, die in der gesellschaftlichen Verständigung über die Normen begründet ist, die bei uns und für uns gelten sollen, und in der Art und Weise, wie wir die Prozesse dieser Verständigung unter den religiösen, den kulturellen und den politischen Gruppen dieser Gesellschaft or-

---

24 Oben 3.a.
25 Unten 5.
26 Dazu ausführlich meine Theorie des Verbrechens, S. 25 ff., 151 ff., 221 ff.
27 Umfangreiches Material und weiterführende Überlegungen hierzu bei Bierbrauer: Normative Regulation. passim, bes. S. 51 ff.
28 Beispiele bei Weyrauch: Roma. S. 60 ff.
29 Einzelheiten bei Bergmann: Umgang. S. 4 ff.

ganisieren. Die Schranke ist errichtet, wo kommunikative und pragmatische Zuwendung nicht mehr gelingt.

Wie die Disposition der Individuen[30], so sind auch die gesellschaftlichen Voraussetzungen von Toleranz kontingent. Sie ändern sich, und sie lassen sich verändern. Die Hebel sind gut sichtbar und wohlbekannt. Sie reichen von Demonstrationen gegen Fremdenfeindlichkeit über den öffentlichen Diskurs bei Grenzverletzungen durch öffentlich wahrnehmbare Personen, über die Selbstverpflichtung der Presse, bei Straftaten von Ausländern deren Herkunft nur dann zu nennen, wenn beides in einer sachlichen Beziehung steht[31], bis hin zu den zahlreichen und vielfältigen gesellschaftlichen Einrichtungen von Einheimischen und von Fremden, die sich um Integration und deren Voraussetzungen bemühen[32]. Hier breitet sich ein weites Feld von Möglichkeiten aus, Toleranz als kontingente Disposition anzubauen und zu pflegen; wir kennen es alle.

Sieht man die Dinge so, dann ist ohne jedes weitere Argument klar, dass Toleranz als gesellschaftlich verbreitete Haltung nichts mit dem Ziel einer Assimilierung zu tun hat, ja dass sie zu diesem Ziel in einem prinzipiellen Gegensatz steht. Angleichung (der Fremden an die Einheimischen oder auch anders herum) wäre das Ende des kommunikativen Prozesses, als den ich Toleranz auf der Ebene des gesellschaftlichen Miteinanders gerade beschrieben habe; wer einander ähnelt, mag viele Probleme von Nähe oder Symbiose haben – ein Toleranzproblem hat er nicht. Es mag auch hier und da zuträglich sein, in stabiler Übereinstimmung statt in mobiler Toleranz miteinander zu leben, darüber will ich hier nicht rechten. Ich will nur bestreiten, dass religiöse Toleranz es am Ende auf religiöse Deckungsgleichheit anlege, und daran erinnern, dass sie Distanz braucht und beweglich ist. Was ihr zupass kommt, sind Übereinstimmungen in der Prozedur, in der Art und Weise der fairen Auseinandersetzung, nicht aber in der Sache[33].

Die Rede von Kommunikation und Beweglichkeit muß freilich in Rechnung stellen, dass soziale Grundannahmen gemeinhin langfristig eingeschliffen und deshalb auch nur langfristig mobil sind, dass verbreitete Vor-Urteile nicht nur im Kopf stecken, sondern auch in den Knochen. Wer andere Kulturen als unrein anzusehen gelernt hat, wem fremde Redeweise, fremde Kleidung oder fremde Kör-

---

30 Oben 3.b.

31 Vgl. etwa das Diskriminierungsverbot in Nr. 12 der Publizistischen Grundsätze (Pressekodex). Richtlinien für die Publizistische Arbeit nach Empfehlungen des Deutschen Presserats i. d. F. v. 13.9.2006, in: Deutscher Presserat. Jahrbuch 2008, S. 147 ff.; zur entsprechenden Spruchpraxis ebenda S. 107 f., 119 ff.

32 Eine Fundgrube ist etwa die vom Amt für multikulturelle Angelegenheiten der Stadt Frankfurt am Main herausgegebene Zusammenstellung von Bernasko/Rech: Religionen der Welt.

33 Zu den Stufen Assimilation, Integration, Separation und Marginalisation als Optionen der Akkulturation von Migranten Bierbrauer: Rechtskulturelle Unterschiede. S. 24 und ff.

perhaltung ins Herz sticht, wird diese Folgen seiner Enkulturation nicht prompt und nicht allein durch guten Willen verändern können; nicht anders wird es der ergehen, die aus einem anatolischen Dorf ins Frankfurter Gallusviertel verschlagen worden ist und kaum eine Chance hat, mit dieser ihr gänzlich fremden Kultur in verstehenden Kontakt zu kommen.

Daraus folgt auch, dass man die Redeweise von Toleranz als Kredit nicht im Sinne einer platten Ökonomie missverstehen darf. Gewiss sollte, wer kommunikative Angebote macht, auch auf die kommunikative Kreditwürdigkeit seines Gegenüber achten und seine Angebote nicht an Leute verschwenden, die ihnen ersichtlich fest verschlossen sind; das nämlich kann nur in einem frustrierenden Rückschlag enden, Kraft kosten, die Zukunft belasten und das Klima von Toleranz verschlechtern; gewiss ist auch, dass nicht der Einheimische der Kreditgeber ist und der Fremde der Kreditnehmer – beide sind sie Teilnehmer eines kommunikativen Prozesses, der gelingen und der scheitern kann, wenn sie auch unterschiedliche Ausgangspunkte und Probleme haben.

Ebenso gewiss ist aber auch, dass Angebote an toleranter Kommunikation keine Darlehen sind, die man vernünftigerweise nur dann auszahlt, wenn man mit pünktlicher Rückzahlung rechnen darf. Die Einsicht, dass tolerante Disposition nicht gottgegeben, sondern kontingent ist, ihre Färbung als Hoffnung und Aufforderung[34], das alles impliziert Scheitern und Enttäuschung – nicht nur in dem alltäglichen Verständnis, dass wir bei offenem Ausgang einer Sache immer das Risiko des Scheiterns eingehen müssen, sondern auch in dem anspruchsvollen Verständnis, dass das spätere Scheitern den Sinn des früheren Angebots nicht immer falsifiziert: Wer Angebote toleranter Kommunikation macht, braucht einen längeren Atem und einen weicheren Rechenstift als ein Bankbeamter, der über Kredite befindet. Dass solche Angebote scheitern, ist alleine noch kein hinreichender Grund, sie in Zukunft zu unterlassen, falls man die Kraft hat, es noch einmal zu versuchen. Was die Chancen toleranter Antwort auf tolerante Angebote anlangt, befinden sich die Beteiligten nicht immer auf Augenhöhe – ja es kann geradezu Ziel des Angebots sein, Augenhöhe langfristig herzustellen. Langfristig!

5. Staat

Vom Staat haben wir uns jetzt scheinbar weit entfernt, und vom Rechtsstaat war bislang kaum die Rede. Aber das täuscht. Der Rechtsstaat war der rote Faden von Beginn an: Wir haben über nichts anderes nachgedacht als über eine not-

---

34   Oben 3.b.

wendige Voraussetzung jeglichen Rechtsstaats, über eine Verfassungsvoraussetzung, nämlich über die Bedingungen der Möglichkeit toleranten Zusammenlebens unterschiedlicher Religionen.

Wir haben gesehen, dass dieses Nachdenken beim Menschen ansetzen muß, weil Toleranz Haltung ist. Wir haben uns erinnert, dass diese Haltung – auch – eine Funktion gesellschaftlicher Umstände ist. Und wir verstehen jetzt, dass der Staat, wenn es um religiöse Toleranz geht, zu Menschen und Gesellschaft ein Verhältnis hat: dass ihm das Klima von Toleranz und Intoleranz nicht gleichgültig sein kann, ja mehr noch: dass er, sofern er ein aufmerksamer Staat ist, an der Herstellung eines guten Klimas mitwirken wird, soweit er das kann. Und er kann.

Die Bundesrepublik Deutschland ist ein solcher Staat. Sie garantiert den Bürgern im Grundgesetz Glaubens- und Bekenntnisfreiheit (Art. 4) und den Religionsgemeinschaften Freiheit und Hilfe (Art. 140 GG i.V.m. Art. 136ff. WRV); sie verbietet sich eine Staatskirche, entlässt die Religionen aber nicht in die Kälte einer laizistischen Trennung vom Staat, sondern kümmert sich vielfältig um ihren Bestand und ihr Überleben[35]; sie verpflichtet sich, in Glaubensdingen neutral zu sein, die Religionen gleich zu behandeln, und unterwirft sich einem strengen Diskriminierungsverbot[36]. Sie bringt damit zum Ausdruck, dass zu ihrer Konzeption von Rechtsstaat das Verhältnis der Religionen untereinander und das Verhältnis der Religionen zum Staat gehören[37]. Sie macht sich das Wohl und Wehe dieser Verhältnisse zur Aufgabe. Das ist die staatsrechtliche Basis religiöser Toleranz

Die Art und Weise, wie ein Staat sich das Verhältnis der Religionen untereinander und der Religionen zu ihm selbst zur Aufgabe machen kann, ist einer Betrachtung wert. Wir hatten schon hinsichtlich der Potenz der Gesellschaft zur Herstellung eines Klimas von Toleranz registriert[38], dass Gesellschaften Toleranz nicht herstellen können; herstellen können sie nur einen Teil der Bedingungen, unter denen Toleranz, als Haltung der Bürger, gedeiht oder verdirbt. Hinsichtlich der Potenz des Staates gilt nichts anderes, und genau dies bringt die Redeweise von religiöser Toleranz als Verfassungsvoraussetzung[39] zum Ausdruck[40]:

---

35 Überblick mit Nachweisen bei Morlok, in: Dreier, GG, Art. 140/Art. 137 WRV, Rn. 14 ff.
36 Überblick mit Nachweisen bei Morlok, in: Dreier, GG, Art. 140/Art. 136 WRV, Rn. 8 ff.
37 E.-W. Böckenförde, Ver(w)irrung im Kopftuchstreit, in: SZ v. 16.1.04.
38 Oben 4.
39 Zum Sprachgebrauch und zum Zusammenhang von Verfassungsvoraussetzung und Verfassungsentstehung P. Kirchhof, Der demokratische Rechtsstaat, Rn. 136 ff.
40 Ähnlich Kress, Religion, Staat und Toleranz, S. 308 ff.

Der moderne Rechtsstaat kann nicht überleben ohne eine gerechte Ordnung der Religionen und Weltanschauungen, die auf seinem Gebiet zusammen existieren; er muß einen Ort finden, und er muß diesen Ort sichern, wo die Menschen de jure die Möglichkeit haben und sie de facto auch nutzen können, ihren Glauben zu leben. Ohne diese Möglichkeit würde der Staat zum Unterdrücker einer Lebensform, die allen Menschen eigentümlich ist: des Bedürfnisses, einen Glauben gegenüber transzendenten Zusammenhängen zu haben und diesen Glauben ins Werk zu setzen – wobei es vermutlich überflüssig ist, eigens zu wiederholen[41], dass zu dieser Art Glauben auch die Überzeugung gehört, Transzendentes gebe es nicht.

Die Ordnung der Religionen muß überdies in die Regeln des Zusammenlebens passen, welche die Verfassung verordnet; sie muß im Rechtsstaat beispielsweise Gleichbehandlung garantieren oder grundrechtliche Freiheit des Glaubens und der Religionsausübung, sie muß Staat und Religion freundlich, aber entschieden auf Distanz halten, sie muß gegenüber religiös begründeter Anmaßung auch die Achtung unserer zivilen Grundrechte sicherstellen wie beispielsweise das Recht kleiner Mädchen auf körperliche Unversehrtheit gegenüber religiös larvierter Beschneidung oder auf Zugang zu unserem Bildungssystem. Soweit ihr das gelingt – und die Abgrenzungen sind bisweilen schwierig – hat sie eine notwendige, wenn auch nicht hinreichende, Voraussetzung religiöser Toleranz geschaffen: die Einbettung der Religion in die verfassungsmäßige Ordnung.

Das ist die Schranke von Toleranz, die das staatliche Recht zieht. Religiöse Freiheit endet da, wo ihr Gebrauch die fundamentalen Grundsätze unserer Verfassung[42], die Grundrechte Dritter oder die Prinzipien eines freiheitlichen Religions- und Staatskirchenrechts in Gefahr bringt[43]. Toleranz gegenüber fremdem Glauben und den Formen seiner Äußerung ist keine Einladung zum Spiel mit der Verfassung, sondern – im Gegenteil – deren Befestigung; denn ohne die verlässliche Garantie gesicherter Freiheit durch Recht wäre das Wagnis religiöser Toleranz von vornherein nicht zu verantworten.

Mehr kann ein Rechtsstaat nicht tun, auch wenn ihm die Einbettung der Religion lebenswichtig ist und er deshalb vielleicht viel mehr tun möchte. Er kann Toleranz nicht herstellen, denn sie ist Menschenwerk. Er kann sie auch nicht befehlen, ohne sich lächerlich zu machen oder – je nach den Umständen – gar in die Gefahr von Gesinnungsterror zu geraten. Er kann sie nur umhegen, ihr pflegende Voraussetzungen schaffen, und er kann Interventionen dämpfen, die Intoleranz begünstigen. Verfassungsrechtler sprechen hier sinnfällig von „Toleranz-

---

41   Siehe schon oben unter 1.
42   Art. 79 Abs. 3 GG.
43   BVerfGE 102, 370 (392 ff.).

vorsorge" oder „Umgangstoleranz" und verweisen darauf, dass staatlicher Zwang doch immer nur auf äußeres Verhalten sich richten kann[44]. Rechtstheoretiker unterscheiden einerseits die inhaltliche Bestimmung und andererseits die prozedurale Umhegung von Konstellationen durch rechtliche Regelungen; sie verweisen darauf, dass eine lebenskluge Rechtsordnung beispielsweise das Verhältnis von Arzt und Patient oder den Zusammenhang einer Familie in Ruhe sich entwickeln lassen und erst dann intervenieren wird, wenn massive Störungen zeigen, dass die handelnden Menschen ohne einen neutralen Dritten nicht mehr miteinander zurechtkommen[45].

Für unser Problem meinen Verfassungsrechtler und Rechtstheoretiker in der Sache dasselbe: Toleranz als Haltung, also das, was am Ende darüber entscheidet, ob und wie Religionen und religiöse Menschen miteinander bestehen können[46], ist die reale Voraussetzung einer guten und insbesondere einer freiheitlichen Verfassung; ohne Toleranz sind nicht nur die betroffenen Menschen, ist nicht nur die mobile Stabilität der Gesellschaft, sondern ist auch die freiheitliche Ordnung des Staates in Gefahr. Diese Voraussetzung aber kann der Staat nicht schaffen, er kann sie nur pflegen[47].

Für diese Pflege bietet unser Grundgesetz freilich hinreichende Mittel[48]. Das Grundrecht der Glaubens- und Gewissensfreiheit (Art. 4 GG) und die Regelungen eines freiheitlichen Staatskirchenrechts, die dem Grundgesetz aus der Weimarer Reichsverfassung inkorporiert worden sind (Art. 140 GG, Art. 136 ff. WRV), begründen die Religions- und Weltanschauungsfreiheit der Bürger[49]; sie schützen Religionsgemeinschaften und ziehen verlässliche Grenzen zur Freiheit anderer Menschen und zu den Rechten anderer Einrichtungen in Gesellschaft und Staat[50]. Im Grundsatz der Neutralität verpflichtet sich der Staat zu strenger Distanz gegenüber lebendiger, und deshalb immer bedrohter, Glaubenswahrheit, im Prinzip der Parität verkündet er angemessene Gleichbehandlung und gerecht verteilte Aufmerksamkeit, und in dem Recht, Religionsgemeinschaften unter bestimmten Voraussetzungen Körperschaftsrechte zu gewähren, behält er sich Möglichkeiten hilfreicher Einwirkung vor – aber nicht zur Verpflichtung dieser Gemeinschaften auf Loyalität gegenüber dem Staat, sondern zur Förderung fundamentaler Verfassungsprinzipien wie der Religionsfreiheit[51]. Religiöse Tole-

---

44 Steiner: Toleranz. Sp. 3632 f.
45 Mit Beispielen ausgeführt in Hassemer/Reemtsma: Verbrechensopfer. S. 170 ff.
46 Oben 3.
47 Zum Zusammenhang: Böckenförde: Recht. S. 111 ff.
48 Knapper Überblick mit zahlreichen Nachweisen bei Jarass, in: Jarass/Pieroth, GG, Art. 4 Rn. 1–21.
49 Bergmann: Umgang. S. 14.
50 Dichter Überblick bei Heckel: Thesen. Unter III.
51 BVerfGE 102, 370 (392 ff.): Zeugen Jehovas.

ranz gehört dazu. Und wenn die vielen beteiligten Prinzipien und Instrumente sich in ihrem spannungsreichen Spiel aneinander wund gerieben haben, so steht der Grundsatz der praktischen Konkordanz hilfreich für den Versuch bereit, die streitenden Ziele und Rechte im konkreten Einzelfall zu einem schonenden Ausgleich zu bringen[52].

Zusammenfassung

Glaube hat zwei Gesichter. Er gehört zur Ausstattung des Menschen, und er kann die Menschen, die Gesellschaften und Staaten immer wieder in schwere Krisen stürzen. Toleranz ist, jedenfalls vorläufig[53], eine passende Antwort auf kritische Glaubenserfahrungen.

Diese Antwort aber ist komplex und reich an Voraussetzungen. Es gibt weder tolerante Gesellschaften noch tolerante Staaten, es gibt nur tolerante Menschen; Toleranz ist eine Haltung. Sie wechselt mit den Erfahrungen, die Personen gemacht haben, und mit ihren Lebensumständen. Toleranz läßt sich nicht einklagen oder gar herstellen, sondern nur erhoffen; sie ist ein kommunikatives und bewegliches Phänomen.

Gesellschaft und Staat sind an einem Klima von Toleranz und Intoleranz beteiligt; sie verfügen über Voraussetzungen, unter denen Toleranz eher gedeihen kann oder eher verderben wird.

Moderne Gesellschaften müssen Toleranz als Bestandteil von Kommunikation behandeln: Sie können tolerante Haltung wahrscheinlich machen dadurch, dass sie Toleranz nicht als Einbahnstraße, sondern als unabgeschlossenen Prozess organisieren und dass sie die Verfestigung von Fremdheit tendenziell auflösen. Im Rechtsstaat ist Toleranz eine Verfassungsvoraussetzung. Er braucht sie zum Überleben, kann ihr Entstehen und Erstarken aber nur mittelbar begünstigen. Die verlässliche Garantie von Religionsfreiheit, die Achtung der Grundrechte und ein freiheitliches Staatskirchenrecht halten ihm viele Mittel bereit, religiöse Toleranz zu pflegen und dabei den Menschen gerecht zu werden.

---

52   Mit Bezug auf das Kopftuch in der Schule: Mahrenholz: Muslimische Kultur. S. 10f.
53   Diese Einschränkung spielt an auf das hier nur angesprochene, aber nicht geklärte Verhältnis von Toleranz und Anerkennung: oben 2.

Literatur

Hans-Jürgen Becker: Toleranz. In: Staatslexikon der Görres-Gesellschaft, 5. Band, 7. Aufl., Sp. 485 ff.

Jan Bergmann: Vom Umgang des deutschen Rechtsstaates mit dem Islam. Manuskript, mir freundlich zur Verfügung gestellt.

Abena Bernasko/Stefan Rech: Religionen der Welt. Gemeinden und Aktivitäten in der Stadt Frankfurt am Main, 2003.

Günter Bierbrauer: Normative Regulation durch Emotionen. Scham und Schuld im Kulturvergleich. In: Fikentscher (ed.): Begegnung und Konflikt – eine kulturanthropologische Bestandsaufnahme. 2001, S. 49 ff.

Günter Bierbrauer: Rechtskulturelle Unterschiede in ethnopluralen Gesellschaften. In: Festschrift Schwind. 2006, S. 23 ff.

Ernst-Wolfgang Böckenförde: Recht, Staat, Freiheit. Studien zur Rechtsphilosophie, Staatstheorie und Verfassungsgeschichte. 1991.

Anne Debus: Das Verfassungsprinzip der Toleranz unter besonderer Berücksichtigung der Rechtsprechung des Bundesverfassungsgerichtes. 1999.

Deutscher Presserat: Jahrbuch 2003. Mit der Spruchpraxis des Jahres 2002.

Horst Dreier (Hrsg.): Grundgesetz. Kommentar. Band III, 2000.

Johann Wolfgang v. Goethe: Maximen und Reflexionen. In: Goethes sämtliche Werke in sechsunddreißig Bänden (Cotta), Band IV, S. 107 ff.

Winfried Hassemer: Einführung in die Grundlagen des Strafrechts. 2. Aufl. (1990).

Winfried Hassemer: Innere Sicherheit im Rechtsstaat. In: Ders.: Strafen im Rechtsstaat. 2000, S. 248 ff.

Winfried Hassemer: Theorie und Soziologie des Verbrechens. Ansätze zu einer praxisorientierten Rechtsgutslehre. 1973/1980.

Winfried Hassemer/Jan Philipp Reemtsma: Verbrechensopfer. Gesetz und Gerechtigkeit. 2002.

Martin Heckel: Thesen zum Staat-Kirche-Verhältnis im Kulturverfassungsrecht. Manuskript (zur Veröffentlichung in der Festschrift für Wolfgang Rüfner), mir freundlich zur Verfügung gestellt.

Hans D. Jarass/Bodo Pieroth: Grundgesetz für die Bundesrepublik Deutschland. Kommentar, 6. Aufl. (2002).

Paul Kirchhof: Der demokratische Rechtsstaat – die Staatsform der Zugehörigen. In: Isensee/Kirchhof (ed.): Handbuch des Staatsrechts der Bundesrepublik Deutschland. Band IX: Die Einheit Deutschlands – Festigung und Übergang. 1997, § 221, S. 957 ff.

Hartmut Kress: Religion, Staat und Toleranz angesichts des heutigen Pluralismus. In: Ethica 16 (2008) 4, S. 291 ff.

Hartmut Kress: Dialogische Toleranz – Bringschuld des Protestantismus. In: Nüssel (ed.): Theologische Ethik der Gegenwart. 2009, S. 227 ff.

Klaus Lüderssen (Hrsg.): „Die wahre Liberalität ist Anerkennung". Goethe und die Jurisprudenz. 1999.

Ernst Gottfried Mahrenholz: Muslimische Kultur und deutsche Toleranz. Darf es Lehrerinnen mit Kopftuch in der Schule geben? Essay im NDR, 30.7.03. Manuskript, mir freundlich zur Verfügung gestellt.

Udo Steiner: Toleranz und Konflikt. Manuskript, mir freundlich zur Verfügung gestellt.

Udo Steiner: Toleranz. Rechtlich, in: Evangelisches Staatslexikon, Band II, 3. Aufl., Sp. 3630 ff.

Walter O. Weyrauch: Das Recht der Roma und Sinti. Ein Beispiel autonomer Rechtsschöpfung. 2002.

Lebensschutz durch Babyklappen? Über Konflikte in der Politikberatung zu ethischen Fragen[1]

Kristiane Weber-Hassemer, Deutscher Ethikrat, Berlin

Einleitung

Die moderne westliche Gesellschaft lässt sich charakterisieren als Wissensgesellschaft und als Risikogesellschaft. Wissen und Wissenschaft treten in weiten Bereichen an die Stelle von Alltagserfahrungen und Alltagsweisheit, die bei komplexen Sachverhalten nicht mehr handlungsleitend sein können. Voraussetzungen und Folgen von gesetzgeberischem Handeln lassen sich gar nicht oder aber nur schwer abschätzen, der gesunde Menschenverstand vermag nur noch wenig auszurichten.[2] Diese Unsicherheiten rufen nach wissenschaftlichem Sachverstand, der die Entscheidungsfindung nachvollziehbar macht und legitimiert. Wissenschaft ist allerdings selbst auch Produzentin von Unsicherheit und Ungewissheit, weil sie in einem rasanten Tempo durch neue Erkenntnisse Entwicklungen anstößt und in unser individuelles und gesellschaftliches Leben eingreift. Die politischen Entscheidungsträger selbst können diesen Sachverstand nicht vorhalten, weder haben sie die zeitlichen noch die fachlichen Ressourcen, um die sich laufend verändernden Problemlagen zu bearbeiten und ausreichende Steuerungsleistungen zu erbringen.[3]

In den westlichen Industrienationen begann spätestens seit den 70iger Jahren des letzten Jahrhunderts eine intensive Debatte, wie mit den gesellschaftlichen Konflikten um Wissenschaft und Technik umzugehen ist. Die ethische Dimension war von Anfang an beträchtlich. Waren es zunächst eher Standortfragen um gefahrenträchtige Anlagen, so rückten später die Biopolitik und die Biomedizin in den Vordergrund. In Deutschland setzte die Diskussion erst relativ spät ein, dann aber mit großer Heftigkeit im Zusammenhang mit der Stammzelldebatte.

Wohl als Folge dieses Verlusts an Sicherheiten – dies betrifft ja nicht nur die Forschung – erleben wir eine bisher nie dagewesenen Ethisierung unserer Le-

---

1   Gedanken dieses Vortrages sind schon in der einen oder anderen Form veröffentlicht worden. Der Vortrag wurde gehalten bei Gelegenheit des Wertewelten-Symposions „Normen, Standards, Werte" and der Universität Tübingen im Februar 2010. Die Vortragsform wurde beibehalten. Literatur wurde bis 2010 berücksichtigt.
2   Weingart, Carrier, Krohn 2007, S. 9.
3   Weber-Hassemer 2003, S. 79.

benswelten, ob es nun um Wirtschaftsethik, Wissenschaftsethik, Medizinethik, Tierethik usw. geht. Sie findet in Bereichen verstärkt statt, in denen große Veränderungsprozesse stattfinden, für die keine gesicherten Regeln etabliert sind und verbindliche moralische Instanzen fehlen.

Dies gilt insbesondere in den sog. Lebenswissenschaften. Auch wenn naturwissenschaftliche Forschung und ihre Anwendung regelmäßig in ihrer Folgenabschätzung unsicher und mit unübersehbaren Risiken verbunden sind, so sind sie doch im Allgemeinen einer empirischen Betrachtung mit Hilfe von Experten zugänglich, wobei nicht verkannt werden soll, dass es in der Bewertung und Deutung erhebliche Kontroversen geben kann. Dies ist in den Lebenswissenschaften aber komplexer, weil diese Forschung unmittelbar verknüpft ist mit moralischen Urteilen über die Zulässigkeit der Forschung oder ihrer Nutzung. Das benötigte empirische Wissen muss integriert werden in eine hochkontroverse gesellschaftliche Wertedebatte.

Ethikkommissionen

In dieser Situation haben in der westlichen Welt die Regierungen – seltener die Parlamente – seit den siebziger Jahren Ethikkommissionen ins Leben gerufen, um diesen potentiellen Konflikt zwischen der Forschung und den moralischen Grenzen zu begleiten. Allein in Europa existieren mindestens zwanzig solcher Gremien, es gibt sie aber auch in den USA, Australien, Kanada, Asien, vereinzelt auch in Südamerika. Während in der Anfangsphase solche Kommissionen vielfach ad hoc einberufen wurden, um eine bestimmte biopolitische Sachproblematik zu bearbeiten, gingen die Staaten immer mehr dazu über, die Kommissionen zu verstetigen. [4]

Deutschland hat diesen Typus zusammen mit der Schweiz und Österreich erst sehr spät übernommen. Erst im Jahre 2001 rief die damalige Bundesregierung ein unabhängiges, auf Dauer gestelltes, interdisziplinär besetztes Expertengremium, den Nationalen Ethikrat, ins Leben. Nach seiner Auflösung durch die neue Bundesregierung wurde der Deutsche Ethikrat durch Gesetz etabliert, der seine Tätigkeit im April 2008 aufnahm. Ihm gehören 26 Mitglieder an, von denen jeweils die Hälfte von der Regierung und vom Parlament benannt wird.

---

4   Fuchs 2001, S. 11 ff.

70

Ein solches Gremium ist keineswegs selbstverständlich. Ohne hier in die Einzelheiten des Wissenschaftsbereichs der Ethik gehen zu können, ist es zunächst naheliegend, dass als Gegenstand der Expertise nicht die philosophische Disziplin, sondern nur die bereichsspezifische Ethik gemeint sein kann. Zwar kommt auch eine angewandte Ethik nicht ganz ohne die grundlegenden Fragen nach der Theorieleistung der allgemeinen Ethik aus. Aber die oft kontroversen Begründungsherleitungen und Begründungskategorien bilden doch im Zweifel allenfalls Folien, auf denen dann konkret im biopolitischen Kontext diskutiert wird.

Ethik ist die systematische Reflexion über Moral, unter normativen Gesichtspunkten fragt sie nach dem Maßstab moralisch richtigen Handelns, im Bereich der Lebenswissenschaften beschäftigt sie sich mit dem moralisch Erlaubten oder Gebotenen im Umgang mit menschlichem Leben.

Betrachtet man die Zusammensetzung der Ethikkommissionen im internationalen Vergleich oder den Aufgabenkatalog dieser Gremien, so ist auf den ersten Blick erklärungsbedürftig, warum ihnen ausschließlich der Begriff Ethik zugeordnet wird. So heißt es zwar in § 1 des Einrichtungserlasses für den Nationalen Ethikrat, dass ein „nationales Forum des Dialogs über ethische Fragen in den Lebenswissenschaften" gegründet werde. Aber bereits in § 2 wird allgemein der Diskurs von Naturwissenschaften, Medizin, Theologie und Philosophie, Sozialwissenschaften und Rechtswissenschaften angesprochen. Noch weniger zentriert auf die Ethik ist das Gesetz über die Einrichtung des Deutschen Ethikrates, das am 1.8.2007 in Kraft getreten ist. § 1 lautet: Es wird ein Sachverständigenrat gebildet, der die Bezeichnung „Deutscher Ethikrat" trägt. § 2 (1) enthält folgende Formulierung:

> Der Deutsche Ethikrat verfolgt die ethischen, gesellschaftlichen, naturwissenschaftlichen, medizinischen und rechtlichen Fragen sowie die voraussichtlichen Folgen für Individuum und Gesellschaft, die sich im Zusammenhang mit der Forschung und den Entwicklungen insbesondere auf dem Gebiet der Lebenswissenschaften und ihrer Anwendung auf den Menschen ergeben […].

Beide Begründungen für ein ethisch beratendes Gremium gehen also ganz selbstverständlich davon aus, dass in der Begriffsverwendung „Ethik" es um das moralisch Vertretbare aus der Sicht der verschiedenen wissenschaftlichen Disziplinen geht, um den wertbezogenen Zugang zu problematischen Entwicklungen, und dass diese Wertbezogenheit sich erst aus der Zusammenschau aller Fachdiskurse erschließt.

Dieser Einsicht verdanken sich die international ähnlich strukturierten Ethikkommissionen. Sie werden durchweg interdisziplinär besetzt. Manche, wie der

Nationale Ethikrat und der Deutsche Ethikrat, betonen noch stärker die Schnittstelle zu Politik und Gesellschaft, sie sind auch mit Personen des öffentlichen Lebens, z.B. ehemaligen Politikern oder offiziellen Kirchenvertretern besetzt. Das dürfte Ausdruck einer Einschätzung sein, dass die Sicht der Zivilgesellschaft und der demokratischen Institutionen eingebracht werden sollte. Sehr selten werden aktive Parlamentarier zugelassen, für die deutschen Räte wurde es expressis verbis ausgeschlossen. Es wird darüber hinaus der Versuch gemacht, neben der wissenschaftlichen Diversität auch die Pluralität moralischer Positionen abzubilden.

Zu den Aufgaben des Ethikrates gehören entsprechend dem Ethikratgesetz:

- Information der Öffentlichkeit und Förderung der Diskussion in der Gesellschaft unter Einbeziehung der verschiedenen gesellschaftlichen Gruppen;
- Erarbeitung von Stellungnahmen sowie von Empfehlungen für politisches und gesetzgeberisches Handeln;
- Zusammenarbeit mit nationalen Ethikräten und vergleichbaren Einrichtungen anderer Staaten und internationaler Organisationen.

Der Aufgabenkatalog entspricht dem Einrichtungserlass für den Nationalen Ethikrat.

Am Beispiel der ersten Stellungnahme des Rates zum Problem der anonymen Kindesabgabe will ich illustrieren, welchen Schwierigkeiten sich ein solches Gremium ausgesetzt sieht, welche Leistungen erwartbar sind und wo seine Grenzen liegen.[5]

Themenwahl

Der ER ist, sofern nicht eine Anfrage seitens des Parlaments oder der Regierung vorliegt, frei, welche Themen er im Rahmen der gesetzlichen Ermächtigung aufgreifen will. Das Gesetz über die Einrichtung des Gremiums ist bewusst vage gehalten, entsprechend breit ist die Spannweite der Themenvorschläge von stark forschungsorientierten bis zu eher sozialpolitischen Bereichen. Dabei spielt natürlich die Fachdisziplin eine nicht unerhebliche Rolle.

Von den Problemen der anonymen Kindesabgabe hatten die meisten von uns keine nennenswerten Kenntnisse, für viele war es ein Randthema. Die Mehrheit der Mitglieder votierte aber für eine Befassung. Ob das Thema wirklich noch vom gesetzlichen Auftrag gedeckt ist, will ich hier dahingestellt sein lassen. Wie

---

5   Deutscher Ethikrat 2009 (mit umfangreichen Literaturnachweisen).

auch sonst üblich, bildete der Rat eine Arbeitsgruppe, um die Stellungnahme vorzubereiten.

Ausgangslage

Die anonyme Kindesabgabe umfasst sowohl die anonymen Geburten in Krankenhäusern, aus denen die Mutter nach der Entbindung, ohne Personalien angegeben zu haben, verschwindet und das Kind in der Obhut der Klinik belässt als auch die Abgabe des Kindes in einer sog. ‚Babyklappe‘. Seit 1999 werden diese Formen der Kindesabgabe von kirchlichen und freien Trägern sowie von Krankenhäusern angeboten. Derzeit gibt es etwa 80 bis 90 Babyklappen mit steigender Tendenz und etwa 130 Krankenhäuser, die die anonyme Geburt anbieten. Insgesamt dürfte es – grob geschätzt – seit 1999 300 bis 500 Kinder mit dauerhaft anonymer Herkunft geben; verlässliche Zahlen gibt es nicht, weil viele Einrichtungen nicht bereit sind, Zahlen zu nennen. Die Schätzung beruht auf einer nicht repräsentativen Erhebung aus drei verschiedenen Jahren. Die Zahl der tot aufgefundenen oder lebend ausgesetzten Kinder hat sich im gleichen Zeitraum nicht wesentlich verändert, es sind etwa 34 bis 38 Babys pro Jahr.

Die Angebote der anonymen Kindesabgabe bewegen sich in einer rechtlichen Grauzone und sind ethisch umstritten. In den Jahren zwischen 2000 und 2004 gab es sowohl aus der Mitte des Bundestages als auch durch Bundesratsinitiativen einiger Länder Versuche, diese Angebote zu legalisieren. Sie variierten vor allem in der zeitlichen Reichweite der gesicherten Anonymität der Mutter und der Ausgestaltung des Verfahrens, das insoweit zu beachten sein sollte. Keines dieser Vorhaben wurde letztlich trotz zahlreicher Beratungen und Anhörungen realisiert.

Im Jahre 2007 – nach einer Abfrage bei allen Ländern, die aber zum Teil nicht reagierten oder nicht über verlässliche Zahlen verfügten – beantwortete die Bundesregierung eine große Anfrage als Ergebnis der Umfrage, sie sehe derzeit keine hinreichende Grundlage für eine valide Beurteilung der Notwendigkeit gesetzlicher Regelungen zur anonymen Geburt und prüfe eine bundesweite Studie. Diese ist inzwischen beim Deutschen Jugendinstitut in Auftrag gegeben worden.

Der Koalitionsvertrag aus dem Jahre 2009 enthält einen Prüfauftrag für das Angebot der vertraulichen Geburt sowie für mögliche Rechtsgrundlagen.

Zentrale Streitpunkte, Empirische Annahmen

Was sind nun die rechtlichen und ethischen Probleme bei der anonymen Geburt, insbesondere aber bei der Babyklappe? Warum entscheiden sich Frauen für eine anonyme Geburt oder die Abgabe in eine Babyklappe? Verlässliche Daten gibt es nicht, nur einige Einschätzungen von Kliniken oder von Betreibern von Babyklappen. Informationen stammen von den Müttern, die entweder doch ihre Anonymität freiwillig später aufgaben oder die von der Polizei ausfindig gemacht wurden. Diese Angaben sind naturgemäß interessengeleitet und nicht immer verlässlich.

Angesichts der geringen Zahl von Kindestötungen gibt es statistisch verwertbare Zusammenhänge zwischen Babyklappen bzw. anonymer Geburt einerseits und Aussetzen bzw. Töten von Babys nicht. Es gibt lediglich persönliche Sichtweisen und Erfahrungen im Kontext von forensischer Psychiatrie, von Jugendämtern und Anbietern, etwa dem Sozialdienst katholischer Frauen in einigen Städten. Danach erreichen nach Meinung mancher die Angebote nicht die Frauen, die andernfalls ein eben geborenes Kind in Panik aussetzen oder töten, weil sowohl die anonyme Geburt als auch das Auffinden einer Babyklappe gewisse organisatorische Aktivitäten voraussetzen. Manche Jugendämter kommen zu dem Ergebnis, dass in den aufgeklärten Fällen von anonymer Kindesabgabe die Situation sich nicht grundlegend von der Situation unterscheide, die auch in den regulären Beratungsstellen erkennbar würden. Es bestünde die Vermutung, dass manche Frauen eben sich einfach nicht einem Beratungsprozess stellen wollten.

Noch einmal: belastbare verlässliche Daten zu den Beweggründen und der Situation der Mütter, manchmal auch der Väter, gibt es bisher nicht.

Rechtlicher Rahmen: Einfachgesetzliche Vorgaben

Ich will es kurz machen: Die anonyme Kindesabgabe kollidiert nach herrschender Meinung unter Juristen mit der in Deutschland zwingenden Struktur des Familienrechts, wonach Mutter diejenige ist, die das Kind geboren hat, mit entsprechenden familienrechtlichen Pflichten. Anders etwa in Frankreich, dort muss das Kind durch die Mutter zunächst anerkannt werden.

Die anonyme Kindesabgabe widerspricht den Meldepflichten des Personenstandsgesetzes, weil die Anzeigepflichten gegenüber dem Standesbeamten unterlaufen werden.

Als Straftatbestände nach dem Strafgesetzbuch kommen in Betracht die Personenstandsunterdrückung nach § 169 Abs. 1 StGB, Verletzung der Unterhaltspflicht nach § 170 StGB aber auch die Verletzung der Fürsorgepflicht nach § 171 StGB. Die Strafbarkeit der Anbieter entsprechender Einrichtungen ist umstritten, in manchen Bundesländern scheint eine generelle Praxis der Nichtverfolgung zu bestehen, weil eine Notstandssituation angenommen wird, möglicherweise bestehen sanfte Weisungen, die nicht bekannt werden.

Natürlich unterlaufen die Angebote die regulären Verfahren nach dem Adoptionsrecht, die darauf setzen, dass die Identität der Eltern festgehalten wird, sodass ein adoptiertes Kind seine Herkunft erfahren kann, wenn es 16 Jahre alt ist. Eine dauerhafte Anonymität ist nach diesen Normen nicht zulässig.

Verfassungsrecht

Der mit den Angeboten für anonyme Geburten und Babyklappen intendierte Lebensschutz, der in unserer Verfassung, dem Grundgesetz, nicht zufällig an prominenter Stelle gleich nach der Betonung der Menschenwürde in Art. 2 Abs. 2 GG in den Vordergrund gerückt wird, kollidiert bei durchgehaltener Anonymität mit dem Recht des Kindes auf Kenntnis seiner Abstammung, das aus dem allgemeinen Persönlichkeitsrecht nach Art. 2 Abs. 1 GG abgeleitet wird, also in gleicher Prominenz. Andere mögliche Grundrechtsberührungen nach Art. 6 GG vernachlässige ich hier.

Das eigentliche Problem, die zentrale Frage ist die, ob und wie die beiden Grundrechte, die ihre Wurzeln in Art. 2 GG haben, gegeneinander abzuwägen sind. Alle sind sich einig, dass der Lebensschutz vorgeht, sofern sicher ist, dass Leben durch die Angebote geschützt wird. Eine solche Sicherheit gibt es, wie ich vorgetragen habe, aber nicht. Die Kritiker verweisen darauf, dass die Angebote weder geeignet noch erforderlich noch angemessen seien zum Schutz des Lebens, weil für die Tötung oder Aussetzung der Kinder andere Motivationen und Situationen maßgebend seien, hingegen werde durch die anderen Angebote und die regulären Verfahren das Recht des Kindes auf Kenntnis seiner Abstammung wirksam geschützt. Der Grundsatz der Verhältnismäßigkeit aus Art. 20 Abs. 3 GG binde damit die staatliche Gewalt, diesen Schutz auch durchzusetzen.

Positionierung im Ethikrat

Der Ethikrat hat vier Experten angehört, die alle dem Lager der Kritiker zuzurechnen sind, einen Verfassungsrechtler, einen Staatsanwalt, eine Jugendpsychiaterin und eine Vertreterin der katholischen Sozialdienste aus Köln. Die Auswahl war im Wesentlichen von der Arbeitsgruppe zur Vorbereitung der Stellungnahme getroffen worden.

Im Ergebnis sprachen sich von den 26 Mitgliedern des Ethikrates 17 dafür aus, die bisherigen Angebote der anonymen Geburt abzuschaffen und die Babyklappen zu schließen, stattdessen die Hilfe durch Beratung und Information zu aktivieren und zu vernetzen. 15 Mitglieder aus dieser Gruppe schlugen zudem eine rechtliche Regelung zur vertraulichen Geburt vor, die das Recht der Mutter zur Anonymität zeitlich streckte, ohne das Recht des Kindes auf spätere Kenntnis seiner Herkunft anzutasten. Die verbliebenen zwei waren in einem ergänzenden Votum der Auffassung, dass die bisherigen rechtlichen Lösungen ausreichten. 6 Mitglieder lehnten es in einem Sondervotum ab, die bisherigen Angebote abzuschaffen, verwiesen auf die Unsicherheit der Datenlage, die unbekannten Entscheidungen der Mutter bzw. die Ungewissheit, welches Schicksal im Einzelfall ein Kind ohne diese Angebote getroffen hätte. Die bisherige Praxis sei hinnehmbar, um im Einzelfall Leben zu retten, die Angebote seien sehr wohl eine geeignete und erforderliche Hilfe beim Lebensschutz.

Die übrigen drei Mitglieder enthielten sich der Stimme oder lehnten die Stellungnahme ab, ohne ihre Gründe kenntlich zu machen.

Der Dissens unter den Mitgliedern fokussierte vor allem um die Einschätzung und Bewertung der Evidenz eines geeigneten Beitrages zum Lebensschutz durch Babyklappen bzw. dem Angebot der anonymen Geburt. Außerdem wurde die Verbindlichkeit und Eindeutigkeit des einfachen positiven Rechts verschieden gewürdigt.

Das Prozedere bis zur Entscheidungsfindung

Die Arbeit an dieser Stellungnahme ist ein besonders markantes Beispiel für das Vorgehen eines interdisziplinär besetzten Gremiums, das sich konfrontiert sieht mit divergenten Einschätzungen sowohl im empirischen Bereich als auch in der Bewertung von Ethik und Recht; schon das Vorgängergremium, der nationale Ethikrat, hatte diese Konflikte zu bewältigen. Es beginnt mit der Auswahl der relevanten Themen.

Angesichts des Auftrages, sowohl den Diskurs in der Öffentlichkeit zu fördern als auch Parlament und Regierung zu beraten, muss der Ethikrat im Auge behalten, welche Themen unter ethischen Gesichtspunkten gesellschaftlich relevant sind und welche den Regelungsbedarf der Politik abdecken. Eine Prognose, ob und wie die politischen Akteure oder die Öffentlichkeit eine problematische biopolitische oder aus dem Bereich der Lebenswissenschaften stammende sozialpolitische Problematik aufgreifen werden, ist fast unmöglich, Fehleinschätzen sind vorprogrammiert.

Die Rolle der Medien ist dabei zentral. Wie wir alle wissen, wird regelmäßig erst durch die Medien ein Thema zum Thema. Die Politik kann von diesem Faktum nicht absehen, sondern bezieht es in ihre Aktivitäten ein. Das ist vielleicht bei reinen Sachthemen weniger ausgeprägt, sobald aber deutlich erkennbare ethische oder moralische Konnotationen eine Rolle spielen, wird Politik nicht ohne Öffentlichkeit, insbesondere aber Medienöffentlichkeit agieren.

Nach den Debatten über die Relevanz eines Themas kann es auch zu Kontroversen über die Aufbereitung des Sachverhaltes, Auswahl der Experten und Einschätzung von Befunden kommen. Je absehbarer ein Dissens über die ethische Bewertung von Problemfeldern wird, desto schwieriger wird auch schon die Konzeption und Strukturierung einer Arbeit. Bereits die Frage, ob externer Sachverstand herangezogen werden soll, kann Anlass für Kontroversen sein: jeder, der etwas Erfahrung hat, weiß, dass mit der Auswahl der Experten auch bereits Schneisen für bestimmte Ergebnisse geschlagen werden. Die Einschätzungen von Experten werden nicht ganz selten als Tatsachen wahrgenommen, denen man mangels eigenen Wissens nicht genügend Argumente entgegensetzen kann.

Jeder Einzelne hat mitunter mit einem solchen Phänomen zu kämpfen, aber bei einem interdisziplinär besetzen Gremium wird besonders deutlich, dass die sog. Empirie auch Elemente von Deutung, Bewertung und Prognose beinhaltet, die man aus dem Blickwinkel der jeweiligen Disziplin sehr different wahrnimmt. Als Beispiel nenne ich die Stammzellforschung oder die Präimplantationsdiagnostik. Aber auch bei dem Problem der anonymen Geburt ist es – abgesehen von den fehlenden gesicherten Daten über die Situation und Motivation der abgebenden anonymen Mutter – nur partiell eine empirische Frage, wie etwa die Prognose über psychische Schäden bei Findelkindern ist. Glückliche Adoptiveltern werden hier zu anderen Aussagen kommen als eine Jugendpsychiaterin, die im Wesentlichen mit Kindern Erfahrungen macht, die unter der Situation leiden.

Ethik und Recht

Besonderes Gewicht haben die Kontroversen über rechtliche und ethische Argumente. Als Beispiel nenne ich hier etwa den Streit über den moralischen und rechtlichen Status des Embryo – neuerdings auch im Zusammenhang mit der Präimplantationsdiagnostik – oder die Beihilfe zum Suizid, wobei ich natürlich nicht verkenne, dass auch innerhalb der jeweiligen Zunft man sich nicht einig ist; aber der Argumentationstypus ist vertraut, die Fachsprache transportiert hinreichend sicher den Inhalt des Arguments zum Gegenüber.

Wie die Stellungnahme des Ethikrates zeigt, war er sich nicht einig, ob rechtlicher Handlungsbedarf besteht. In dieser Kontroverse spiegeln sich auch differente Vorstellungen von der Notwendigkeit, in einem Rechtsstaat vorhandene rechtliche Normen auch durchzusetzen oder aber in einem ethischen Grenzbereich den Primat von Recht gegenüber Ethik nicht in jedem Fall einzufordern.

Verallgemeinernd lässt sich sagen, dass die Balance von Ethik und Recht in einem solchen Gremium schwierig herzustellen und immer wieder neu zu diskutieren ist. Die Juristen neigen dazu, die Lösungen aus der Verfassung als oberste

Autorität abschließend zu legitimieren. Die Ethiker sehen mitunter ihre Argumente nicht hinreichend als eigene Leistung zur Problemverarbeitung gewürdigt.

Dissens – Konsens

Die Stellungnahme zur anonymen Kindesabgabe wurde als erste und bisher einzige des neuen Rates im November 2009 veröffentlich, mehr als eineinhalb Jahre nach der konstituierenden Sitzung im April 2008. Der nationale Ethikrat hatte in den 6 Jahren seines Bestehens 12 Stellungnahmen verabschiedet, aber für eine der ersten, „Klonen zu Forschungszwecken" immerhin auch mehr als ein Jahr benötigt.

Dieser Zeitaufwand weist auf ein Problem hin, mit dem sich jedes neue Gremium in diesem Bereich abplagt, bis es einen Konsens oder einen tragfähigen Kompromiss zum Umgang mit Dissens findet. Die Lösung kann nicht nur in der Befindlichkeit der Ratsmitglieder liegen, sondern muss ganz grundsätzlich den Arbeitsauftrag eines solchen Gremium und die Funktion einer transparenten Debatte in einer pluralen Gesellschaften reflektieren.

Damit stellt sich insgesamt die Frage nach dem Ertrag einer ethischen Expertise für biopolitische Entscheidungen und der Leistungsfähigkeit eines solchen Gremiums im Kontext der Debatten in den Lebenswissenschaften im weitesten Sinn.

Expertise in ethischen Fragen?

Die Zunahme von sog. Expertenkommissionen zur Bearbeitung und Beratung konkreter politischer Regulierungen wird unter demokratietheoretischen Gesichtspunkten von vielen mit großer Skepsis betrachtet, weil Entscheidungen faktisch an nicht demokratisch legitimierte Gruppen delegiert würden und das Parlament an Bedeutung einbüßte.[6] Eine solche Tendenz zur Expertokratie ist sicher nicht unproblematisch, angesichts des rapide gewachsenen Bedarfs an bereichsspezifischem Wissen aber nicht mehr umkehrbar.[7]

Insbesondere aber werden Gremien zur Erarbeitung ethischer Expertisen in Deutschland mit einem gewissen Argwohn betrachtet.[8]

---

6   Näher hierzu Weingart 2007, 321 ff.
7   Weber-Hassemer 2003, S 79, 82.
8   Grundlegend zum Verhältnis von Demokratieprinzip und Ethischer Beratung Vöneky 2010, S. 225 ff.

Hier wird zusätzlich zum eben genannten Einwand in Zweifel gezogen, dass es in ethischen Fragen „Experten" geben kann, die stellvertretend für den normalen Bürger quasi ex Cathedra moralische Positionen definieren können, zumal, wenn auch Laien, also nicht Wissenschaftler allein, dem Gremium angehören.

Hier würde es sich indessen um eine Fehlinterpretation der Aufgaben eines solchen Gremiums handeln. Es geht um das Aufbereiten von Argumenten, ethischen Optionen, ihren argumentativen Voraussetzungen und Folgen. Hierzu sind bereichsspezifisches Fachwissen, aber darüber hinaus auch gesellschaftliche Sensibilität und soziale Kompetenz sinnvoll.

Eine solche Expertise ist auch als eine ethische betrachten. Ethisch verstanden in dem Sinn, dass erst durch das Zusammenführen sehr verschiedener Fachdiskurse mit ihrem jeweils anderen Blick die Grenzen des ethisch Vertretbaren in problematischen Entwicklungen in der Forschung und in der Gesellschaft ausgelotet und diskutiert werden können.

Ethikkommissionen als Modell einer Prozeduralisierung

Was kann ein solches Expertengremium angesichts der normativen Differenzen in der Gesellschaft leisten? Moralische Positionen leiten sich heute in unserer modernen pluralistischen Zivil- und Wissensgesellschaft nur sehr begrenzt aus vor- und außerrechtlichen Autoritäten wie Kirchen oder sonstigen „Obrigkeiten", aber auch Traditionen usw. ab. Sicherlich gibt es Konsense über verbindliche moralische Fundamente und moralische Regeln. Aber ihre Reichweite und Anwendung ist streitig, in bioethischen und sozialethischen Konfliktfeldern ist nicht Konsens, sondern moralischer Dissens die Regel. Das Problem ist, und das unterscheidet den moralischen Dissens von anderen Streitfragen, dass man nicht wie bei Interessenkonflikten Ausgleichsstrategien entwickeln oder Kompromisse erzielen kann, weil moralische Werte grundsätzlich nicht teilbar sind. Ethikkommissionen können hier prozedurale Strategien erarbeiten, um Konflikte zu entschärfen, indem Klärungen, Moratorien usw. vor einer Entscheidung plausibel angeboten werden.[9]

Nicht alle Problemfelder eignen sich hierfür. Mitunter stehen Positionen auf Dauer unvereinbar nebeneinander. Die Stellungnahme zur anonymen Kindesabgabe ist durchaus als Versuch anzusehen, neben der kontroversen Momentaufnahme zukünftige Lösungen zu skizzieren. Bei jeder Expertise muss ein solches Gremium also erst ausloten, ob Prozeduralisierungsstrategien möglich sind. Überspitzt könnte man sagen, die Knochenarbeit eines Ethikrates besteht zu-

---

9   Van den Daele 2008, S 357.

nächst darin, für sich selbst solche Prozeduralisierungsstrategien zu entwickeln, um trotz Kontroversen in ethischen und rechtlichen Positionen für die öffentliche Debatte Dissense tragfähig darzustellen und Lösungsansätze zu thematisieren.

Diskursmodell

Ethikkommissionen sollten also Wege aufzeigen, wie im Prozess der Meinungsbildung mit Dissensen umgegangen werden kann, wenn Konsensstrategien trotz aller Bemühung erfolglos waren

Die Öffentlichkeit ist zwar nach den Erfahrungen der meisten europäischen Ethikräte irritiert, dass ein solches Gremium nicht einheitlich votiert. Seine Leistung sollte aber gerade darin bestehen, dass Dissense offengelegt und als Folgen einer gesellschaftlichen Entwicklung und den ethischen Unsicherheiten der modernen Wissenschaften als unausweichlich und legitim behandelt werden.

Diese Leistung muss mühsam erarbeitet werden, weil Kommissionen nach ihrem Selbstverständnis zunächst nicht Dissense erwarten. Der Nationale Ethikrat hatte nach anfänglichen Schwierigkeiten ein gewisses Selbstverständnis und einen gewissen Konsens über die Existenz von Dissens entwickelt, der Deutsche Ethikrat steht nach der ersten kontroversen Stellungnahme aus meiner Sicht erst am Anfang.

Indem aus der unterschiedlichen Warte der einzelnen Fachdisziplinen Begründungen zusammengeführt werden, können sich in einem solchen Gremium rationale Diskurse entwickeln, in denen, jedenfalls im Prinzip, machtfrei und symmetrisch Argumente ausgetauscht werden. Wenn ein solcher Diskurs nach außen, etwa durch Stellungnahmen und Empfehlungen oder durch öffentlich geführte Debatten, kommuniziert wird, dann befördert er, so die Hoffnung, nicht nur Orientierungswissen in die Gesellschaft, sondern macht Konflikte transparent mit Hilfe eines hohen Maßes an Reflexion.

Die ethische Expertise eines beratenden Gremiums ist natürlich keine Garantie für Ausgewogenheit und Unabhängigkeit, weil bereits durch die Auswahl der Mitglieder politisch-strategische Festlegungen in das Gremium hineingetragen werden können. Aber derartige Gremien sind auf deliberative Diskurse angelegt, jedes Mitglied muss fundierte Gründe für seine moralische Position angeben und sich auf die Gründe anderer einlassen. Sie alle müssen immer wieder ausreichende Distanz zur eigenen Argumentation im Diskurs gewinnen.

International haben sich gewisse Formate etabliert, in denen die beschriebenen Diskurse zum Ausdruck kommen. Das wichtigste dürften die mehrfach genannten Stellungnahmen sein, denen häufig Empfehlungen für den legislativen Bereich beigefügt werden. Diese Stellungnahmen weisen, so sie denn glücken, eine Argumentationsstruktur auf, in denen Konsensmöglichkeiten und die verbleibenden Dissense nachvollziehbar und transparent herausgearbeitet sind. Europaweit wurde in den Ethikgremien die Frage nach der Funktion und Darstellung von Dissens und Konsens diskutiert und verschieden gelöst, wie in Gesprächen immer wieder betont, aber nicht abschließend geklärt. Allen gemeinsam dürfte sein, dass sie sich unmittelbar an Öffentlichkeit und politische Institutionen, manche an die Gesetzgebung, wenden. Mit Blick auf diese Beratungsaufgaben bemühen sie sich vielfach um konsensuale Empfehlungen, die aber kontroverse Argumentationen nicht negieren.[10]

Wenn auch in geringerem Maße, tragen auch eine intensive Aufbereitung aller sonstigen Aktivitäten, rund um öffentliche Veranstaltungen, Infobriefe usw. und eine deutliche Präsenz im Internet nicht unerheblich zu einer verbesserten Information und zur Stärkung ethischer Diskurse in der Öffentlichkeit bei. Ziel muss es sein, die Urteilsfähigkeit und die Partizipationsmöglichkeiten zu erhöhen, um im Prozess der Meinungsbildung Einfluss nehmen zu können. Die Erfahrung hat gezeigt, dass die Stellungnahmen des Nationalen Ethikrates z.B. als Lehrmaterial an Medizinischen Fakultäten verwendet werden und dass vielfach Schulen, aber auch junge Wissenschaftler den Kontakt und Informationsmaterial suchen.

In den letzten Jahren sind zunehmend bilaterale, trilaterale oder europaweite Kontakte zwischen Ethikkommissionen entstanden, auch die Kommission selbst unterstützt durch eigene Aktivitäten – unter anderem durch den Aufbau einer Datenbank – den Gedankenaustausch. Für die Qualität nationaler ethischer Expertisen ist es außerordentlich hilfreich, die ethischen und rechtlichen Rahmenbedingungen, aber auch die kulturellen Traditionen anderer Staaten zu kennen und dann in das eigene System zu kommunizieren; gegebenenfalls kann auf diese Weise die Begrenztheit oder Relativität einer nationalen Perspektive aufgezeigt werden. Gemeinsame Texte und wechselseitige Textexegesen, wie sie vom Französischem Ethikrat (CCNE) und dem deutschen Nationalen Ethikrat vorgenommen wurden, schärfen den Blick weiter.

---

10   Fuchs 2006: 84

Im alten Modell der Demokratietheorie unserer Kindertage entwickelte das Parlament als ‚funktioneller Ort der Volkssouveränität' in freier Reflexion die Ordnung für Staat und Gesellschaft. In diesem Modell ist es das Zentrum der Demokratie, in dem Kompetenz und die Befugnis zusammengeführt werden, um das Allgemeinwohl zu befördern. Dieses Modell entspricht jedenfalls schon seit langem nicht mehr der Wirklichkeit, in den letzten Jahrzehnten immer weniger. [11]

Politischen Entscheidungen gehen heute komplexe Abstimmungsprozesse über Mittel und Ziele voraus, die erst zum Schluss, wenn überhaupt, in formelle Entscheidungsverfahren im Parlament münden. An diesem Abstimmungsprozess sind regelmäßig gesellschaftliche Gruppen, Verbände, Lobbyisten, Medien usw. beteiligt. Daraus folgt, dass beratende Ethikgremien in diesem iterativen Prozess schon die frühen Stadien der Meinungsbildung in der Gesellschaft, in den Verbänden, Universitäten, Schulen, Kirchen usw., insbesondere aber in den Medien im Blick haben müssen. Denn alle sind sie Rezipienten und Produzenten von Meinungen und Positionen.

Die Expertisen eines beratenden Ethikgremiums zielen aber zugleich oder vornehmlich mit ihren Stellungnahmen auf die Politikberatung im engeren Sinn, also auf die politische Entscheidungsfindung. Die Ermittlung des legislativen Handlungsbedarfs steht häufig sogar im Vordergrund, selbst wenn konkrete Gesetzgebungsvorhaben noch nicht existieren, aber aus Sicht des Gremiums in Angriff genommen werden sollten.

Dass auch hier Expertenwissen sinnvollerweise in Anspruch genommen werden sollte, wird nur dann einsichtig, wenn eine Expertise möglichst umfassend die Fachdiskurse der beteiligten Wissenschaften auswertet, um die Wertbezüge dann transparent zu machen. Die Differenz zwischen Wissen und Handeln in der parlamentarischen Demokratie ist unter legitimatorischen Gesichtspunkten dabei klar. Die ethische Expertise vermag Handlungsoptionen aufzuzeigen, die höchst kontrovers sein mögen, sie vermag vielleicht Konsensstrategien anzubieten, die Wissen über Zusammenhänge herstellen und Konfliktpotentiale minimieren helfen, die Entscheidung verbleibt allein bei dem souveränen Gesetzgeber.

Bekanntlich besteht auch bei den empirischen Wissenschaften häufig Streit über Relevanz, Ertrag und über Folgeneinschätzungen – die Kontroversen über die Stammzellforschung sind ein Beleg! Aber immerhin sind hier wissenschaftliche Thesen grundsätzlich empirischen Wahrheitsbeweisen zugänglich und können in den parlamentarischen Debatten Positionen absichern helfen. Ein solcher Rekurs ist bei der ethischen Bewertung schwieriger. Hier spielen kollektive und

---

11   Krohn 2003, S 157.

individuelle Erfahrungen oder religiöse Werthaltungen usw. eine herausragende Rolle, sodass die Legitimation einer Expertise von „außen" leicht infrage gestellt wird.

Das moralische Urteil bleibt dem einzelnen Parlamentarier unbenommen. Nicht zufällig wird der Fraktionszwang bei Kontroversen in diesem Bereich häufig aufgehoben.

Einflussnahme

Aus Sicht von Beratungsgremien erweist sich die Politik oft als „beratungsresistent", und mancher Experte mag kritisieren, dass Expertisen nicht angemessen gewürdigt werden. Selten nämlich werden z.B. Empfehlungen von Seiten der Parlamentarier, von anfänglichen Reaktionen abgesehen, im Laufe der parlamentarischen Auseinandersetzungen erwähnt, die Expertise wird eher verschwiegen. Hier gibt es allerdings mitunter Ausnahmen, die schwer zu prognostizieren sind. An den in den Medien mit unerwarteter Heftigkeit ausgetragenen Kontroversen über die Babyklappen nach unserer Stellungnahme beteiligen sich Minister und Abgeordnete aus Bund und Ländern. Ob allerdings dann auch bis in die parlamentarische Arbeit diese Expertise Gehör findet, bleibt abzuwarten.

Man begegnet hier einem Dilemma, für dessen Lösung es kein Patentrezept gibt. Zivilgesellschaft und Politik rufen nach Expertenwissen und nach deliberativen Diskursen. Das Parlament aber folgt demgegenüber tendenziell Handlungsmustern, die nicht rational erscheinen, die häufig vielmehr die Parteiendemokratie vorgibt: Klientel muss bedient, die Wiederwahl gesichert, auf Mehrheiten Rücksicht genommen werden usw. So kann es zur Konfliktminimierung zu ganz anderen Verfahrungsstrategien kommen wie z.B. Nichtbehandlung, Verschiebung in die Ausschüsse, Rückgabe an die Fachressorts usw., mitunter so lange, bis die Legislaturperiode vorbei ist.

Die Handlungsoptionen und das Verhaltensreservoir können also zwischen Beratern und dem Parlament auseinander fallen, weil ihre Rationalität ganz verschieden ist. Dies führt auf beiden Seiten zu Irritationen, der verschiedene Zugang zur Problembearbeitung ist aber strukturell vorgegeben.

Das mag mitunter ärgerlich sein, ist aber die unausweichliche Folge davon, dass einerseits die moderne Wissensgesellschaft unaufhörlich Wissen nachfragt, produziert und Bewertungen verlangt, das demokratische System aber nicht auf Legitimationen verzichten kann und will, die den Regeln einer Parteiendemokratie folgen, in denen grundsätzlich „der normale Bürger" durch Wahlverfahren der Souverän bleibt.

Die Bedeutung von Wissenschaften, insbesondere von Lebenswissenschaften und ihr Einfluss auf die individuellen und sozialen Entwicklungsmöglichkeiten, auf das Selbstverständnis und die Balance der Gesellschaft nehmen beängstigend schnell zu. Die Risiken für den gesellschaftlichen Zusammenhalt müssen bewertet werden.

Der Komplexität dieser auch ethisch schwierigen Probleme können wir nur mit Hilfe von kollektiven Lernprozessen begegnen. Dazu brauchen wir breite gesellschaftliche Diskurse, Expertenwissen und Möglichkeiten der Partizipation. Das Verhältnis von ethischer Expertise, gesellschaftlichem Diskurs und politischer Entscheidung ist prekär, unklar und laufenden Veränderungen unterworfen. Über den realen Einfluss gesellschaftlicher Diskurse auf politische Entscheidungen wissen wir wenig, dies gilt auch für die Rolle, die die Medien hier spielen. Die demokratietheoretisch so wichtige Unterscheidung zwischen Beratung und Entscheidung ist in der Realität nur schwer abzuschätzen, falls man es nicht an formalen Kriterien festmacht. Der Einfluss der ethischen Expertise auf den politischen Entscheidungsprozess ist besonders schwer erkennbar oder nachweisbar. Hier spielen kollektive und individuelle Erfahrungen oder religiöse Werthaltungen eine herausragende Rolle, die neben ethische Expertisen treten oder sie ersetzen können.

Gerade in einem so sensiblen Bereich wie der ethischen Urteilsbildung werden die demokratisch legitimierten Entscheidungsträger jedenfalls darauf achten, dass diese Entscheidungen nicht faktisch von Experten „ersetzt" werden. Die Zukunft wird lehren, wie sich beide Seiten annähern können, ohne jeweils ihr Terrain zu verlassen. Eine sichere Grenze gibt es nicht.

Deutscher Ethikrat: Das Problem der anonymen Kindesabgabe. Stellungnahme. Berlin 2009.

Fuchs, M.: Internationaler Überblick zu Verfahren der Entscheidungsfindung bei ethischem Dissens. Gutachten für die Enquete-Kommission „Recht und Ethik der modernen Medizin" des 14. Bundestages. Berlin 2001, S. 11 ff.

Fuchs, M.: Widerstreit und Kompromiß. Wege des Umgangs mit moralischem Dissens in bioethischen Beratungsgremien und Foren der Urteilsbildung. Ethik in den Wissenschaften. Forschungsbeiträge. Reihe A, Band 4, Institut für Wissenschaft und Ethik, Bonn 2006, S. 84 ff.

Krohn, W.: Zukunftsgestaltung als Experiment von uns und mit uns selbst. In: Mensch K. u. Schmidt, J. (Hg.): Technik und Demokratie, zwischen Expertokratie, Parlament und Bürgerbeteiligung. Opladen 2003, S. 157–177.

Van den Daele, W.: Streitkultur. Über den Umgang mit unlösbaren moralischen Konflikten im Nationalen Ethikrat. In: Gosewinkel, Dieter u. Schuppert, Gunnar F. (Hg): Politische Kultur im Wandel von Staatlichkeit (WZB-Jahrbuch 2007). Berlin 2008, S. 357–384.

Vöneky, S.: Recht, Moral und Ethik. Jus Publicum 198. Tübingen 2010.

Weber-Hassemer, K.: Politische Entscheidung und Politikberatung in der „konsensualen Demokratie". In: Mensch, K. u. Schmidt, J. (Hg.): Technik und Demokratie zwischen Expertokratie, Parlament und Bürgerbeteiligung. Opladen 2003, S. 77–88.

Weingart, P. / Carrier, M. / Krohn, W.: Nachrichten aus der Wissensgesellschaft. Analysen zur Veränderung der Wissenschaft. Weilerswist 2007, S. 9.

Weingart, P.: Die Entstehung einer Wissenspolitik. In: Weingart, P. / Carrier, M. / Krohn, W.: Nachrichten aus der Wissensgesellschaft. Analysen zur Veränderung der Wissenschaft. Weilerswist 2007, S. 315–322 (321 f.).

Werthaltungen, Normorientierungen und Devianzbereitschaft in unterschiedlichen Jugendmilieus: Von Jugendstrafgefangenen bis zu Gymnasialschülern und Studierenden

Hans Jürgen Kerner, Holger Stroezel, Melanie Wegel, Elmar G. M. Weitekamp

Einleitung

In der empirischen Kriminologie (auch) in Deutschland, die sich seit den 1960er Jahren vor allem in ihren sozialwissenschaftlichen Varianten unter dem Einfluss namentlich angloamerikanischer methodischer und theoretischer Richtungen entwickelt hatte, waren Werte, Werthaltungen und normative Orientierungen von Straftätern ein entweder bewusst ausgegrenzter oder aber mindestens faktisch vernachlässigter Themenbereich. Dies stand mitunter auch im Zusammenhang mit der Betonung quantitativer Methoden und insofern einer gewollten Abgrenzung zu geisteswissenschaftlichen oder qualitativ erfahrungswissenschaftlichen Traditionen[1].

In der erfahrungswissenschaftlichen interdisziplinären Kriminologie, wie sie ab 1962 in Tübingen durch den Gründer des Instituts für Kriminologie, Hans Göppinger, entwickelt[2] und zudem in Richtung auf eine „Angewandte Kriminologie"[3] entfaltet bzw. voran getrieben worden ist, wurde der Bereich der Werte von Anfang an thematisiert, aber doch mit Vorsicht behandelt. Dies nicht, weil man ihn ggf. nicht als sogar besonders bedeutsam im Vergleich zu biopsychologischen oder biopsychosozialen oder sozialen Umweltfaktoren eingestuft hätte, sondern vielmehr, weil er zu den gerade erfahrungswissenschaftlich besonders schwer überhaupt und noch schwerer verlässlich zu erhebenden Bereichen der menschlichen Persönlichkeit gerechnet wurde.

Im Rahmen der Tübinger Jungtäter-Vergleichsuntersuchung an jungen männlichen Strafgefangenen und gleichaltrigen männlichen Vergleichspersonen aus

---

1   Zu letzteren hat sich Michael Bock wiederholt grundlegend geäußert, u.a. in seinem Buch über „Kriminologie als Wirklichkeitswissenschaft" (Berlin 1984).

2   Zuletzt ausführlich dargestellt in der von Michael Bock, Hauke Brettel, Hans-Ludwig Kröber, Werner Maschke, Hendrik Schneider und Frank Wendt bearbeiteten 6. Auflage von Hans Göppingers „Kriminologie" (München 2008).

3   Hans Göppinger, unter Mitarbeit von Werner Maschke: „Angewandte Kriminologie. Ein Leitfaden für die Praxis" (Berlin u.a. 1985).

der im Einzugsbereich einer Justizvollzugsanstalt lebenden Normalbevölkerung[4] wurde das übergreifende Konzept des „Täters in seinen sozialen Bezügen"[5] entwickelt. Mit dem Terminus der „Relevanzbezüge" wurde sozusagen noch auf einer Stufe vor den Werten versucht, über die konkreten Inhalte des Lebens von gar nicht oder unterschiedlich (auch) kriminell auffälligen Menschen hinaus, die nach einem komplexen handlungsorientierten System erfasst wurden, stärker in den persönlichkeitsspezifischen Bereich vorzudringen. Die Forscher versprachen sich Aufschluss darüber, „ob es auch in den Dingen, Bedürfnissen, Lebensinhalten, auf die sich die Intentionen der Probanden jeweils am stärksten richteten, Unterschiede zwischen H-Probanden und V-Probanden gab".[6] Mit Relevanzbezügen „sind diejenigen personellen, sachlichen und örtlichen Beziehungen gemeint, die für einen bestimmten Menschen im alltäglichen Leben besonders bedeutsam sind, die er am meisten pflegt, die er als letztes vernachlässigt und die er sich unter allen Umständen zu erhalten oder zu verschaffen versucht".[7]

Die Forscher fanden eine Fülle von zum Teil sehr eindrücklichen Beispielen, die sich als nützlich für konkrete Prognose- und Behandlungsansätze herausstellten, aber doch nicht zur Ausbildung allgemeiner oder die Probandengruppen spezifisch unterscheidender Kriterien hinreichten.

Aber „als noch größer erwiesen sich die Schwierigkeiten, zu den Werten vorzudringen, von denen sich die Probanden leiten ließen und die in ihr Verhalten mit eingingen. Denn grundsätzlich könnte man einen Menschen in seinen sozialen Bezügen weit vollständiger als auf die bisherige Weise erfassen, wenn man Zugang zu seinem *Wertgefüge* erlangen könnte. Dieses bildet das Fundament oder zumindest den bestimmenden Hintergrund für die selbstverständlichen täglichen Entscheidungen und Verhaltensweisen eines Menschen, ohne dass es in

---

4   Entgegen einer auch in fachlichen Kreisen immer wieder vorgetragenen irrigen Meinung ging es im Ansatz also nicht um eine Gegenüberstellung von „Kriminellen" und „Nichtkriminellen", sondern von Gefangenen (abkürzend H-Probanden bzw. H-Pb genannt) und Nichtgefangenen (abkürzend Vergleichsprobanden bzw. V-Pb genannt), was die bewusst vorgesehene Möglichkeit implizierte, in der Vergleichsgruppe auch Vorbestrafte zu haben. Faktisch waren dann mehr als zwanzig Prozent der Vergleichsprobanden vorbestraft, was dem damaligen Anteil in der Bundesrepublik Deutschland bei jungen Männern entsprach (Vgl. Göppinger 1983, FN 8, S. 164 f. und Monika Keske: „Der Anteil der Bestraften in der Bevölkerung. MschrKrim 1979, S. 257-272.. Dies erlaubte die Beobachtung einer erheblichen Spannweite der Grundmuster des Verhaltens bzw. der Lebensführung: von Unauffälligkeit über gelegentliche Straffälligkeit bis hin zu verfestigter Kriminalität.

5   Hans Göppinger, unter Mitarbeit von Michael Bock, Jörg-Martin Jehle und Werner Maschke: „Der Täter in seinen sozialen Bezügen. Ergebnisse der Tübinger Jungtäter-Vergleichsuntersuchung" (Berlin u. a. 1983).

6   Göppinger 1983 a.a.O. S. 242 f. Mit H-Probanden sind die jungen Häftlinge, mit V-Probanden die altersgleichen Vergleichspersonen gemeint.

7   Göppinger 1983 a.a.O. S. 243.

der Regel als solches bewusst wird. (…) Allerdings ist das Wertgefüge aus methodischen Gründen empirisch nicht zu erforschen. Man kann allenfalls einen gewissen Zugang zu der *Wertorientierung* eines Menschen gewinnen, was jedoch weit mehr Schwierigkeiten macht als die Erforschung der Relevanzbezüge".[8]

In der amerikanischen Kriminologie hatte Travis Hirschi, der später zusammen mit Michael Gottfredson durch die Entwicklung einer „General Theory of Crime"[9] bis heute nachhaltig berühmt wurde, schon 1969 eine Theorie entwickelt, die man zu den sog. Sozialen Kontrolltheorien im Gefüge der Kriminalitätstheorien rechnet. In der Kernsubstanz stellt sie aber eigentlich eine die klassische Kriminologie in allen ihren Variationen herausfordernde Konformitätstheorie dar. Sie arbeitet mit dem Zentralkonzept der „Bonds", also von „Bindungen", die einen (vor allem jungen) Menschen von innen heraus an – analytisch verstanden – konventionelle gesellschaftliche Orientierungen, Einstellungsmuster, Handlungsmuster und Lebensvollzüge „anbinden".

Das hat eine grundsätzliche Ähnlichkeit mit älteren psychologischen oder sozialpsychologischen Konzepten von Enkulturation oder der sog. zweiten sozialen Geburt des Menschen. Aber spezifisch ist es doch erheblich unterschieden. Die kriminologische Botschaft der Theorie Hirschis lautet, dass man sich nicht so sehr um die Erklärung (des Vorkommens, Entstehens etc.) von Kriminalität kümmern müsse als um die Erklärung von Konformität. Konformität sei die Folge gelungener Ausprägung von starken „Bonds". In plastischer Alltagssprache verdichtet heißt das, dass „eingefleischte" ethische Überzeugungen, verbunden mit einem stabilen Selbstbild und verstärkt durch die Routine des tatsächlichen Handelns nach seinen Überzeugungen[10] eine wirksame Barriere gegen menschlich-allzumenschliche Versuchungen bilden, auch in Extremsituationen. Besonders innerlich starken jungen Menschen gelingt es, anscheinend „unverwundbar", sogar äußerst widrigen Umständen standzuhalten. Der dafür wissenschaftlich gebräuchliche Terminus „Resilienz" kennzeichnet nach wie vor, wenn man auf den Ertrag präziser Forschung blickt, mehr ein Desiderat denn eine verbindliche Erkenntnis[11]. Jedenfalls ist die Folgerung Hirschis theoretisch in sich konsistent: In dem Maße, in dem die zentralen Bonds unter Umständen noch gar nie richtig ausgeprägt worden seien oder im Sozialisations- und Lebensverlauf (wie-

---

8 Göppinger 1983 a.a.O., S. 243 f. (Hervorhebungen im Original).

9 Michel Gottfredson / Travis Hirschi: „A General Theory of Crime" (Stanford, CA 1990).

10 Traditionell wäre dies mit dem aus der Mode / dem Gebrauch gekommenen Konzept der „Tugenden" gleich zu setzen.

11 Allgemein zur Resilienz siehe zuletzt Wolfgang Bilinski: „Phönix aus der Asche" (Freiburg 2010). Für die Kriminologie erstmals grundlegend Emmy E. Werner / Ruth S. Smith: Vulnerable but Invincible (1982, 4.A. New York 1989)

der) schwächer würden, könne sich die im Menschen ganz allgemein[12] angelegte Bereitschaft zu eigensüchtigen oder fremdschädigenden Verhaltensweisen durchsetzen, darunter auch zu derart ausgeprägten abweichenden Handlungen, die gemeinhin nach dem Rechtssystem als „Kriminalität" erfasst würden.

Als die vier zentralen Bonds, die aus Studien an jungen Menschen gewonnen wurden, gelten „Attachement" (die emotionale Bindung an enge Bezugspersonen), „Commitment" (das nachhaltige innere Engagement für bestimmte Lebensziele oder Verhaltensbereiche etc.), „Involvement" (das nachhaltige faktische Einbringen seiner selbst in persönlich sinnvolle und ggf. sozial nützliche Aktivitäten, Initiativen, Gruppierungen oder Vereine) und schließlich, sozusagen als Krönung des ganzen, „Belief" (das jedenfalls grundsätzliche Vertrauen in Sinnhaftigkeit und Berechtigung von übergreifenden moralischen, sittlichen, gesellschaftlichen und rechtlichen Regeln, Vorgaben oder Gesetzen). Der Glaube an Gott galt dabei, der amerikanischen Tradition entsprechend, als besonders wertvolle Ausprägung von „Belief", aber sozialwissenschaftlich nicht als eigenständige übergreifende Kategorie.[13]

In Vertiefung der Tübinger Studien führte Sybille Fritz-Janssen[14] lange Befragungen mit Gefangenen und Vergleichspersonen durch, in denen diese mit Vignetten konfrontiert wurden, in denen aus dem Leben gegriffene Situationen vorgestellt wurden, in denen Menschen die „Chance" haben, andere zu übervorteilen oder sich selbst eigennützig über andere Interessen oder Bedürfnisse hinweg zu setzen. Dabei ging es im Kern nicht darum, von den Probanden zu erfahren, ob sie die jeweilige egoistische oder altruistische Variante begrüßten oder ggf. für sich selbst explizit als zutreffend bezeichneten. Vielmehr kam es darauf an, die von den Probanden laut angestellten Erwägungen zu erfahren, ihre Unbekümmertheit im direkten Ansteuern einer Lösung oder gerade umgekehrt im sorgfältigen bis skrupulösen Abwägen von negativen bis positiven Kriterien für eine schlussendliche Entscheidung, auch ggf. Wege, Abwege und Umwege zu einer Entscheidung. Die qualitative Analyse erfasste:

- Aussagen der Probanden zu spezifischen Erlebnissen, Wünschen und Zielen im eigenen Leben, die mit negativen oder positiven Emotionen besetzt sind, und von

---

12 Verstanden als anthropologische Grundkonstante, als Teil der „conditio humana". Hirschi selbst drückt dies nicht wörtlich so aus, man muss/kann dies aber aus dem Duktus der Argumentation verbindlich ableiten.

13 Travis Hirschi: „Causes of Delinquency" (1969, letzte Auflage New Brunswick 2009).

14 Sybille Fritz-Janssen: „Spezifische Einstellungen und Werte von Strafgefangenen und der Durchschnittspopulation" (Diss. Tübingen 2000).

90

- „Stellungnahmen" zu unterschiedlichen sozialen Situationen (sozialen Normen) sowie unterschiedlichen Deliktshandlungen: spezifisch Art, Richtung und Ausmaß von „Rechtfertigungen".

Aus der Menge von hoch interessanten, oft sehr anschaulichen Äußerungen und Argumentationen konnte Fritz-Janssen eine Typologie von Einstellungen und Werthaltungen entwickeln, die entweder für die Ausprägung einer grundsätzlich konformen oder aber einer grundsätzlich devianten Lebensorientierung kennzeichnend waren. Wichtig war und ist dabei die Einsicht, dass die Typen und ggf. Subtypen keine dichotome Trennung von hie „Nichtkriminellen" und da „Kriminellen" implizieren. Vielmehr geht es um eine breite Skala von mehr oder weniger deutlich „kriminalitätsbegünstigend" oder aber „kriminalitätshemmend" imponierenden Mustern.

In den hier heraus gegriffenen beiden Extremen war es so, dass sie bei einem beachtlichen Anteil der jeweils einen Gruppe, aber eben längst nicht bei allen, jedoch bei keinem Vertreter der jeweils anderen Gruppe, zu finden waren. Sie lassen sich wie folgt charakterisieren:

Extremtypen bei zusammenfassender Betrachtung

Typ A/A (Bei mehr als einem Drittel der V-Probanden, jedoch bei keinem H-Probanden zu finden):

- Besondere Achtung anderer und deren Rechte.
- Anteilnahme am Schicksal anderer und Engagement für deren Belange.
- Hohe Erwartungen an sich und andere Menschen bezüglich Untadeligkeit, Korrektheit, Rechtschaffenheit.
- Hohe Erwartungen an eigene wie fremde Hilfs- und Opferbereitschaft innerhalb des persönlichen, aber auch gesamtgesellschaftlichen Rahmens.
- Schwierigkeiten, von den hohen Idealen auch bei Widrigkeiten des Lebens „Abstriche" zu machen.
- Hohe Verbindlichkeit bis „Unumstößlichkeit" von Werten.

Typ C/C (Bei knapp 26 % der H-Probanden, jedoch bei keinem V-Probanden zu finden):

- Soziale Werte werden abstrakt durchaus als wichtig bezeichnet, konkret aber – aus anscheinend völlig beliebigen Gründen – für sich selbst außer Kraft gesetzt.
- Werte, die den „Anderen" (namentlich dessen physische und psychische Integrität, auch Eigentum) schützen oder gesellschaftliche Interessen wahren sollen und unter Strafdrohung stehen, zählen kaum oder nur ausnahmsweise. Gelegentlich: Anomie als Prinzip.
- Weitgehende Nichtrespektierung des Anderen.
- Nichtachtung der Persönlichkeit des Anderen.
- Desinteresse am Schicksal anderer.
- Gleichgültigkeit gegenüber anderen, Prägung des Umgangs mit ihm fast ausschließlich durch utilitaristische Erwägungen.
- Verpflichtungsgefühle nur in Ausnahmefällen, und in „ich-fernen" Situationen oder Lebenslagen, die wenig Einsatz erfordern.

Zudem: Bei ausgeprägt dünner Wertgrundlage werden abweichende / schädigende Handlungen von vorne herein in einer spezifischen Art und Weise „wahrgenommen" bzw. so grundlegend „gerechtfertigt", dass „Neutralisationstechniken", wie sie für die Kriminologie besonders anschaulich durch Gresham Sykes und David Matza entfaltet worden sind[15], sozusagen bereits im Ansatz gar nicht relevant werden.

Der in Deutschland bislang umfassendste Beitrag zur Verankerung der sozialwissenschaftlich-kriminologischen Erfassung von Werthaltungen in der Bevölkerung bzw. in ausgewählten Bevölkerungsgruppen, sowie deren Einbindung in kriminalitätsferne oder kriminalitätsnahe Einstellungsorientierungen und Verhaltensmuster, wurde von Dieter Hermann, Universität Heidelberg, geleistet. Die Erträge von umfangreichen empirischen Erhebungen und der Überprüfung der Leistungsfähigkeit unterschiedlicher theoretischer Ansätze kulminieren in seinem Buch über „Werte und Kriminalität"[16], dessen Untertitel sozusagen indirekt pointierend darauf hinweist, dass das in der allgemeinen Kriminalitätstheorie von Gottfredson und Hirschi[17] in den Mittelpunkt gestellte Kriterium der (mangelnden) Selbstkontrolle durch andere Perspektiven mindestens zu ergänzen, wenn

---

15 Zuletzt siehe dazu namentlich Michael Walter: „Jugendkriminalität" (3. A. Stuttgart u.a., S.67 ff.).
16 Dieter Hermann: „Werte und Kriminalität. Konzeption einer allgemeinen Kriminalitätstheorie" (Wiesbaden 2003).
17 Gottfredson / Hirschi, wie bei FN 9-

nicht gar zu relativieren ist. Hermann hat in seinen Erhebungen unter anderem die von Ronald Inglehart und später von Helmut Klages in Deutschland entwickelten allgemeinen Wertekataloge (teils modifiziert) und die von Walter B. Miller in den USA spezifisch für (Jugend-)Kriminalität entwickelten subkulturellen Werte („focal concerns")[18] verwendet.

1. Anlage der Tübinger Schülerstudie.

In unserer „Tübinger Schülerstudie"[19], die methodisch als Pilotstudie für eine mögliche spätere bundesweit repräsentative Befragung angelegt ist und am Ende rund 3.500 junge Befragte umfassen soll[20], haben wir auch die von Hermann weiter entwickelten Fragestellungen aufgegriffen und ergänzt, sodann den international vielfach eingesetzten und gut geeichten Fragebogen über persönliche Stärken und Schwächen von (jungen) Menschen, also anders gesagt über deren psychische Befindlichkeiten (SDQ)[21], mit eingebaut, dies im Kontext von zahlreichen Fragen über frühe Lebens- und Erziehungserfahrungen, Schulerfahrungen, religiösen Erfahrungen und Orientierungen sowie schließlich devianten Verhaltensweisen[22].

Dem Pilotcharakter entsprechend kommt es der Tübinger Schülerstudie nicht darauf an, „All-Aussagen" über *die* deutschen Jugendlichen bzw. über *die* Jugend *in* Deutschland zu gewinnen dergestalt beispielsweise, dass so und soviel Prozent der jungen Bevölkerung Kindheitsprobleme hatten oder ein problematisches Gottesbild entwickelt haben oder deutlich gewaltbereit „sind". Vielmehr

18 Walter B. Miller: „Die Kultur der Unterschicht als ein Entstehungsmilieu für Bandendelinquenz". In: Fritz Sack und René König (Hrsg.): „Kriminalsoziologie" (Frankfurt am Main 1968, S. 339-359).

19 Diese Studie war anfänglich eingebaut in die Forschungen einer interdisziplinären Forschergruppe der Universität Tübingen zum Gesamtthema „Religion und Familie", mit den Disziplinen katholische Religionspädagogik (Professur Biesinger), evangelische Religionspädagogik (Professur Schweitzer), Kinder- und Jugendpsychiatrie sowie Psychotherapie (Professur Klosinski) und Jugendkriminologie (Professur Kerner). Sie wurde später eigenständig weiter geführt und in den mit einbezogenen Kriterien/Variablen kriminologisch spezifiziert. Zu dem Thema des ursprünglichen interdisziplinären Projektes siehe beispielsweise Albert Biesinger u.a. (Hrsg.): „Brauchen Kinder Religion?" (Ravensburg 2005).

20 Derzeit stehen rund 2.700 bereinigte Datensätze zur Verfügung.

21 Entwickelt von Robert Goodman. Zur Validierung siehe namentlich Aribert Rothenberger, Wolfgang Woerner (Hrsg.): „Strengths and Difficulties Questionnaire" (Darmstadt 2004)

22 Zu den bisherigen Auswertungen siehe zuletzt Hans-Jürgen Kerner, Holger Stroezel, Melanie Wegel: „Erziehungsstile, Wertemilieus und jugendlicher Drogenkonsum in unterschiedlichen Schülermilieus", in: Emil W. Plywaczewski (Hrsg.): „Aktuelle Probleme des Strafrechts und der Kriminologie" (Bialystok 2009, S. 247-270).

geht es uns darum heraus zu finden, welche *Konstellationen* in verschiedenen „Schülermilieus" (die indirekt zugleich als sozial diverse Milieus gelten dürfen) mit der *Bereitschaft zu deviantem Verhalten verbunden* sind, hier gemessen nicht über offizielle (polizeiliche) Registrierungen, sondern über *Selbstbeschreibungen* der Befragten.

Diese Schülermilieus wurden über gezielt ausgewählte Schulen im Lande Baden-Württemberg konkretisiert. Die Teilgruppen der Schülerinnen und Schüler kamen aus Hauptschulen, Berufsschulen, Schulen für das Berufsvorbereitungsjahr und Gymnasien. Als besondere Kontrastgruppen wurden am (hypothetisch) positiven Ende der Skala Studierende der Sozialpädagogik an einer Dualen Hochschule, und am (hypothetisch) negativen Ende der Skala junge „Strafgefangene West" aus Baden-Württemberg (viele Minderheiten und Personen mit „Migrationshintergrund", sodann unterschiedliche religiöse oder kirchliche Orientierungen) sowie junge „Strafgefangene Ost" aus Mecklenburg-Vorpommern (kaum Minderheiten und Personen mit „Migrationshintergrund", sowie eher schwach ausgeprägte bis keine religiöse Orientierungen) ausgesucht.

Auf einer von Kerner entwickelten Überlegung aufbauend wird (auch) hier im Zusammenhang des übergreifenden Programms „Wertewelten" einer *Hypothese* nachgegangen, die im Falle ihrer endgültigen Bestätigung weit reichende Konsequenzen für kriminologische Grundlagenfragen sowie die Praxis der Jungtäterbehandlung haben könnte.

Diese Hypothese knüpft an konformitätstheoretische Konzepte an. Sie dient als Ausgangspunkt für detaillierte und am Ende komplexe Erhebungen bzw. Auswertungen. Sie lautet: *Wenn* wir davon auszugehen haben, dass „die Bereitschaft zum Bösen"[23] *ein* Teil der menschlichen Grundausstattung ist, und *wenn*

---

23   Vgl. Hans-Jürgen Kerner: „Das Böse im Verbrechen", in: Gunther Klosinski (Hrsg.): „Über Gut und Böse" (Tübingen 2007, S. 13-37). Man kann diese Bereitschaft zum Bösen im weitesten Sinne als Bereitschaft zur Verletzung der in vielen (wissenschaftlichen) Disziplinen diskutierten „Goldenen Regel" konzeptualisieren. Im engsten Sinn würde sie als Bereitschaft zur vernichtenden Gewalt gegen andere zu verstehen sein. Die goldene Regel wird volkstümlich in dem Spruch verdeutlicht: „Was Du nicht willst, dass man Dir tu', das füg' auch keinem Andern zu!". Die Bereitschaft zur Gewalt, die auch in äußerlich manifest Harmlosen bis Guten schlummert, wurde in der Zeit nach dem Zweiten Weltkrieg erstmals in den berühmten und anfänglich selbst aus Wissenschaftskreisen heftig angefeindeten Versuchsanordnungen von Stanley Milgram („Milgram-Experiment") und Philip Zimbardo („Stanford Prison Experiment") buchstäblich augenscheinlich demonstriert. Zur kriminologischen Perspektive siehe Frank Neubacher, Michael Walter: „Sozialpsychologische Experimente in der Kriminologie" (Münster 2002). Ansonsten möge hier der Hinweis genügen: Der Balkan-Krieg, Ruanda, Guantánamo und Abu Ghoreib lassen grüßen. Zu letzteren hat sich übrigens Zimbardo selbst ausgiebig geäußert, nämlich im Kern dahin gehend, dass diese „natürlichen Experimente" dem frühen eigenen Laborexperiment in allen Dimensionen gleichen (s. Philip Zimbardo: „Der Luzifer-Effekt" (Heidelberg 2008).

wir weiter davon ausgehen, dass Werthaltungen *ein* allgemein wesentliches Element in der Einhegung[24] dieser Bereitschaft bilden, *dann* ist zu erwarten, a) dass wir diese Bereitschaft zum Bösen bei *allen* Menschen auffinden können, und b) dass wir überall eine enge Korrelation dieser Bereitschaft mit den Werthaltungen konstatieren können.

Diese Hypothese impliziert dezidiert nicht die Vorstellung, man könne „die" Kriminalität, *soweit* sie eben bzw. überhaupt als individuelles Phänomen zu konzipieren ist, vollständig über die Erfassung von Werten „erklären". Abgesehen von den vielfältigen Problemen der Bestimmung des Kriminalitätsbegriffs als solchen ist unter anderem offensichtlich: Was Werte in jeweiligen Zeitläuften und Kulturen „wert" sind, wird durch überindividuelle Konstellationen mit determiniert; in religiöser Hinsicht beeindruckt ihre negative Valenz etwa in Kreuzzügen früher oder im sog. Islamismus heute. Umfeld und Umwelt sind grundsätzlich stark mitprägende Determinanten dessen, was Menschen überhaupt an Lebenseinstellungen, Verhaltensmustern, und Reiz-Reaktions-Mustern im Verlauf ihrer Entwicklung ausbilden können. Die Art und Weise, wie andere Personen und Institutionen auf das eigene Verhalten eines Menschen reagieren, setzt unter Umständen interaktive Sequenzen in Gang, die eine zum „Guten" einerseits, zum „Bösen" andererseits hin führende Art von „Autodynamik" entwickeln können. Schließlich zeigt eine der jüngsten Entfaltungen der naturwissenschaftlichen Genetik, nämlich die so genannte Epigenetik[25], mit einer für die Sozial- und Humanwissenschaften nicht nur beruhigenden, sondern sogar positiv heraus fordernden Deutlichkeit auf, dass (auch biologisch an sich „schädliche") Gene durch Umfeld- und Umwelteinflüsse bildlich gesprochen je nachdem „angeschaltet" oder auch „abgeschaltet" werden. Alles dies und anderes kann hier über die gebrachten Stichworte hinaus nicht abgehandelt werden. Diese Stichworte werden aber als notwendig erachtet, um allfällig unnützen Scheinkontroversen einen Riegel vorzuschieben (zumindest versuchsweise).

2. Deliktsbereitschaft allgemein sowie getrennt nach Geschlecht und Schülermilieus

Die „Tübinger Schülerstudie" ist aufgrund ihres oben skizzierten originären Entstehungshintergrundes keine genuin kriminologische Dunkelfeldstudie mit vielfältig ausgeprägten Detailfragen über eigenes delinquentes Verhalten der Befrag-

---

24 Einhegung meint die "Barriere" gegen das Durchbrechen dieser Bereitschaft in manifeste Aktionen.

25 Allgemein einführende Darstellung zuletzt bei Hubert E. Blum: „Genetik und Epigenetik bestimmen Natur und Individualität" (Stuttgart 2010).

ten einerseits („Täterbefragung") und über selbst erlebtes Opferwerden der Befragten andererseits („Opferbefragung"). Vielmehr bilden solche Selbstberichte nur eine Facette unter mehreren anderen über Person, frühe Einstellungen allgemein und insbesondere zu Religiosität und Kirchlichkeit, frühe Sozialisationserfahrungen in Familie und Schule, schließlich gegenwärtige Einstellungen, Werthaltungen und Selbsteinschätzungen zur eigenen psychischen Befindlichkeit. Schon daher können die Befunde auch nicht mehr denn erste Annäherungen an eine empirische Validierung der obigen Hypothese bieten. Im Verhaltensbereich geht es wesentlich um Diebstahlshandlungen. Dem wird an dieser Stelle auch aus Platzgründen nicht näher nachgegangen. Im Bereich der Selbsteinschätzung geht es ergänzend um die persönlich wahrgenommene (vorsichtig methodisch genauer gesagt über den Fragebogen mitgeteilte) Ferne oder Nähe zur Delinquenz, im Sinne einer „Delinquenzbereitschaft", gemessen über die Ablehnung oder Zustimmung zu einschlägigen Statements[26]. Die weiteren Ausführungen werden sich auf diese Teil-Thematik konzentrieren.

Die Deliktsbereitschaft ist unterteilt in die Teildimensionen der „Gewaltbereitschaft", der „Diebstahlsbereitschaft" und der „Täuschungsbereitschaft":

- „Gewaltbereitschaft" macht sich an der Aussage fest: „Ich schlage mich häufig, ich kann andere zwingen zu tun, was ich will". Sie wurde von allen Befragten zu 14,3 % teilweise und zu 3,6 % klar bejaht.
- „Diebstahlsbereitschaft" macht sich an der Aussage fest: „Ich nehme Dinge, die mir nicht gehören". Sie wurde von allen Befragten zu 15,6 % teilweise und zu 4,7 % klar bejaht.
- „Täuschungsbereitschaft"[27] schließlich macht sich an einer perspektivisch vermittelten Aussage fest: „Andere behaupten oft, das ich lüge oder mogele" Sie wurde von allen Befragten zu 18,1 % teilweise und zu 4,5 % klar bejaht.

Für die weiteren Darlegungen werden, unter Ausblendung von hin und wieder interessanten aber hier schon aus Platzgründen vernachlässigbaren Detailvariationen , die beiden Antwortkategorien zusammen genommen als „Bejahung" von Gewaltbereitschaft bzw. Diebstahlsbereitschaft bzw. Täuschungsbereitschaft.

Blickt man zunächst auf die Ausprägung der Bereitschaften insgesamt unter dem Aspekt des Geschlechts der Beteiligten, wissenschaftlich genau genommen unter dem Aspekt der Geschlechtsrolle, dann stimmt der Grundbefund erwartbar mit dem allgemein durch Hellfeldanalysen wie Dunkelfeldforschungen in aller Welt gesicherten Befund überein, dass die Angehörigen des männlichen Bevöl-

26 Merkmalsausprägungen: „stimmt", „stimmt teilweise", „stimmt".
27 Strafrechtlich wäre sie im Kern mit „Betrugsbereitschaft" zu kennzeichnen. Aber dieser Begriff wird hier vermieden, weil der Begriffshof offensichtlich viel weiter reicht.

kerungsteils (hier in Gestalt von Jungen und jungen Männern) durchweg zu höheren Anteilen „kriminell" handeln oder handeln werden als die Angehörigen des weiblichen Bevölkerungsanteils (hier in Gestalt von Mädchen und jungen Frauen). Allenfalls könnte mit Blick auf Theorien, die in älterer Zeit zum „typisch Weiblichen" vertreten wurden (in der Kriminologie manchmal fast karikaturhaft im Sinne von „Falschheit" mit Kulmination bei der Kapitalkriminalität im „typisch weiblichen Giftmord"), hier das Ergebnis hervorzuheben sein, dass auch das „Lügen" und „Mogeln" unter den befragten Jungen und jungen Männern (M) deutlicher ausgeprägt ist als bei den Mädchen und jungen Frauen (W):

- Bejahung von Gewaltbereitschaft: M = 24,6 %, W = 8,7 %.
- Bejahung von Diebstahlsbereitschaft: M = 26.5 %, W = 11,0 %.
- Bejahung von Täuschungsbereitschaft: M = 30,2 %, W = 12,0 %.

Anders ausgedrückt übertreffen die männlichen Befragten die weiblichen Befragten bei der selbst deklarierten Diebstahlsbereitschaft um 15,5 Prozentpunkte, bei der Gewaltbereitschaft um 15,9 Prozentpunkte und bei der Täuschungsbereitschaft um 18,2 Prozentpunkte.

Blickt man im nächsten Schritt auf das einen Teil der aktuellen Lebensidentität bildende institutionelle Bildungs-Milieu[28], definiert über die Kategorie der Allgemeinbildung und Berufsbildung, dem sich die Institution zuordnen lässt, über die wir die Befragten erfasst haben[29], dann überrascht schon nach allgemeinen Erwartungen nicht, dass sich die Bereitschaften entlang der sozusagen sozialen Verortung der Institutionen abgestuft anordnen. Hervorhebenswert mag immerhin sein, dass die Streuung durchweg bei Jungen bzw. jungen Männern ausgeprägter ist als bei Mädchen bzw. jungen Frauen. Und bei den Studierenden, hier ausschließlich Sozialpädagoginnen und Sozialpädagogen, könnte es sich anhand des auffällig positiven Befundes anbieten, in einer eigenen Studie zu unterschiedlichsten Studiengängen der auch generell interessanten Frage nachzugehen, inwieweit die Wahl eines Studienfachs durch biographische und personale Prägungen mit bestimmt wird.

---

28 Mittelbar wird hier die soziale Schichtung abgebildet, die über das komplexe Zusammenwirken von (namentlich) sozialer Lage, familiärem Bildungsklima, institutionellen Zuweisungs- und Selektionsprozessen sowie Ausprägung bzw. Verstärkung personaler Eigenschaften zu unterschiedlich verlaufenden bis endenden Bildungskarrieren führt.

29 Sekundäre Allgemeinbildung, tertiäre Allgemeinbildung, Berufsbildung im dualen System allgemein und unter Sonderformen, nachholende allgemeinbildende und berufsbildende Angebote im Jugendstrafvollzug, der gesetzlich als „Erziehungsvollzug" konzipiert ist (so beispielsweise im „3. Buch" des Justizvollzugsgesetzbuches des Landes Baden-Württemberg).

Bejahung von Gewaltbereitschaft durch Jungen und junge Männer:

- Junge Gefangene: 43,5 %
- Hauptschüler: 30,5 %
- Schüler im Berufsvorbereitungsjahr: 32,2 %
- Berufsschüler: 22,4 %
- Gymnasiasten: 10,8 %
- Studenten der Sozialpädagogik: 0,0 % (sic.!).

Bejahung von Gewaltbereitschaft durch Mädchen und junge Frauen:

- Hauptschülerinnen: 19,6 %
- Schülerinnen im Berufsvorbereitungsjahr: 12,3 %
- Berufsschülerinnen: 8,0 %
- Gymnasiastinnen: 6,0 %
- Studentinnen der Sozialpädagogik: 2,6 %.

Bejahung von Diebstahlsbereitschaft durch Jungen und junge Männer:

- Junge Gefangene: 56,6 %
- Hauptschüler: 27,5 %
- Schüler im Berufsvorbereitungsjahr: 25,0 %
- Berufsschüler: 19,1 %
- Gymnasiasten: 15,5 %
- Studenten der Sozialpädagogik: 9,4 %.

Bejahung von Diebstahlsbereitschaft durch Mädchen und junge Frauen:

- Hauptschülerinnen: 12,2 %
- Schülerinnen im Berufsvorbereitungsjahr: 10,8 %
- Berufsschülerinnen: 8,0 %
- Gymnasiastinnen: 11,5 %
- Studentinnen der Sozialpädagogik: 10,0 %.

Bejahung von Täuschungsbereitschaft durch Jungen und junge Männer:

- Junge Gefangene: 51,6 %

- Hauptschüler: 39,8 %
- Schüler im Berufsvorbereitungsjahr: 25,0 %
- Berufsschüler: 23,6 %
- Gymnasiasten: 18,3 %
- Studenten der Sozialpädagogik: 8,3 %.

Bejahung von Täuschungsbereitschaft durch Mädchen und junge Frauen:

- Hauptschülerinnen: 26,3 %
- Schülerinnen im Berufsvorbereitungsjahr: 14,9 %
- Berufsschülerinnen: 16,0 %
- Gymnasiastinnen: 7,5 %
- Studentinnen der Sozialpädagogik: 5,8 %.

3. Zusammenhänge der Deliktsbereitschaft mit ausgewählten Werthaltungen

Unter vorsorglicher Erinnerung an die oben skizzenhaft angesprochene Komplexität der Strukturen und Dynamiken menschlichen Handelns und Strebens, an denen Delinquenz und darauf bezogene Einstellungen und Strebungen bruchlos teilhaben, wird hier im nächsten Schritt die Hypothese der allgemein bzw. überall zu findenden Verknüpfung von Werten / Werthaltungen mit Delinquenzbereitschaft anhand von ausgewählten Variablen näher geprüft. Der Kern der Hypothese geht dahin, *dass* eine solche Verknüpfung *strukturell in jeder menschlichen Gruppe* vorhanden ist. Demgemäß muss sie auch hier, auf die konkreten Erhebungen bezogen, bei den *Angehörigen aller institutionellen (schulischen) Milieus* in der *Ausrichtung gleichartig manifestieren*.

Methodisch gesprochen heißt dies in quantitativer Hinsicht, dass sich bei bivariater Auswertung grundsätzlich in allen Befragtengruppen statistisch signifikante und in der Dichte des Zusammenhangs relevante Korrelationen ergeben müssten[30].

30 Das den folgenden Darlegungen zugrunde liegende Signifikanzniveau ist 0,05 % oder
   kleiner; dergestalt signifikante Werte wurden dann als grundsätzlich relevant betrachtet,
   wenn der Korrelationskoeffizient (nach Pearson) bei mindestens plus oder minus 0.10
   lag. Ab einem Wert von 0.30 kann man gemäß verbreiteten sozialwissenschaftlichen
   Konventionen von einem beachtlich „engen" Zusammenhang sprechen. Einen sozusagen
   perfekter Zusammenhang von „1.0" kann es in den Human- und Sozialwissenschaften
   prinzipiell niemals geben, schon deswegen, weil es stets und unausweichlich nicht um
   wirklich deterministische Kausalitäten, sondern allenfalls um stochastische Bedingungs-

Nicht impliziert ist mit der Hypothese, dass jeder Wert oder jede denkbare Werthaltung, die im Menschlichen allgemein bedeutsam ist, überhaupt irgend etwas oder sogar notwendig etwas wesentliches mit Delinquenz und Delinquenzbereitschaft zu tun hat oder zu tun haben müsste; und in der Tag zeigen die eigenen Erhebungen, dass manche Variablen weder positiv noch negativ korrelieren, allerdings mit ganz anderen Fragen deutlich verknüpft sind, was aber an dieser Stelle nicht näher dargelegt werden kann.

Nicht impliziert ist ferner eine ergänzende Hypothese dergestalt, dass sich etwaige einschlägige Verknüpfungen *gleich stark* manifestieren müssten. Mit Blick auf die bei der Tübinger Schülerstudie untersuchten Institutionen kann dies, beispielhaft gesagt, schon deswegen nicht erwartet werden, weil selbst in den (methodisch gesehen) „Randgruppen" junger Gefangener einerseits sowie junger Gymnasiasten andererseits keine Homogenität qua Herkunft, soziokultureller Prägung und individueller Biographie unterstellt werden kann[31]. Die Werthaltungen wurden in der Tübinger Schülerstudie mit folgender Instruktion eingeführt:

> Jeder Mensch hat ja bestimmte Vorstellungen, die sein Leben und Denken bestimmen. Für uns sind Ihre Vorstellungen wichtig. Wenn Sie einmal daran denken, was *Sie im Leben eigentlich anstreben:* Wie wichtig sind Ihnen dann die Dinge und Lebenseinstellungen, die wir hier aufgeschrieben haben? Bitte schauen Sie die einzelnen Punkte an und kreuzen Sie jeweils auf der Skala von 1 bis 5 an, wie wichtig Ihnen das ist.[32]

zusammenhänge geht. „+1.0" hieße im Übrigen *„immer* dann, wenn A, dann *auch* B"; „-1.0" hieße *„immer* dann, wenn A, dann *nicht* B". Ansonsten: Um der besseren optischen Verdeutlichung willen sind die Werte in den folgenden Darlegungen um den Faktor 1000 transformiert.

31   Solches kann auch bei Studierenden der Sozialpädagogik nicht erwartet werden. Jedoch war bei den in dieser Studie vertretenen Studierenden die Varianz bezüglich der Deliktsbereitschaft in allen drei Dimensionen so gering und das Werteprofil in den ausgewählten Variablen so homogen, dass eben genau deswegen keine signifikanten und relevanten Korrelationen auftraten. Daher beschränken sich die folgenden Darlegungen auf die anderen Teilgruppen der Befragten. Bezüglich anderer Merkmale als der Delinquenz und anderer Werthaltungen sowie Befindlichkeiten sieht das Bild in Teilen durchaus anders aus. Ergänzend sei angemerkt, dass sich wissenschaftlich vertiefende und oft entscheidend weiter führende Zusammenhänge bei quantitativen Studien dann ergeben, wenn man die Daten mit multivariaten Methoden, etwa Faktoranalysen und multiplen Regressionen, auswertet. Dies wird bei der Tübinger Schülerstudie geschehen, sobald die Angaben zur angestrebten Gesamtheit der Pilotstudie (= rund 3.500) in kontrollierter und bereinigter Form zur Verfügung stehen.

32   Die möglichen Antwortkategorien von 1 bis 5 waren: „Nicht zutreffend", „wenig zutreffend", „teils-teils", „eher zutreffend" und „eindeutig zutreffend".

Im Folgenden werden nur die Ergebnisse für männliche und weibliche Befragte zusammen genommen demonstriert, um die Grundbefunde zu veranschaulichen.

Schaubild 1:

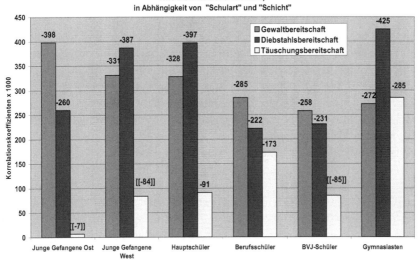

Unter den 34 benannten Werthaltungen hat sich, nicht unbedingt zu erwarten, im nachhinein betrachtet aber auch nicht ganz überraschend, gemäß dem *vorstehenden Schaubild 1*, die *Einstellung zu Gesetz und Ordnung* als am stärksten differenzierend herausgestellt. Als je weniger wichtig dieser Wert eingestuft wird, desto höher differenziert die Deliktsbereitschaft im Grundsatz innerhalb aller Teilgruppen. Wie man dem Schaubild entnehmen kann, gehen die Korrelationen in beachtliche Höhen, bezüglich der Gewaltbereitschaft am deutlichsten bei den jungen Gefangenen, bezüglich der Diebstahlsbereitschaft am deutlichsten bei den Gymnasiasten. Die in eckige Klammern gesetzten Werte bedeuten, dass deren Ausprägung nach allen sozialwissenschaftlichen Ansichten zu gering ist, um ihnen eine beachtliche Bedeutung im Gesamtgefüge zusprechen zu können.

Die Befunde können hier nicht im Einzelnen diskutiert werden. Jedoch sei anhand der beiden „Rand-Gruppen" eine allgemein auch für die weiteren Schaubilder gültige „Lesehilfe" gegeben: (a) Bei den jungen Gefangenen, die unter allen Gruppen im Ausmaß der selbst berichteten drei Arten von Delinquenzbereitschaft dominieren, gilt vor allem bei denjenigen in der zentralen Jugendstrafanstalt eines östlichen Bundeslandes, dass das Ausmaß der selbst eingeschätzten

Täuschungsbereitschaft keinen merklichen Einfluss auf die subjektive Wichtigkeit des Wertes „Respektieren von Gesetz und Ordnung" hat. Jedoch differenziert *gerade auch* bzw. *ganz besonders* unter ihnen die Gewaltbereitschaft in dieser Hinsicht ganz erheblich. (b) Bei jungen Gymnasiasten, die bei der Deliktsbereitschaft fast durchweg mit dem nächst niedrigen Ausmaß nach den Sozialpädagogen[33] imponieren, ist für die Unterscheidung dieser relativ wenigen Schüler und noch weniger Schülerinnen von den „nicht deliktsbereiten" Altersgenossen das Ausmaß der Bedeutung, die sie dem Wert des Respektierens von Recht und Ordnung nach eigener Aussagen für sich persönlich beimessen, in allen drei Dimensionen beachtlich. Es ist am höchsten von allen Gruppen ausgeprägt bei der Diebstahlsbereitschaft, relativ betrachtet sogar am stärksten differenzierend ausgeprägt bei der Täuschungsbereitschaft.

Eine andere Werthaltung, zu der sich die Befragten äußern sollten, lautet „Sich so verhalten, das Mitmenschen nicht geschädigt werden". Der Befund dazu ist im *nachfolgenden Schaubild 2* wiedergegeben. Je weniger wichtig der Wert, Mitmenschen nicht schädigen zu wollen, eingestuft wird, desto höher differenziert die Deliktsbereitschaft innerhalb aller Teilgruppen.

Bei den Teilgruppen der jungen Gefangenen differenziert dieser Wert ähnlich wie der Wert „Gesetz und Ordnung respektieren" dergestalt, dass die Korrelation bezüglich der Gewaltbereitschaft im Osten besonders eng, bezüglich der Diebstahlsbereitschaft dagegen im Westen besonders eng ausfällt. Bei den Gymnasiasten ähneln die Werte bezüglich der drei Deliktsbereitschaften einander sehr und sind allesamt beachtlich eng ausgeprägt, die Täuschungsbereitschaft ist wie schon zu Gesetz und Ordnung relativ am engsten unter allen Gruppen mit dem Wert verknüpft. Über alle Teilgruppen der Befragten hinweg zeigen sich im Übrigen, hier nur generell erwähnt, signifikante und in der Ausprägung beachtliche Korrelationen aller drei Deliktsbereitschaften zu selbst berichteten *psychischen Befindlichkeiten*, die mit dem psychologischen Begriff der *Empathiefähigkeit* und dem Begriff der *„Hilfsbereitschaft"* verallgemeinernd umschrieben werden können. Namentlich sind dies: „Ich versuche nett zu sein zu anderen Menschen, ihre Gefühle sind mir wichtig", „Ich bin nett zu jüngeren Kindern"; „Ich teile mit anderen, z.B. Spiele, Sportgeräte"; „Ich bin hilfsbereit, wenn andere verletzt oder traurig sind"; „Ich helfe oft freiwillig (Gleichaltrigen, Eltern, Lehrern)".

Schaubild 2:

---

33   Vgl. den Hinweis oben in FN 32.

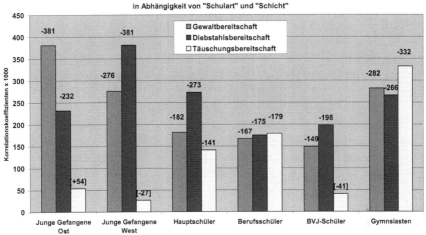

Zusammenhang des Wertes "Mitmenschen nicht schädigen" mit Deliktsbereitschaft, in Abhängigkeit von "Schulart" und "Schicht"

Eine weitere Werthaltung lautet „Sich und seine Bedürfnisse gegen Andere durchsetzen". Den Befund zu den Antworten der Befragten demonstriert das *nachfolgende Schaubild 3*: Je höher der Wert der selbstbezogenen Durchsetzungsbereitschaft eingestuft wird, desto höher differenziert die Deliktsbereitschaft innerhalb aller Teilgruppen.

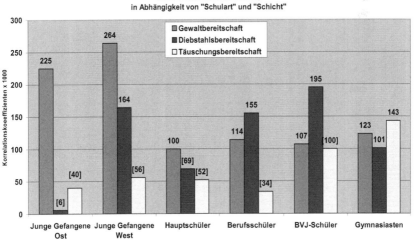

Zusammenhang des Wertes "sich und seine Bedürfnisse gegen Andere durchsetzen" mit Deliktsbereitschaft, in Abhängigkeit von "Schulart" und "Schicht"

In dieser Hinsicht kommt bevorzugt bei den jungen Gefangenen in beiden Bundesländern das beachtliche Potential bezüglich der Gewaltbereitschaft zum Tragen, das hier die unbedingt Durchsetzungswilligen von den weniger Durchsetzungswilligen unterscheidet. Alle anderen Ausprägungen belegen weder bei jungen Gefangenen noch bei den anderen Gruppen eine sonderlich enge Verknüpfung. Jedoch sieht man, wie bei den Werten des Respektierens von Gesetz und Ordnung und des Nichtschädigens von Anderen, dass bei den Gymnasiasten die Täuschungsbereitschaft relativ unter allen Gruppen noch am höchsten ausgeprägt korreliert.

Eine weitere Werthaltung, zu der sich die Befragten äußern sollten, lautet „Macht und Einfluss gewinnen". Der Befund dazu ist im *nachfolgenden Schaubild 4* wiedergegeben. Je höher der Wert der Gewinnung von Macht und Einfluss eingestuft wird, desto höher differenziert die Deliktsbereitschaft innerhalb aller Teilgruppen.

Schaubild 4:

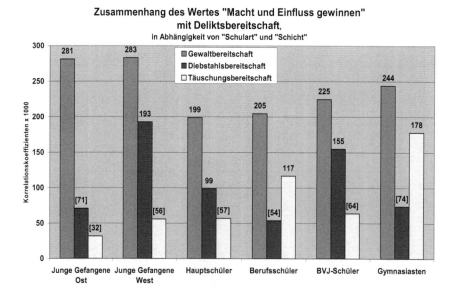

Bei diesem Wert zeigt sich eine durch alle Gruppen bemerkenswert deutliche Verknüpfung mit der Gewaltbereitschaft. Und erneut interessant zu sehen ist, dass bei den Gymnasiasten die Täuschungsbereitschaft relativ unter allen Gruppen am höchsten ausgeprägt korreliert.

104

Bei den so genannten *subkulturellen Werten* nach Walter B. Miller hatten wir einen besonders engen Zusammenhang mit den drei Deliktsbereitschaften vermutet. Zu diesen Werten gehören namentlich:

- „Ein aufregendes Leben führen";
- „Ein Leben mit viel Vergnügen";
- „Hart und zäh sein";
- „Schnell Erfolg haben"; und
- „Clever und gerissener sein als andere".

Miller hatte diese Werte in sozialstruktureller und sozialpsychologischer Hinsicht als Ausfluss einer „Lower Class Culture" und insoweit grundsätzlich als nicht bemerkenswert für etwaige individuell auffällige Eigenschaften (qua Jugenddelinquenz) dargestellt. Und sie erwiesen sich in etlichen deutschen Untersuchungen durchaus als schichtspezifisch ausgeprägt.

In der eigenen Untersuchung bestätigt sich dies, wenn man die Teilgruppen *als* Gruppen in verschiedene Berechnungen einbezieht. Junge Gefangene fallen mit den höchsten Besetzungen auf, die anderen Gruppen fallen demgegenüber ab. Indes zeigt sich ein signifikanter und zugleich hinreichend enger Zusammenhang *innerhalb* der Teilgruppen nur bezüglich des letzten Wertes der Cleverness und Gerissenheit" und dies auch einzig bei der Teilgruppe der Gymnasiasten: Gewaltbereitschaft = 183, Diebstahlsbereitschaft = 164 und Täuschungsbereitschaft = 151. Anscheinend sind demnach die anderen Gruppen bezüglich möglicher subkultureller Werte derart homogen, dass keine interne Differenzierung bei den Deliktsbereitschaften zum Tragen kommt. Wenn sich dies bei weiteren Auswertungen auch in anderer Hinsicht bestätigen sollte, wäre dies ein bemerkenswerter Beleg für die grundsätzliche Gültigkeit des Millerschen Ansatzes.

Die letzte Werthaltung, die hier kurz dargestellt werden soll, lautet „Ein gutes Gewissen haben". Der Befund dazu ist im *nachfolgenden Schaubild 5* wiedergegeben. Je geringer der Wert eines Guten Gewissens eingestuft wird, desto höher differenziert die Deliktsbereitschaft innerhalb aller Teilgruppen.

Schaubild 5:

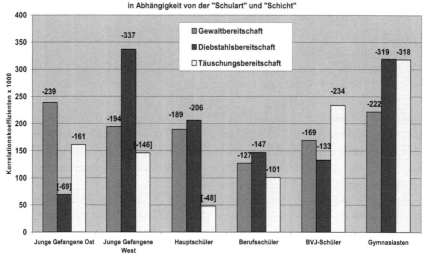

**Zusammenhang des Wertes "Ein gutes Gewissen haben"
mit Deliktsbereitschaft,**
in Abhängigkeit von der "Schulart" und "Schicht"

Legende: ■ Gewaltbereitschaft ■ Diebstahlsbereitschaft □ Täuschungsbereitschaft

Y-Achse: Korrelationskoeffizienten x 1000

Werte: Junge Gefangene Ost: -239, -161, [-69]; Junge Gefangene West: -194, -337, [-146]; Hauptschüler: -189, -206, [-48]; Berufsschüler: -127, -147, -101; BVJ-Schüler: -169, -133, -234; Gymnasiasten: -222, -319, -318

Wie schon bisher zeigt sich die unterschiedlich enge Verknüpfung innerhalb der Teilgruppen der Gefangenen bei denen aus dem Osten vordringlich bezüglich der Gewaltbereitschaft, bezüglich derer im Westen vordringlich bezüglich der Diebstahlsbereitschaft. Und erneut imponieren die Gymnasiasten mit dem relativ zu allen anderen Teilgruppen engsten Differenzierungszusammenhang bezüglich der Täuschungsbereitschaft.

Alles in allem erlauben die Befunde den Schluss, dass die erkenntnisleitende Hypothese eine erste Bestätigung findet.

Soweit es überhaupt signifikante und hinreichend enge Korrelationen von *bestimmten* Deliktsbereitschaften mit *bestimmten* Werthaltungen gibt, belegen sie eine merklich ausgeprägte Differenzierungskraft innerhalb aller (zunächst einmal natürlich nur der hier beobachteten) unter anderem *auch* über die Herkunftsschicht bestimmbarer i.w.S. schulischer Milieus junger Menschen.

Dies eröffnet den Weg zum Nachdenken über Möglichkeiten, eine auf Werte bezogene Erziehung in neue Modelle der Delinquenzprophylaxe und ggf. auch Rückfallprophylaxe einzubeziehen. Das Wort „Nachdenken" ist bewusst gewählt. Denn wie eine nicht oktroyierende und erst dadurch junge Menschen direkt ansprechende Werterziehung aussehen könnte, ist heute mehr denn je eine schon im Ansatz schwierig zu beantwortende bzw. strittige Frage.

Persuasive Symbolik
Strafrecht, Kultur und Sozialkohäsion

Alexander Baur, Universität Tübingen

> Denn einer verschiedenen Kultur und Verfassung entspricht normalerweise ein in Umfang und Charakter verschiedenes Verbrechertum.[1]

I.

Im Mai 1949 hatten sich acht Angeklagte – Ärzte, Krankenpfleger und Verwaltungsbeamte – vor dem Landgericht Tübingen zu verantworten. Beschuldigt wurden sie der Beteiligung an nationalsozialistischen Euthanasieverbrechen in Württemberg gegen weit über 10.000 Behinderte. Am Ende standen Strafen von fünf Jahren für den Hauptangeklagten, zwei Jahre bzw. ein Jahr und sechs Monate erhielten zwei weitere Angeklagte – jeweils wegen Verstoßes gegen Art. II Nr. 1c des Kontrollratsgesetz Nr. 10 (Verbrechen gegen die Menschlichkeit); daneben ergingen fünf Freisprüche.[2] Seine Strafe tatsächlich verbüßen musste übrigens keiner der Verurteilten.[3] Ein Urteil, das in mehrerlei Hinsicht kritikwürdig ist und uns heute in seiner unentschlossenen wirkenden Milde mehr als fragwürdig erscheinen muss – zumal einige Kilometer weiter südwestlich ungefähr zur selben Zeit die strafrechtliche Reaktion auf die Euthanasieverbrechen in Baden durch das Landgericht Freiburg mit Verurteilungen zu elf und zwölf Jahren Zuchthaus ungleich strikter ausfiel.[4] Das LG Frankfurt verurteilte sogar zu –

---

1 Merkel (1889), S. 38. Der Aufsatz ist die ausgearbeitete Version eines Vortrags auf der Jahrestagung der Gesellschaft für wissenschaftliche Kriminologie (8./9. April in Wien). Für wertvolle Kritik und das Besorgen der Literaturnachweise danke ich Luzie Kollinger (Tübingen); für viele anregende Diskussionen mit Blick über das Recht hinaus danke ich der Literaturwissenschaftlerin Anne-Katrin Lorenz (Antwerpen/Tübingen). Ihnen und dem Tübinger Projekt Wertewelten, das mir Aufenthalt und Vortrag in Wien und das Verfassen dieses Aufsatzes ermöglicht hat, widme ich meine Überlegungen.
2 LG Tübingen Urteil vom 5.7.1949, Ks 6/49; dieses und die folgende Euthanasie-Urteile abgedruckt in: Justiz und NS-Verbrechen. Sammlung deutscher Strafurteile wegen nationalsozialistischer Tötungsverbrechen 1945–1966, Band V.
3 Lang (1996), 144f.
4 LG Freiburg, rechtskräftiges Urteil vom 2.5.1950.

nicht vollzogenen – Todesstrafen wegen Mordes nach § 211 RStGB.[5] Aber was wäre denn die „richtige" Reaktion des Strafrechts gewesen?[6]

Gut dreißig Jahre später endete ein Strafverfahren vor dem BGH, in dem sich zwei heranwachsende türkischstämmige Brüder wegen eines versuchten Tötungsdelikts zulasten eines türkischen Studenten zu verantworten hatten. Letzterer hatte ihre Schwester geschwängert und wollte sie nicht heiraten.[7] Im Widerspruch zu den Vorinstanzen entschied sich der BGH gegen eine Verurteilung aus § 211 StGB (Mord) und verneinte niedere Beweggründe; Folgenerwägungen zur Umgehung der absoluten Strafdrohung des § 211 StGB mussten keine Rolle spielen und können dabei nicht entscheidungserheblich gewesen sein. Jugendstrafrecht und Versuchsstadium hätten eine „angemessen flexible" Reaktion – eben die Verhängung einer zeitigen Freiheitsstrafe – ermöglicht. Ganz offensichtlich schien dem BGH das größtmögliche sozialethische Unwerturteil – eben die Verurteilung wegen Mordes – dann nicht angemessen, wenn zwar die Beweggründe für eine Tat aus Sicht der Mehrheitsgesellschaft, nicht aber aus der kulturdeterminierten Sicht des einzelnen Täters besonders verwerflich sind: „Der vom Landgericht zutreffend hervorgehobene Gesichtspunkt, daß allgemeine sittliche Wertmaßstäbe anzulegen sind, schließt es nicht aus, daß die individuellen Bedingungen der Tat, zu denen die Bindung des Täters an die besonderen Ehrvorstellungen seines Lebenskreises gehören können, in die Bewertung miteinbezogen werden und den Ausschlag dafür geben, daß die Beweggründe nicht als niedrig erscheinen."[8] Im Oktober 2005 beurteilte der BGH in einer Revisionsentscheidung gegen ein Urteil des LG Tübingen dies grundlegend anders: „Der Maßstab für die Bewertung der (niederen) Beweggründe i.S.v. § 211 StGB ist den Vorstellungen der Rechtsgemeinschaft der Bundesrepublik Deutschland zu entnehmen und nicht den Anschauungen einer Volksgruppe, die die sittlichen und rechtlichen Werte dieser Rechtsgemeinschaft nicht anerkennt."[9] Und auch hier sei die Frage abermals erlaubt: Was ist denn nun die „richtige" Reaktion des Strafrechts?

„Richtig" kann in beiden Fällen übrigens nicht „rechtsdogmatisch einwandfrei" bedeuten. Eine Antwort scheint hier vielmehr nur durch eine systemexterne Fremdbeobachtung des Strafrechts möglich. Welche Strafe aus welchem Tatbestand für tausendfache Euthanasieverbrechen die „rechtsdogmatisch richtige" ist, ist rechtsdogmatisch – man denke nur an das Rückwirkungsverbot und die Prob-

---

5   LG Frankfurt/M. Urteil vom 20.10.1948.
6   Vgl. dazu Kinzig (2010); einen erhellender Überblick über verhängte und tatsächlich vollzogene Strafen für NS-Unrecht findet sich bei Eichmüller (2008), 636.
7   BGH NJW 1980, 537; zur Änderungen in der strafrechtlichen Bewältigung von „Ehrenmord" und „Blutrache" vgl. Valerius (2008).
8   BGH NJW 1980, 537.
9   So der Leitsatz des Urteils BGH NStZ 2006, 284.

leme nachträglicher Inkriminierung (vermeintlich) rechtmäßigen Verhaltens[10] – nicht ohne weiteres evident. Übrigens relativiert sich auch der eher emotionale Wunsch nach harter Bestrafung von Euthanasietätern, bedenkt man, dass bereits 1920 der nationalsozialistisch unverdächtige Strafrechtler Karl Binding gemeinsam mit dem Mediziner Alfred Hoche eine Schrift verfasst hat mit dem heute anrüchig anmutenden Titel: „Von der Freigabe der Vernichtung lebensunwerten Lebens"[11] – eine Schrift, die die in Tübingen und Freiburg Verurteilten teilweise – vielleicht noch aus Studienzeiten – kannten und eine Schrift die weitgehend frei ist von nationalsozialistischem Gedankengut. Gleichgültig durch welche ideologische Motivation letztlich veranlasst, lag die „Euthanasie" oder eben der „Mord an Behinderten" in der ersten Hälfte des 20. Jahrhunderts eben nicht unbedingt außerhalb dessen, was evident moralisch unverantwortbar und bei entsprechender rechtlicher Regelung „unrechtmäßig" hätte erscheinen müssen[12] – das historische Urteil freilich sieht anders aus.

Welche Umstände für die Beurteilung niederer Beweggründe bei „Ehrenmord" und „Blutrache" eine relevante Rolle spielen sollen oder nicht, scheint ebenso wenig eine rechtsdogmatische als vielmehr eine voluntative oder besser: funktionale Frage. Begründungen, warum der BGH 1979 den kulturellen Hintergrund des Täters im Sinne einer *cultural defence* berücksichtigt, 2005 hingegen eine kulturelle Tatmotivation geradezu harsch abstraft, finden sich nicht – was den Strafrechtsdogmatiker schrecken wird, gleichzeitig aber den Blick auf strafrechtstheoretische Phänomene öffnet; mit anderen Worten: Rechtsdogmatisch ist hier wenig zu gewinnen, geht es aber darum den Blick zu schärfen, welche soziale Funktion das Strafrecht erfüllt und wie diese Funktion durch die genannten Urteile verwirklicht wird, scheinen alle vier Urteile geradezu erhellend.

Der Grund dafür, dass die Urteile weder rechtsdogmatisch noch „emotional" zu überzeugen vermögen, ist strukturell ähnlich. Beide Male sieht sich das Strafrecht mit einem kulturbedingten Wertekonflikt konfrontiert, mit dem regelmäßig ein individueller Gewissenskonflikt korrespondiert:[13] Im Falle der Euthanasie begegnet ein diachroner Wertekonflikt, der daraus resultiert, dass sich in abrupttraumatischer Weise Sozial- und Wertvorstellungen nach dem Zusammenbruch des nationalsozialistischen Deutschlands ändern mussten und (glücklicherweise!)

---

10   So das LG Tübingen im zitierten Euthanasieurteil vom 5.7.1949.
11   Binding/Hoche (1920).
12   Eben dies betont auch das LG Tübingen im zitierten Euthanasieurteil vom 5.7.1949: „Die Frage der Vernichtung lebensunwerten Lebens ist schon vor der Machtübernahme durch Hitler wiederholt in juristischen, medizinischen und theologischen Kreisen erörtert worden. Wenn die Vernichtung lebensunwerten Lebens auch meistens aus weltanschaulichen oder rechtspolitischen Gründen abgelehnt wurde, so fanden sich doch auch namhafte Vertreter, die sie befürworteten."
13   Vgl. Harro (2009), 63.

geändert haben; bei „Ehrenmord" und „Blutrache" zeigt sich hingegen ein synchroner Wertekonflikt, wie er für pluralistische Gesellschaften üblich ist. Beide Male begegnet flankierend ein individueller Gewissenskonflikt, einmal historisch-nachträglich und wenig prekär, einmal akut und zur konkreten konflikthaften Handlung drängend – immer aber ein Gewissenskonflikt, der sich aus der Konfrontation zweier Werteordnungen ergibt, bei der die eine (immer noch) verinnerlicht und damit individuell verbindlich ist, die andere (aktuell) soziale Gültigkeit beansprucht.[14] Die Bewältigung solcher sozialer Wertekonflikte und individueller Gewissenskonflikte bringt das Strafrecht regelmäßig an seine Funktionsgrenzen;[15] am Ende der hier angestellten Überlegungen sollen diese Funktionsgrenzen aufgezeigt werden und ein Vorschlag zum sinnvollen Umgang des Strafrechts bei der Bewältigung solcher Grenzbereiche gemacht werden. Bevor Funktionsgrenzen bestimmt werden, sind freilich zunächst Funktionen zu bestimmen. Auch hierauf öffnen alle vier Urteile den Blick.

II.

„Das argentinische Trauma – Kann Strafrecht Wunden heilen?"[16] titelte die FAZ im Dezember 2009 und fragte sich, ob und wie die argentinische Militärdiktatur rund 27 Jahre nach ihrem Ende strafrechtlich bewältigt werden könnte – kollektive Gesellschaftstherapie und Traumabewältigung durch Strafrecht?

Das Strafrecht sieht sich mehr denn je Anfeindungen aus den unterschiedlichsten Lagern und politischen Hintergründen ausgesetzt. Seine Abschaffung scheint zuweilen die einzig logische Folge und dass der letzte Schritt nicht längst getan ist, scheint nur mit änderungsaversem Zaudern erklärbar. Strafrecht hilft nicht den Tätern, Strafrecht schadet den Opfern, Strafrecht kann nicht „heilen"; kurz: Strafrecht kann nichts, was nicht durch Alternativverfahren – sei es durch *Victim-Offender-Mediation*, die Überantwortung strafrechtlicher Aufgaben an das Zivilrecht[17] oder durch Wahrheitskommissionen (*Truth Commissions*) im Bereich gesellschaftlicher Konflikte besser geleistet werden könnte. Strafrecht erscheint so beinahe als ein westlich verbildetes Konzept, das uns den entformalisierten und gesprächsförmigen Umgang mit Konflikten hat verlernen lassen.[18] Dass sich das Strafrecht – bei all seiner Kritikwürdigkeit und Kritikfähigkeit (!)

---

14 Vgl. ansatzweise Harro (2009), 61 f.
15 Zum Problem des Gewissenstäters vgl. in Ansätzen Baur/Lorenz (2010).
16 FAZ vom 28. Dezember 2009, S. 11.
17 Nicht nur im Sinne eines „strafenden Zivilrechts" nach US-amerikanischem oder auch römischrechtlichem Verständnis, sondern auch die Idee der Wertesteuerung durch Zivilrecht.
18 Vgl. hierzu kritisch: Baur/Wolf (2010).

– nicht ganz umsonst als Kulturleistung entwickelt hat und dass keine westliche Massengesellschaft ohne kontrollierte – und das heißt eben auch beinahe zwangsläufig: staatliche – Strafprozesse auskommt, gerät darüber allzu leicht in Vergessenheit. Daneben sei die These gewagt, dass sich das Strafrecht, wäre es ein dysfunktionaler Sozialprozess, wohl kaum so beharrlich in seiner Grundkonzeption unverändert bis heute hätte behaupten können.[19]

Im Hintergrund aller Kritik steht eine extreme Fokussierung strafrechtlicher Funktionen auf die Bewältigung vor allem interpersoneller und in Extremsituationen auch gesellschaftlicher Konflikte. Dass es hierfür bessere und teilweise eben auch funktionalere Instrumente gibt, sei umstandslos zugegeben. Übrigens gibt das auch das Strafrecht selbst zu, indem es außerrechtliche Instrumente der Konfliktbewältigung integriert und akzeptiert.[20] Selbst überflüssig gemacht und abgeschafft hat sich das Strafrecht dadurch längst nicht. Und das liegt weniger an Schwächen und Implementierungsschwierigkeiten außerstrafrechtlicher Konfliktbewältigungsverfahren, sondern vielmehr daran, dass das Strafrecht weitere Sozialfunktionen erfüllt, für die es keine ähnlich wirksame oder gar bessere Alternative gibt. „Kann Strafrecht Wunden heilen?" ist eine Frage, die auf eigenartige Weise schräg zum Strafrecht liegt. Wo liegt die genuine und nicht emulierbare soziale Funktion des Strafrechts in einer modern-westlichen und wertepluralen[21] Massengesellschaft? Und wann überfordert man das Strafrecht und verkennt dabei zugleich seine Leistungspotentiale? Oder kurz: Was kann Strafrecht?

Einen ersten Anhaltspunkt für die Antwort auf diese Fragen bieten seit jeher (normativ-legitimatorische) Strafrechts- und Strafzwecktheorien. Das Strafrecht als im besten Sinne „extremes Recht" sah sich schon immer mit Legitimationsfragen konfrontiert und musste dafür über seine sozialen Aufgaben und Funktionen reflektieren: Absolute Straftheorien, deren Strafselbstzweck alleine eine *iustitia correctiva*[22] war und die darüber hinaus Funktionslosigkeit des Strafrechts behaupteten, reichten schon bald nicht mehr aus, da es hierfür tatsächlich effektivere und auch im wahrsten Sinne: vernünftigere und emotionslosere Alternativen gab und gibt – und sei es auch nur das zivilistische Deliktsrecht. Präventionstheorien scheinen vor diesem Hintergrund ungleich vielversprechender. Um negative Prävention durch Strafrecht kann es dabei aber ebenfalls kaum gehen, scheint diese doch ebenso ersetzbar wie das Wiederherstellen von Gerechtigkeit: Verwaltungsrechtliches Kontrollhandeln etwa wäre hier an mancher Stelle un-

19 Für das Recht allgemein: Baur/Wolf (2010), passim.
20 Man denke nur an die Regelung des TOA im deutschen Strafrecht (§ 46a StGB).
21 Vgl. Raiser (2007), 64, der nach der sozialen Funktion und Funktionsweise des Strafrechts in Zeiten „pluralisierter Moral" fragt; ähnl. Díez Ripollés (2001), 516.
22 Zum Gerechtigkeitsbegriff vgl. Baur (2012a).

gleich effektiver, wenngleich auch aufwendiger und eingriffsintensiver.[23] Jedenfalls scheint das Strafrecht im Bereich von Kontrolle und Abschreckung ebenso ersetzbar wie im Bereich der gerechtigkeitswiederherstellenden Konfliktlösung. Ähnliches gilt übrigens für die positive Spezialprävention, die sich – bei allen rechtsstaatlichen und pekuniären Problemen, die sich stellten – durch soziales Hilfe- und Therapierecht ungleich besser verwirklichen ließe.

Bleiben die Theorien zur positiven Generalprävention, die unglücklicherweise die theoretisch am schlechtesten entwickelten[24] und empirisch am wenigsten überprüften[25] sind: Die genuine und nicht zu emulierende Strafrechtsfunktion könnte sich damit in einer sozialintegrativen Norm- und Wertebestätigung und gegebenenfalls mittelbaren Wertesteuerung finden, die bislang zwar oft behauptet, aber in ihrer Funktionsweise kaum erklärt oder reflektiert ist.[26] Nur wer auch hierfür das Strafrecht für ungeeignet hält oder Alternativen vorhält, dürfte guten Gewissens und folgerichtig dessen Abschaffung fordern.[27] Eben dies gilt es daher kritisch zu hinterfragen.

III.

Theorien positiver Generalprävention betonen seit jeher die kommunikative Wirkungsweise des Strafrechts. Die Strafe ist auf einer individuellen Ebene die „Antwort" auf eine konkrete Tat[28] und „widerspricht" dieser und signalisiert damit auf einer sozialen Ebene die Geltung der durch die inkriminierte Tat verletzten Strafnorm.[29]

Das Strafrecht ist dabei ein durch Kommunikationsakte seiner Akteure konstituiertes Diskurssystem. Das Strafrecht verarbeitet (konflikthafte) Sachverhalte nach spezifisch strafrechtssystemischen Verarbeitungsmodalitäten.[30] Die Verarbeitungsmodalitäten unterscheiden sich im Vergleich zu anderen Diskurssyste-

---

23 Das zeigt sich etwa in der strafrechtlichen Verpflichtung zur Selbstkontrolle durch Compliance im Wirtschaftsstrafrecht; Strafrecht als Kontrollinstrument.

24 So auch Koriath (2004), 50f.. „Es gibt keine sprachliche Fassung dieser Theorie." Der Beitrag soll in seinem bescheidenem Unfang auch diesem Theoriedefizit entgegenwirken.

25 Vgl. hierzu die Untersuchungen von Müller-Tuckfeld (1998); vgl. Schumann (1989) und Hassemer (1990), 328.

26 Vgl. Schumann (1989): „Man wird sagen können, dass die Zusammenhänge zwischen Strafrecht und Stabilisierung bzw. Änderung von moralischen Überzeugungen im Grunde bis heute unerforscht geblieben sind."; ebs. Díez Ripollés (2001), 517.

27 So bereits Peters (1977).

28 Koriath (2004), 55; Puppe (1999), passim.

29 Vgl. Puppe (1999), 470 und Kunz (2004), 74 jeweils m.w.N.

30 Anstelle von „Verarbeitungsmodalität" könnte man auch den Begriff „Ästhetik" verwenden; vgl. Baur/Lorenz (2010) zu verschiedenen Werteästhetiken in Literatur und Recht.

men – etwa der Literatur[31] – durch ein hohes Maß an sprachlicher und dadurch auch kognitiv-sachlicher Formalisierung (Rechtsförmigkeit als Diskursästhetik[32]). Die Verarbeitungsergebnisse, das heißt die Reaktionsmöglichkeiten auf Sachverhalte, die an das Strafrecht zur Lösung herangetragen werden, sind dadurch stark begrenzt. Die Verarbeitung erfolgt öffentlich sichtbar, öffentlich kontrolliert und öffentlich begründet (contional[33]) sowie symbolisch. Beides garantiert die Anschlussfähigkeit des strafrechtlichen Binnendiskurses an andere contionale Wertdiskurssysteme: Strafrechtliche Kommunikationsakte sind in ihrem Ausgangspunkt selbstreferentiell und zielen auf einen eigenen strafrechtlichen Binnendiskurs;[34] durch ihren contionalen Vollzug und ihren symbolkommunikativen Mehrwert transzendieren sie jedoch systemische Grenzen und wirken in ihre Umwelt hinein. Insofern unterscheidet sich das Strafrecht kaum von anderen contionalen Diskurssystemen, die Normen und Werte ihren eigenen Modalitäten gemäß verarbeiten, dabei aber auch immer „öffentlich" sind und in andere Diskurssysteme nicht nur faktisch übergreifen, sondern auch übergreifen wollen, um soziale Relevanz zu entfalten.[35]

Gegen das Symbolhafte im Strafrecht ist wiederholt Kritik geäußert worden.[36] Nur ausnahmsweise wird es nicht als kritisches Analyseinstrument herangezogen, sondern die Normalität symbolischer Wirkungen im Strafrecht hervorgeho-

---

31 Vgl. Baur/Lorenz (2010).
32 Vgl. Baur/Wolf (2010); vgl. hierzu auch das von mir mit meiner Tübinger Kollegin Nikola Wiegeler durchgeführte Seminar zu „Ästhetik in Rhetorik und Recht" im Sommersemester 2010 an der Universität Tübingen.
33 Knape (2003b).
34 Dies zeigt sich schon daran, dass Adressat von Strafurteilen schon rein sprachlich nicht die „Öffentlichkeit" sein kann, sondern die Fachwelt. Vgl. hierzu Baur (2012b).
35 Im Vergleich mit Theater und Literatur: Baur/Lorenz (2012). Das Strafrecht wird dabei nicht ganz unverdient oft mit dem Theater verglichen, einem der klassischen geöffneten Binnendiskurssysteme, vgl. Merkel (1889), 29: „Daher ist die Gestaltung ihres Vollzugs zu einem *Schauspiel* für die Menge, in welchem das siegreiche Prinzip und die Majestät des Staates durch den Henker *repräsentiert* und der unterliegende Bösewicht andern zum abscheulichen Beispiel sinnfälligen Qualen unterworfen wird." (Hervorhebungen vom Verfasser).
36 Grundlegend vgl. Hassemer (1989), 553ff.; krit. zu einem symbolischen Risikostrafrecht, das allein „die Funktion symbolischer Versicherung" übernehme: Prittwitz (1999), 195. Er übersieht dabei freilich, dass es hier um eine spezifische Symbolik geht, nämlich die symbolische Bewältigung tatsächlicher Risiken. Allerdings geht es einem Strafrecht, das in seinen Funktionen verstanden ist und sachgemäß gebraucht wird, darum gerade nicht. Dem Strafrecht geht es nicht um symbolische Absicherung von Risiken, sondern – wie noch zu zeigen sein wird – um die symbolische Selbstvergewisserung identitätsstiftender Werte. Vollzugsdefizite dämpfen diesen Effekt gerade nicht und sprechen schon gar nicht gegen die symbolische Wirkungslosigkeit der Strafnormen.

ben.[37] Dies hat zum Teil auch mit einem unterschiedlichen Verständnis von „Symbol" zu tun. Symbol im vorliegenden Sinne ist ein Zeichen, das zwar für eine bestimmte Sache steht, das jedoch semantisch über seinen eigentlichen Bedeutungsgehalt hinausweist.[38] Wenn hier behauptet wird, das Strafrecht wirke symbolkommunikativ, dann hat das folglich nichts mit wirkungslosem, weil „nur" symbolischem Strafrecht zu tun.[39] Betont wird damit vielmehr, dass das Strafrecht seit jeher eine Doppelfunktion erfüllt, von denen eine symbolisch verwirklicht wird: Eine repressive (und neuerdings auch präventive) Funktion wird ergänzt durch eine deklarative[40] – oder mit anderen Worten: eine symbolkommunikative – Straffunktion.[41] Das Strafrecht kommuniziert also symbolisch, das heißt durch Zeichen, die semantischen Mehrwert vorhalten;[42] der „semantische Mehrwert" des Symbols ist dabei immer auch teilsemantisch mit der Grundaussage verknüpft.[43] Das Strafrecht benutzt in der Hauptsache den eigentlichen Strafakt als Symbol – nicht nur als bloßes „Zeichen"[44] – zur Übermittlung einer Botschaft. Das öffentliche Strafen deutet mithin über sich hinaus und wird zu einem symbolischen Kommunikationsakt, mit dessen Hilfe die Unverbrüchlichkeit der Strafnorm demonstriert werden kann, indem derjenige, der mit dieser Norm gebrochen hat, „öffentlich angeprangert" wird. Historischen Strafformen,[45] die freilich heute durch ein – wiederum symbolisches (!) – sozial-ethisches Unwerturteil ersetzt worden sind, zeigen diese deklarative Strafrechtsfunktion beeindruckend auf.

Das Symbolische im strafrechtlichen Diskurs macht diesen – wie schon angedeutet – anschlussfähig für andere Wertediskurse. Interessanterweise richtet sich semantische Grundaussage und semantischer Mehrwert im Strafrecht an unter-

---

37 In Ansätzen hierzu kritisch, aber im Ergebnis inkonsequent, weil die symbolische Wirkungsweise des Strafrechts zwar anerkennend, jedoch dann auch kritisierend: Díez Ripollés (2001), 516 ff.

38 Semsch (2009), 298 f.: „Das Symbol ist ein konkretes Zeichen […] mit weisendem Charakter auf einen abwesend bleibenden, tieferen Sinngehalt, den es immer neu zu sichern [sic!] gilt […]. Es steht in einer natürlichen [und] dynamischen Beziehung mit seinem Bezeichneten".

39 ähnl. in der Differenzierung: Díez Ripollés (2001), 516.

40 Díez Ripollés (2001), 520 spricht hier von eine „expressiven" Strafrechtfunktion.

41 So bereits die funktionale Sonderung in repressive und deklarative Strafrechtsfunktion bei Merkel (1873), S.7, der freilich die konkret-präventive Risikofunktion des Strafrechts noch nicht erahnte.

42 vgl. Semsch (2009), 298 f.

43 Ein Strafrecht, dem diese teilsemantische Verknüpfung gänzlich fehlt, mit anderen Worten ein Strafrecht, das nur noch repressiv oder nur noch deklarativ wirkt, wäre freilich eine Krisenerscheinung, die zu hinterfragen wäre.

44 So aber Puppe (1999), 475.

45 Merkel (1889), 28 nennt hier öffentlich vollzogene Züchtigungen, Verstümmelungen, Brandmarkungen, die Ausstellung am Pranger, die öffentlich vollzogene Todesstrafe.

schiedliche Adressaten; hierin liegt ein Spezifikum strafrechtlicher Symbolkommunikation. So richtet sich die Strafnorm als solche einerseits als technische Regelung an den Rechtsstab sowie mit ihrem Drohpotential an mögliche Normbrecher (Spezialprävention); andererseits symbolisiert die Norm einen schutzwürdigen Wert (Rechtsgut) und richtet sich damit an den „rechtstreuen Bürger"[46]. Auch anhand des Strafakts lässt sich ähnliches aufzeigen: Die strafrechtliche Grundaussage (repressive Straffunktion) richtet sich an den Delinquenten, der strafrechtlich-symbolische Mehrwert an die Rechts- und Wertegemeinschaft.

Strafrecht gilt nicht zu Unrecht als „Kristallisation von Brauchtum und Sitte".[47] Andernorts ist von der „sittenbildenden Kraft des Strafrechts"[48] oder vom Strafrecht als „moralischer Anstalt"[49] zu lesen. Postuliert wird damit eine große Affinität zwischen Strafrecht und sozialen Werten – gleichgültig, ob man diese nun mit rechtsphilosophischem Beiklang „Moral" oder altertümlich „Sitte" oder eben vielleicht am besten neutral: „soziale Werte" nennt.[50] Das Strafrecht erscheint vor diesem Hintergrund als ein Subsystem normativer Sozialordnung, das gesellschaftliche Werte reflektiert und im Einzelfall auch (weiter-)entwickelt, aber nicht unabhängig von anderen sozialen Werteordnungssystemen gedacht werden kann. Anschlussfähig wird das Strafrecht an deren Diskurse – es wurde bereits gesagt – durch den teilsemantischen Mehrwert seiner symbolischen Kommunikationsakte und seinen contionalen Vollzug. Diskursanlass ist auf einer sozialen Mikroebene ein konkreter Normverstoß, der zugleich aber eine (unter Umständen krisenhafte) Infragestellung von durch die Strafnorm symbolisierten Werten ist.[51] Strafnormen sind so nicht zuletzt als symbolischer Kristallisationspunkt[52] gesellschaftlicher Werte zu sehen, die den Wert sprachlich fassen,[53] damit fixieren und systematisch sowie systemisch diskutierbar machen.[54] Der Strafakt aktualisiert, konkretisiert und präzisiert den Wert, indem es einer Infragestellung eines Wertes, wie er durch den Verstoß gegen die Norm indiziert wird, norm- und wertebestätigend widerspricht[55] oder die Normverletzung zur

---

46   Ähnl. auch Díez Ripollés (2001), 517 f.

47   Eisenberg (2005), 236 m.w.N.

48   Schumann (1989), 4.

49   Baur/Lorenz (2010).

50   So etwa im Tübinger interdisziplinär literaturwissenschaftlich-juristischen Forschungsprojekt „Wertewelten"; zur Benennung des Phänomens vgl. auch Peters (1977), passim, der von „Wertordnung" oder auch „ethischer Grundordnung" spricht.

51   vgl. Stangl (1994), 32.

52   So auch Peters (1977), 79; vgl. auch Díez Ripollés (2001), 518.

53   vgl. Peters (1977), 79.

54   ebs. Peters (1977), 79: „Es gibt gute Gründe dafür, die allgemeinen Wertvorstellungen in konkrete, eng gefasste und genau umschriebene Tatbestände zu überführen."

55   vgl. Schumann (1989), 9 und 12.

kritischen Hinterfragung des Wertes nutzt und diesen damit – öffentlich kritisierbar – modifiziert.[56]

Verhandelt werden im Bereich des Kernstrafrechts gesamtgesellschaftsrelevante Werte, die immer auch Bezüge zur gesellschaftlichen Identität und damit sozialen Integration[57] haben („Integrationsprävention"[58]); außerhalb des Kernstrafrechts – etwa im Wirtschaftsstrafrecht – werden teilgesellschaftsrelevante Werte verhandelt.[59] Problematisch wird es für das Strafrecht immer dann, wenn es mit Werten konfrontiert wird, die seiner eigenen Normsymbolik widersprechen; dann kann das Strafrecht nicht mehr nur einfach die Verletzung der Norm als Indiz für die Verletzung des symbolisierten Wertes heranziehen und durch den Strafakt Normgeltung und zugleich den symbolisierten Wert affirmieren,[60] sondern sieht sich selbst und seine symbolische Wertepräsentation in Frage gestellt. Faktisch bedeutet dies einen erhöhten Verarbeitungsaufwand bei synchronen und diachronen Wertekonflikten,[61] der meist auch in besonderer Weise die außerstrafrechtliche Diskussion ermöglicht:[62] Strafrecht ist so nicht nur ein für Massengesellschaften „notwendiges Bindemittel"[63], sondern die Normaktualisierung gibt zudem Anlass „zu fruchtbaren sozialen Auseinandersetzungen […] [der] so eine soziale Entwicklung ermöglicht."[64]

Dem Strafrecht geht es in der Hauptsache um Stabilisierung seiner Normen und damit auch um Stabilisierung von Werten. So ist das Strafrecht nicht umsonst an seine schriftlich fixierte Textgrundlage – eben das Strafgesetz – strikter gebunden als jedes andere Rechtsgebiet. Was die Aktualisierung und Präzisierung von Normen und Werten anbelangt, liegt dem Strafrecht Affirmation also schon textstrukturell näher als Innovation. Durch den Strafakt wird die Norm, aber eben auch der durch die Norm symbolisierte Wert in der Regel einfach nur in seiner Weitergeltung trotz Verstoßes bestätigt. Das Strafrecht demonstriert im

---

56 Ähnl. Koriath (2004), 50.
57 Vgl. Kunz (2004), 74.
58 Vgl. hierzu die umfangreiche Untersuchung von Müller-Tuckfeld (1998).
59 Verstärkt wird auch unmittelbar die Erwünschtheit bestimmter Verhaltensweisen diskutiert, was das Strafrecht aber überlastet und seiner genuinen Wirkungsweise nicht gerecht wird; hier ist Kritik durchaus am Platze.
60 Schumann (1989), 9 und 12.
61 Vgl. Baur/Wolf (2012); vgl. Koriath (2004), 54, der von Problemen beim „Konkurrieren zweier Weltentwürfe" (dem des Strafrechts und dem des konkurrierenden sozialen Wertesystems) spricht. Im besten Sinne kollidieren hier „Wertewelten".
62 Man denke an die ausführliche mediale Berichterstattung zu den Ehrenmordurteilen.
63 Kunz (2004), 74.
64 Kunz (2004), 74; vgl. auch Díez Ripollés (2001), 519 f.: „In Anlehnung an eine in den Sozialwissenschaften verbreitete Ansicht gehe ich davon aus, dass jede gesetzgeberische Maßnahme (und im weiteren Sinn auch jede richterliche oder Vollstreckungsmaßnahme) instrumentelle, expressive [sc. symbolische] und integrative Ziele bzw. Funktionen enthalten kann."

Strafakt Norm und symbolisierten Wert, vergewissert sich selbst der Normgeltung im Binnendiskurs und vergewissert zugleich symbolisch die sozialen Wertesysteme seiner Umwelt der Wertegeltung.[65] Die aktive Neuausrichtung und Neugestaltung von Werten fällt dem Strafrecht hingegen schwer und liegt außerhalb seines genuinen Wirkpotentials.[66] Besonders im Grenzbereich der Wertegeltung neigt daher das Strafrecht zu besonders harscher Reaktion. So konstatiert Merkel bereits 1889: „Wo dagegen eine starke, auf sicheren Grundlagen ruhende Gewalt in stetiger Wirksamkeit staatliche Aufgaben erfüllt, da mindert sich die Bedeutung des einzelnen Straffalles; es entfällt das Bedürfnis, die Macht der Gesetze [, die sich aus der Gültigkeit der affinen, symbolisierten Werte speist und umgekehrt,] jedes Mal der Menge in möglichst aufregender Weise und handgreiflicher Weise zu demonstrieren."[67]

Der Zusammenhang zwischen Strafrecht, sozialen Werten und Identität ist bislang kaum reflektiert, doch immer wieder behauptet: Strafrecht und Strafe erscheinen als notwendiges und „konstitutives Element der Vergesellschaftung"[68], das integrativ und identitätsstiftend durch die Sicherung der dem Strafrecht und der Gesellschaft zugrunde liegende Wertebasis wirkt.[69] Dennoch scheint ein Zusammenhang ganz zu Recht vermutet zu werden, was sich bei kulturübergreifenden Strafrechtsvorhaben auch zeigt: „Große Teile des Strafrechts sind kulturell gebunden. In diesen Bereichen wird das Strafrecht weiterhin als Ausdruck nationaler Souveränität und Tradition sowie gewachsenen Wertebewusstseins verstanden, seine Angleichung an andere Standards dementsprechend als Verlust eigener Identität erlebt."[70] Die Werte des Kernstrafrechts sind solche, die fundamental für eine Gesellschaft sind und dementsprechend hohes soziales Integrationspotential haben.

Solche wertbasierte Integration ist dabei nicht ausschließlich eine vernunftsbetonte und rationale Angelegenheit,[71] sondern kommt ohne Emotion nicht aus. „Vernunft allein ist keine Garantie sozialen Zusammenhalts kraft einheitsstiftender Verbundenheit."[72] Emotion ist dem Strafrecht – bei aller betonter Rationalität

---

65 Man fühlt sich hier an die dritte klassisch-rhetorische Gattung (Epideiktik, genus demonstrativum) erinnert, der es ebenfalls um das Vorzeigen und Vergewissern gemeinschaftsstiftender Grundwerte geht, vgl. Arist. Rhet. I, 1358b.

66 Ähnl., aber weniger kritisch: Díez Ripollés (2001), 518f.

67 Merkel (1889), 29.

68 Kunz (2004), 74.

69 Ähnl. Kunz (2004), 74.

70 Harro (2009), 52.

71 So schon Arist. Rhet. I, 1358b sowie passim; vgl. für das Strafrecht Díez Ripollés (2001), 531.

72 Harro (2009), 65.

– aber auch nicht fremd:[73] „Die Strafe ist ursprünglich nicht ein Produkt der Überlegung. Nicht dem Haupte ist sie entstiegen, sondern dem Sitz der Leidenschaften."[74] Schon deswegen muss jede rein rationale, „kriminologisch durchforschte" Kriminalpolitik zwangsläufig an ihre Grenzen stoßen.[75] Auch der Strafakt selbst kann nicht frei sein von emotionalen Teilaspekten und muss den „Gefühlshaushalt der Gemeinschaft wieder ins Lot [...] bringen"[76], und sei es durch „schauspielhaft"[77] grausam vollzogene öffentliche Strafen, die den Rechtsfrieden und ein öffentliches Vergeltungsbedürfnis befriedigen und zumindest aus der Geschichte des Strafrechts nur zu gut bekannt sind.[78]

Zusammenfassend lässt sich folgendes Prozessmodell skizzieren: Durch den Verstoß gegen die Strafnorm werden symbolisch in der Strafnorm repräsentierte Werte in Frage gestellt. Das Strafrecht reagiert darauf, indem es durch den Strafakt die Gültigkeit der Strafnorm bestätigt (Binnendiskurs) und dabei zugleich umgebende soziale Wertediskurssysteme der Gültigkeit des symbolisierten Wertes vergewissert. Die aktualisierten, bestätigten und dadurch stabilisierten Werte stiften soziale Identität und schaffen hierüber Sozialkohäsion.[79]

Der strafrechtliche Wertediskurs ist sich dabei seiner sozialen Funktion bewusst und erfüllt diese gezielt (strategisch). So führt das Strafrecht zwar insbesondere bei synchronen oder diachronen Kulturkonflikten einen Dialog, vertritt dabei aber immer im systemtranszendierenden Diskurs mit dem sozialen Wertesystem seiner Umwelt eine eindeutige Position, von der es überzeugen möchte (Persuasion): „Denn wenn dieses Verhältnis [erg.: des kulturell gebundenen Strafrechts zu den Wertvorstellungen anderer Kulturen] nicht nur vordergründig oberflächlich bleibt, führt es zurück zur Auseinandersetzung mit der eigenen Kultur und zur Begründung sowie zum Bewusstsein kultureller Verantwortung. Es begründet damit die Voraussetzung für den interkulturellen Dialog, denn wer ethische Maßstäbe, Grundsätze und Haltungen begründen und vermitteln will, muss eine eigene Position haben, für die er eintritt und die er zur Diskussion stellt".[80] Selbst wenn es fraglich bleibt, ob zwingend eine eigene Position vertre-

---

73 Vgl. auch Díez Ripollés (2001), 519 m.w.N.: „Die symbolischen Wirkungen [sind] dagegen mit dem Ziel oder der Funktion verknüpft, der Gesellschaft gewisse Wertinhalte zu vermitteln; sie [sind] darauf gerichtet, auf Emotionen [sic!] oder geistige Vorstellungen im Denken und Bewusstsein der Gesellschaft Einfluss zu nehmen."

74 Merkel (1873), 14

75 Das gilt auch und gerade dann, wenn sich „irrationale Kriminalpolitik" den fehl gehenden Vorwurf des rein symbolischen Politikhandelns gefallen lassen muss

76 Kunz, (2004), 81, der kritisch weiter anmerkt, dass dies durch eine „symbolische Kraft" erreicht werde, die „auf Knochen von Menschen erarbeitet" wird.

77 Vgl. Baur/Lorenz (2010).

78 Vgl. Merkel (1889), 29 zur Funktion der öffentlich vollzogenen Todesstrafe.

79 Vgl. zum Ganzen: Koriath (2004), 50.

80 Harro (2009), 68.

ten werden muss, um sinnvoll in den Dialog einzutreten, ist das Vertreten einer eigenen Position mit persuasiver Intention für das Strafrecht unumgehbar, möchte es seine soziale Funktion erfüllen. Dem Strafrecht werden – für persuasive Prozesse typisch – Orientierungsleistungen[81] abverlangt, nämlich dergestalt, dass eine bestimmte Norm und der in ihr symbolisierte Wert trotz Normverstoß weiterhin gelten und als Verhaltensorientierung innerhalb der Rechts- und Wertegemeinschaft Gültigkeit besitzen.[82] Das Strafrecht intendiert dabei dreifache Persuasion: Zunächst gilt es von der Weitergeltung der verletzten Norm zu überzeugen und gleichzeitig zweitens von der Gültigkeit des symbolisierten Wertes (axiomative Persuasionsleistung); beide Persuasionsleistungen sind kein Selbstzweck, sondern münden drittens – der eigentlichen Strafrechtsfunktion entsprechend – in einer emotiven Persuasionsleistung, die ausgehend von einem geschaffenen Wertekonsens identitätsstiftend und sozial integrativ wirken möchte.[83]

Diese dreifache Persuasionsleistung ist für das Strafrecht geradezu überlebenswichtig. Es sichert durch die Bestätigung der verletzten Norm nicht nur sein eigenes systeminternes Fortbestehen, sondern durch die Bestätigung des symbolisierten Wertes sichert es zugleich seine eigenen Wirkungsgrundlagen: Mit dem Strafakt bestätigt das Strafrecht nicht nur die Gültigkeit der Norm trotz Normbruchs und sichert damit sich selbst, sondern es affirmiert durch seine Werteaffinität zugleich die Werte, deren Kristallisationspunkt die Strafnorm ist und stabilisiert damit nicht nur das Wertesystem und dessen integrative Wirkungen, sondern vor allem auch sich selbst.[84]

Kritisch wird dieser in der Hauptsache systatisierende Persuasionserfolg immer dann, wenn entweder der symbolisierte Wert für das soziale Wertesystem seine integrative Eindeutigkeit verloren hat – das Strafrecht muss dann entweder besonders harsch die Gültigkeit des Wertes postulieren oder aber sich reaktiv dem geänderten Wertesystem anpassen und entpoenalisieren[85] – oder wenn mit der Tat selbst ein persuasiver, symbolkommunikativer Mehrwert verbunden ist. Letzteres ist regelmäßig bei Gewissens- und Überzeugungstätern der Fall,[86] auf

---

81   Vgl. Knape (2003a), 874 ff.
82   Ähnl. Puppe (1999), 476.
83   Vgl. Puppe (1999), 475 f. und Harro (2009), 65 f.
84   In Ansätzen: Koriath (2004), 50.
85   De lege lata oder de lege ferenda bzw. gewohnheitsrechtlich derogieren; vgl. Baur (2012a); vgl. auch Díez Ripollés (2001), 530: „Die soziopersonalen, expressiv-integrativen [sc. symbolkommunikativen] Wirkungen der Strafe sind nicht aufgrund ihrer Beschaffenheit illegitim, sondern nur dann, wenn sie nicht den kriminalpolitischen Entscheidungen entsprechen, welche die Grundlage der Strafe bilden.“
86   Vgl. Rawls (1977), 165 ff. zum zivilen Ungehorsam, der dann zu rechtfertigen ist, wenn er symbolkommunikativen Mehrwert hat („Ziviler Ungehorsam als Form öffentlicher Rede“).

die das Strafrecht zumeist mit aller Härte reagiert und reagieren muss, sieht es sich doch mit einem konkurrierenden, gegenläufigen Persuasionsprozess konfrontiert.[87]

Eine grundlegende Funktionslogik des Strafrechts besteht darin, dass dessen Normen dann „erfolgreich" sind, wenn sie nicht angewendet werden. Implementierungsdefizite stören das Strafrecht wenig, vielmehr tun dies Situationen, die die Anwendung der Strafnorm notwendig machen, weil sie die Strafnorm in Frage stellen und eine affirmierend-persuasive Gegenreaktion erfordern. Dies gilt in vergleichbarem Maße für Normen anderer Rechtsgebiete weitaus weniger: Zivilrechtliche Ansprüche, die keiner nutzt sind „totes Recht".[88] „Strafansprüche" haben hingegen symbolkommunikativen Mehrwert und wirken daher auch und gerade dann, wenn sie nicht angewendet werden (müssen). Dies zeigt sich beispielsweise im Umweltstrafrecht mit all seinen Implementierungs- und sogar Vollzugsdefiziten. Das Strafrecht hat hier soziale Werte „kristallisiert", festgeschrieben und stabilisiert und – auch ohne übermäßige Normanwendung[89] an mancher Stelle diese Werte „mitdiskutiert" und weiterentwickelt.[90]

Kritisch und üblich für das Strafrecht ist mithin die gezielte Normaffirmation. Diese Affirmation erfolgt über den konkreten Strafakt. Persuasionsentscheidend ist dabei das mit der Strafe einhergehende öffentliche sozial-ethische Unwerturteil, aber auch die mit der Strafe verbundene Zufügung eines Strafübels: Konsequenzlos-fiktionale Rituale der Selbstvergewisserung hätten keinen vergleichbar affirmierenden Effekt,[91] da die Ernsthaftigkeit der Normverteidigung so kaum öffentlich glaubhaft und überzeugend kommuniziert werden könnte.

Das Strafrecht interagiert und konkurriert mit anderen sozialen Diskurssystemen. In seinem Handeln muss das Strafrecht seine Persuasionspotentiale kalkulieren und antizipieren und dafür sich mit den teilweise rasch verändernden Werten seiner Umwelt auseinandersetzen. Ein Strafrecht, das permanent am Werteempfinden seiner Umwelt vorbei entschiede, büßte sein persuasives Wirkpotential ein und verlöre so seine sukzessive soziale Relevanz und seine soziale Funktion. Die „Unverbrüchlichkeit"[92] der Strafnorm kann außerhalb des strafrechtlichen Binnendiskurses nur dann persuasiv erfolgreich kommuniziert werden,

---

87 Vgl. auch Merkel (1889), 29.
88 Man denke nur an das deutsche Allgemeine Gleichstellungsgesetz (AGG), das zwar mit seiner strafrechtsähnlichen Regelungstechnik (Sanktionierung von Diskriminierungen, Rechtfertigung der Diskriminierung im Einzelfall) durchaus konkrete Verhaltensänderungen herbeiführen kann, jedoch m Vergleich zum Strafrecht kaum auf andere soziale Wertediskurssysteme übergreift: Es fehlt am symbolkommunikativen Mehrwert.
89 Dies legen auch die aktuellen Daten der bundesdeutschen PKS 2009 wieder einmal nahe.
90 Vgl. Kunz (2004), 74; insofern scheint die Kritik von Prittwitz (1999), 196 fehl zu gehen.
91 Ebs. Puppe (1999), 477.
92 Vgl. hierzu vertiefend: Puppe (1999), 470.

wenn der symbolisierte Wert noch zumindest in Ansätzen gültig ist. Das Strafrecht muss – will es seine Persuasionsfähigkeit nicht einbüßen – sich demgemäß ständig mit sich wandelnden sozialen Wertesystemen seiner Umwelt abgleichen und sich dabei strategisch überlegen, ob es sich in seinen Entscheidungen diesem reaktiv anpasst,[93] oder ob es seinerseits versucht, Werte proaktiv an sich selbst anzupassen. Letzteres ist ein gewagtes Unterfangen, liegt dem Strafrecht doch konservierende Normbestätigung funktionell näher als Werteentwicklung:[94] Strafrecht und vor allem der konkrete Strafakt kommunizieren die „unveränderte Wirklichkeit der Gesellschaft, also die unveränderte [kohäsive] normative Wirklichkeit"[95] und üben die Anerkenntnis bestehender Werte ein (Systase); Metabolie, also die Erzeugung persuasiver Wechsel[96] oder auch nur die Bestätigung eines mittlerweile brüchigen Wertes, konfrontieren das Strafrecht mit Aufgaben, die das Strafrecht schnell überfordern und für die weniger formalisierte und im besten Sinne „kreative" soziale Wertediskurssysteme tauglicher sind.[97] Beachtet das Strafrecht die außerstrafrechtlichen Wertediskurse nicht oder bezieht diese nicht in sein Handeln ein, kommt es zwangsläufig zum diachronen oder synchronen „*cultural lag*",[98] mit der Folge dass das Strafrecht und seine Funktionen immer dann bedroht sieht, „wenn sich empirisch erweist, daß Strafen in der Bevölkerung einen erwartungswidrig geringen Stellenwert haben."[99]

Die Wirkungsmechanismen und insbesondere medialen Wirkungswege des Strafrechts sind komplex. Ist der strafrechtliche Binnendiskurs noch recht einfach zu fassen (axiomative Gesetzgebung, instruktive Strafverhängung durch Gerichte, evaluative Kritik durch die Rechtswissenschaft[100]), sind Wirkungsmechanismen und Kommunikationsmedien im systemtranszendierenden Dialog des Strafrechts mit normativen Wertesystemen seiner Umwelt komplex. Die massenmediale Berichterstattung über das Strafrecht und seinen Binnendiskurs spielt hier eine entscheidende Rolle:[101] „Vergleicht man diese Form der Öffentlichkeit mit der unmittelbaren in indigenen Gesellschaften, wird man vermuten müssen, dass eine Kontrolle von Regelverletzungen zur Stabilisierung der Norm nur stattfinden kann, wenn die Medien, insbesondere die Presse, über den Regelbruch informieren und die Rechtsadressaten darauf reagieren."[102] Theorien und For-

---

93 Merkel (1873), 9 umschreibt dies damit, dass manche Delikte „in der strafrechtlichen Schätzung wesentlich herabgesunken" sind.
94 Kunz (1999), 74.
95 Koriath (1999), 59.
96 Vgl. Knape (2003a), 874.
97 Etwa die Literatur, vgl. hierzu Baur/Lorenz (2012).
98 Vgl. Sessar (1992), 60.
99 Sessar (1992), 62.
100 Ebs. Baur (2012b).
101 Ebs. Díez Ripollés (2001), 516.
102 Rolinski (2004), 114.

schungsmethoden der Medienwirksamkeitsforschung[103] wären hier auch für das Strafrecht verstärkt fruchtbar zu machen.

Das Strafrecht kommuniziert dabei sowohl über seine Strafnormen, auch wenn sie unangewendet bleiben,[104] insbesondere aber auch über die öffentliche Normanwendung.[105] Der Strafakt, mit dem Norm und der in ihr symbolisierte Wert trotz Verletzung in ihrer sozialen Verbindlichkeit bestätigt werden, ist dreifach adressiert und verweist – ebenso wie die (unangewendete) Strafnorm – symboltypisch über sich hinaus. Symbolisch wird durch die Strafe der Normbrecher (und im Falle der Freiheitsstrafe auch realiter) exkludiert, zeitgleich das Opfer des Normbrechers „resozialisierend"[106] symbolisch inkludiert. Aus diesem Spannungsfeld von symbolischer Exklusion und symbolischer Inklusion ergibt sich der dritte contionale Kommunikationsakt, der sich an die Rechts- und Wertegemeinschaft richtet und integrativ und kohäsiv wirken soll.[107] Dieser dritte Kommunikationsakt konstituiert zugleich die makrosoziale Komponente eines jeden individuellen Konflikts: „Die Gesamtheit macht die Sache des Verletzten zur ihrigen, und solcher Parteinahme gegenüber ändert sich der Charakter der Übeltat selbst [...] [D]ie Verknüpfung der Interessen und die Ausbildung von Gefühlen der Solidarität innerhalb der Volksgemeinde bleibt an diesem Punkte nicht stehen; in fortschreitender Weise gestaltet jene sich zu einer Interessen und Lebensgemeinschaft, in welcher gegen einzelne gerichtete Übeltaten als ein Unrecht gegen das Ganze empfunden werden."[108]

IV.

Aus den Ausführungen lassen sich fünf Thesen zu Funktion und Wirkungsweise des Strafrechts zusammenfassend ableiten, die zur Diskussion gestellt werden sollen:

- These 1: Ausgehend von Theorien positiver Generalprävention kann das Strafrecht theoretisch als ein contionales, formalisiertes und symbolisches Sozialdiskurssystem gefasst werden.
- These 2: Das Strafrecht ist ein werteaffines Recht; das Strafrecht befasst sich in seiner symbolischen Wirkungsdimension vorrangig mit sozialgesellschaft-

---

103   vgl. etwa die grundlegenden Forschungsergebnisse von Schulz (1992).
104   Im besten Sinne: „Symbolische Strafgesetze", vgl. Hassemer (1989).
105   ähnl. Díez Ripollés (2001), 518.
106   vgl. Hassemer/Reemtsma (2002), passim.
107   vgl. in Ansätzen: Koriath (2004), 52 und 54.
108   Merkel (1889), 23.

lichen Werten. Das Strafrecht ermöglicht dabei eine emotional-integrative Verpflichtung auf (gemeinsame mehrheitskulturell gültige) Werte und bietet dadurch ein besonderes soziales Integrationspotential.

- These 3: Die Diskurse des Strafrechts sind strategisch und persuasiv orientiert; Ziel des strafrechtlichen Diskurses ist Persuasion, das heißt die systatisierende Verpflichtung auf bestehende Normen und Werte oder auch – im Einzelfall – die Erzeugung von Verhaltenswechseln und Einstellungsänderungen (Metabolie).

- These 4: Wegen seiner Spezifika ist das Strafrecht für symbolkommunikative, makrosoziale Persuasionsprozesse besonders geeignet und bietet etwa gegenüber dem Zivilrecht Vorteile. Dabei muss das Strafrecht bei seiner spezifischen Wirkungsweise seine funktionsimmanenten Grenzen beachten, da es sonst sein Leistungspotential als werteverhandelndes und integrationsstiftendes Kommunikationsmedium auf Dauer gefährdet.

- These 5: Die persuasiven Wirkungsmechanismen und Kommunikationsmedien des Strafrechts sind komplex; eine zentrale Rolle bei den persuasiven Wirkungsmechanismen spielt dabei ein dreifach adressierter Strafakt, bei den Kommunikationsmedien die massenmediale Berichterstattung über Strafen und Strafrecht. Das Strafrecht steht dabei in einem ständigen systemtranszendierenden und abgleichenden Dialog mit sozialen Wertediskurssystemen seiner Umwelt.

V.

Wie soll nun das Strafrecht ausgehend von den vorangegangenen Überlegungen auf „*cultural lags*“, also diachrone und synchrone Wertekonflikte reagieren? Im Falle der Euthanasieurteile konnte das Strafrecht wohl wenig richtig machen. Systembrüche und radikale Änderungen der Werteordnung überfordern das Strafrecht und seine reaktiven Anpassungsleistungen. Bei der Aburteilung konnte es so allenfalls um einen symbolischen Akt gehen, der nicht bestehende Werte affirmiert, sondern als falsch erkannte Werte der Vergangenheit aburteilt und damit einen Neuanfang samt Abkehr von überkommenen Werten markiert. Das harte Urteil des LG Freiburg oder auch des LG Frankfurt war in dieser Hinsicht sicherlich tauglicher und im besten Sinne: überzeugender. Dennoch zeigt sich bis heute in – wenn auch nur strukturell und nicht im Ausmaß unmenschlichen Unrechts – vergleichbaren historischen Situationen, wie überfordert das Strafrecht in solchen Situationen ist.[109] Hier ist Platz für Alternativen zum Strafrecht. Das

---

109 Vgl. zu den Mauerschützenprozessen etwa Papier/Möller (1999) sowie allgemein zum Thema Vergangenheitsbewältigung: Wertgen (2001).

Strafrecht kann seine sozialen Funktionen kaum noch, und wenn dann doch nur unbefriedigend erfüllen. Dem Strafrecht als wertaffinem Recht können nur schwer urplötzlich andere Werte „untergeschoben" werden. Außerhalb einer politischen Normallage, die Werteevolution kennt, nicht aber traumatische Werterevolutionen, kann das Strafrecht kaum etwas richtig machen.

Anders ist das bei synchronen Wertekonflikten. Das Strafrecht ist hier geradezu in seinem Element. Persuasive Verpflichtung – auch von Teilgruppen – auf als gemeinsam erkannte und deswegen integrative Werte ist ureigenste Aufgabe und Funktion des Strafrechts. Je extremer die Abweichung paralleler Werte und je stärker die Infragestellung strafrechtlicher Norm und symbolisierten Wertes, desto entschiedener und entschlossener muss die Reaktion des Strafrechts ausfallen – sofern es nicht sukzessive neuen Werten Raum geben möchte. Ehrenmorde stellen gesellschaftliche Werte besonders in Frage, weil mit ihnen – typisch für eine Gewissenstat – symbolkommunikativer Mehrwert verbunden ist. Dieser symbolkommunikative Mehrwert, mit dem der BGH 1979 noch gelassen umging, scheint in der wertepluralen Gesellschaft dieser Tage ungleich subversiver. Umso entschiedener muss die Reaktion des Strafrechts sein: Eine Enkulturationsbereitschaft erwartet der BGH 1979 nicht, 2005 schon.[110] Die harte Bestrafung des Ehrenmords in der aktuellen Rechtsprechung des BGH scheint vor diesem Hintergrund nur folgerichtig. Ob eine „Abmilderung" der symbolkommunikativen Verurteilung zu Mord durch eine Heranziehung von § 17 StGB sinnvoll wäre, kann durchaus erwogen werden.[111] Dem individuellen Wertesystem des Normbrechers, das dem der Mehrheitsgesellschaft widerspricht, könnte so bei höchster Missbilligung der Tat in Grenzen Rechnung getragen werden.

„Man wird sagen können, dass die Zusammenhänge zwischen Strafrecht und Stabilisierung bzw. Änderung von moralischen Überzeugungen im Grunde bis heute unerforscht geblieben sind."[112] Daran hat sich leider wenig geändert – und das obwohl sich mehr und mehr strafrechtliche Entwicklungen abzeichnen, die entsprechende theoretische Überlegungen[113] und kriminologische Forschungen[114] einfordern, sei es im Bereich des nationalen Strafrechts oder mehr und mehr

---

110 Ähnl. Harro (2009), 59.
111 So etwa Valerius (2008).
112 Schumann (1989), 26.
113 So muss der Zusammenhang von Kultur, sozialer Identität und Verhaltenssteuerung durch (Straf-)Recht bis heute als weitestgehend unreflektiert gelten.
114 Zu denken wäre etwa an eine systematische Erforschung von kulturbedingten Differenzierungen in der Strafzumessung und die qualitative Erforschung von (ggf. general- bzw. spezialpräventiven) Begründungen für diese Unterscheidungen.

auch im Bereich des internationalen Strafrechts.[115] Der vorliegende Beitrag hofft, zumindest das aufgezeigt zu haben.

Literatur

Baur, A.: Iustum (Gerechtigkeit). In: Historisches Wörterbuch der Rhetorik. Hrsg. v. G. Ueding. Ergänzungsband. Tübingen 2012 (zu Veröffentlichung angenommenes Manuskript); zitiert: Baur (2012a).

Baur, A.: Rechtsrhetorik. Berlin 2012 (in Vorbereitung); zitiert: Baur (2012b)

Baur, A./ Lorenz, A.-K.: Werteästhetiken. Auf Abweichkurs in Literatur und Recht. In: Szene und Tribunal. Hrsg. v. H.-S. Assmann und J. Wertheimer. Baden-Baden 2011.

Baur, A./ Wolf, S.: Informalisierung und Flexibilisierung als Gefahr und Herausforderung für das Recht und die Rechtsausbildung. In: Rhetorik und Ausbildung. Hrsg. v. J. Knape. Berlin 2010 (im Erscheinen).

Baur, A./ Wolf, S.: Beweislast. In: Historisches Wörterbuch der Rhetorik. Hrsg. v. G. Ueding. Ergänzungsband. Tübingen 2012 (zur Veröffentlichung angenommenes Manuskript).

Binding, K./ Hoche, A.: Die Freigabe der Vernichtung lebensunwerten Lebens. Ihr Maß und ihre Form. Leipzig 1920.

Díez Ripollés, J. L.: Symbolisches Strafrecht und die Wirkungen der Strafe. In: ZStW 2001, 516 ff.

Eichmüller, A.: Die Strafverfolgung von NS-Verbrechen durch westdeutsche Justizbehörden seit 1945. Eine Zahlenbilanz. In: Vierteljahresschrift für Zeitgeschichte 2008, 621 ff.

Hassemer, W.: Symbolisches Strafrecht und Rechtsgüterschutz. In: NStZ 1989, 553ff.

Hassemer, W.: Einführung in die Grundlagen des Strafrechts. München 1990.

Hassemer, W./ Reemtsma, J. Ph.: Verbrechensopfer. Gesetz und Gerechtigkeit. München 2002.

Harro, O.: Zur Problematik eines interkulturellen Strafrechts. In: Vergleichende Strafrechtswissenschaft. Frankfurter Festschrift für Andrej J. Szwarc zum 70. Geburtstag. Hrsg. v. J. C. Joerden u.a. Berlin 2009, S. 53 ff.

Kinzig, J.: Der Grafeneck-Prozess vor dem Landgericht Tübingen – Anmerkungen aus strafrechtlicher Sicht. In: 50 Jahre Grafeneckprozess. Hrsg. v. J. Kinzig und Th. Stöckle. Zweifalten 2010 (im Erscheinen).

Knape, J.: Persuasion. In: In: Historisches Wörterbuch der Rhetorik. Hrsg. v. G. Ueding. Band VI. Tübingen 2003, Sp. 874 ff.; zitiert Knape (2003a).

Knape, J.: Rede2, Redegattungen. In: Reallexikon der deutschen Literaturwissenschaft, hrsg. v. J.D. Müller, Band III, Berlin und New York 2003, S. 233 ff.; zitiert: Knape (2003b).

Koriath, H.: Zum Streit um die positive Generalprävention – Eine Skizze. In: Muss Strafe sein? Kolloquium zum 60. Geburtstag von Herrn Professor Dr. Dr. h.c. Heike Jung. Hrsg. v. H. Radtke u.a. Baden-Baden 2004, S. 49ff.

---

115 vgl. Sloane (2007); für den wertvollen Literaturhinweis danke ich meinem Kollegen Mayeul Hiéramente vom Max-Planck-Institut für Internationales Strafrecht in Freiburg/Br.

Kunz, K.-L.: Muss Strafe wirklich sein? Einige Überlegungen zur Beantwortbarkeit der Frage und zu den Konsequenzen daraus. In: Muss Strafe sein? Kolloquium zum 60. Geburtstag von Herrn Professor Dr. Dr. h.c. Heike Jung. Hrsg. v. H. Radtke u.a. Baden-Baden 2004, S. 71ff.

Merkel, A.: Über Akkresenz und Dekresenz des Strafrechts und deren Bedingungen. Frankfurt am Main 1873.

Merkel, A.: Über den Zusammenhang zwischen der Entwicklung des Strafrechts und der Gesamtentwicklung der öffentlichen Zustände und des geistigen Lebens der Völker. Frankfurt am Main 1889.

Müller-Tuckfeld, J.-Chr.: Integrationsprävention. Studien zu einer Theorie der gesellschaftlichen Funktion des Strafrechts. Frankfurt a.M. u.a. 1998.

Papier, H.-J./ Möller, J.: Die rechtsstaatliche Bewältigung von Regime-Unrecht nach 1945 und nach 1989. In: NJW 1999, S. 3289 ff.

Peters, K.: Die ethischen Grundlagen des Strafprozesses. In: Kultur – Kriminalität – Strafrecht. Festschrift für Thomas Würtenberger. Hrsg. v. R. Herren u.a. Berlin 1977, S. 77 ff.

Prittwitz, C.: Strafrecht und Risiko. In: Rechtliches Risikomanagement. Form, Funktion und Leistungsfähigkeit des Rechts in der Risikogesellschaft. Hrsg. v. A. Bora. Berlin 1999, S. 193 ff.

Puppe, I.: Strafrecht als Kommunikation. Leistungen eines neuen Paradigmas der Strafrechtsdogmatik. In: Festschrift für Gerald Grünwald. Hrsg. v. E. Samson u.a. Baden-Baden 1999, S. 469 ff.

Raiser, Th.: Grundlagen der Rechtssoziologie. Tübingen 2007.

Rawls, J.: Gerechtigkeit als Fairness. Hrsg. v. O. Höffe. Übersetzt v. J. Schulte. München 1977.

Rolinski, K.: Vom Strafen und von Strafe in indigenen und „modernen" Gesellschaften. In: Muss Strafe sein? Kolloquium zum 60. Geburtstag von Herrn Professor Dr. Dr. h.c. Heike Jung. Hrsg. v. H. Radtke u.a. Baden-Baden 2004, S. 101 ff.

Schulz, W. (Hrsg.): Medienwirkungen : Einflüsse von Presse, Radio und Fernsehen auf Individuum und Gesellschaft; Untersuchungen im Schwerpunktprogramm „Publizistische Medienwirkungen"; Forschungsbericht. Weinheim (1992).

Schumann, K. F.: Positive Generalprävention. Ergebnisse und Chancen der Forschung. Heidelberg 1989.

Semsch, K.: Symbol. In: Historisches Wörterbuch der Rhetorik. Hrsg. v. G. Ueding. Band IX. Tübingen 2009, Sp. 298ff.

Sessar, K.: Strafe und Kultur – ein Widerspruch? Skizzen mit und ohne Luhmann'sche Systemtheorie. In: Entwicklungsperspektiven von Kriminalität und Strafrecht. Festschrift für John Lekschas. Hrsg. v. U. Ewald u.a. Berlin 1992, S. 57 ff.

Sloane, R. D.: The expressive capacity of international punishment: The limits of national law analogy and the potential of international criminal law. In: Stanford Journal of International Law 2007, S. 39 ff.

Stangl, W.: Wege aus dem Strafrecht. Thesen zur Kultur der Kriminalisierung, Überlegungen zur Entkriminalisierung sowie andere Wege aus dem Strafrecht. In: Neue Kriminalpolitik 1994, S. 37 ff.

Valerius, B.: Der sogenannte Ehrenmord: Abweichende kulturelle Wertvorstellungen als niedere Beweggründe? In: JZ 2008, S. 912ff.

Wertgen, W.: Vergangenheitsbewältigung, Interpretation und Verantwortung. Ein ethischer Beitrag zu ihrer theoretischen Grundlegung. Paderborn 2001.

„Man war nicht mehr auf dem Gebiet des ‚Schuldig – Unschuldig'": Die Fiktion der Gerechtigkeit in Literatur und Recht

Elisabeth Kraus, Universität Tübingen

„Dasz recht und poesie miteinander aus einem bette aufgestanden waren, hält nicht schwer zu glauben."[1] Dieser Satz von Jakob Grimm zeigt die lange, vielleicht ursprüngliche Verbindung zwischen beiden Disziplinen. Literatur und Recht sind einander ähnlich. Beide sind Geisteswissenschaften, beide bedienen sich des Mediums Sprache, im Zentrum beider Wissenschaften stehen soziale Zusammenhänge und Sozialsysteme. Doch sie verfolgen unterschiedliche Ziele. Wo die Jurisprudenz auf Eindeutigkeit und Entscheidbarkeit zielt, dies im Sinne einer einheitlichen Rechtsanwendung sogar tun muss, stellt die Literatur Fragen, verhandelt ein Problem aus verschiedenen Perspektiven, relativiert scheinbar eindeutige Zusammenhänge und ist immer eine ‚Einzelfallentscheidung', die für jeden ‚Fall' seine eigenen, ‚gerechten' Regeln schafft. Die Rechtswissenschaft steht im Gegensatz zum Spektrum der möglichen Bedeutungen und Sinnhaftigkeiten, die die Literatur eröffnet, unter einem regelrechten Entscheidungszwang. Kein Fall, ob ein zivilrechtlicher Streit, ein öffentlich-rechtliches Verfahren oder ein Strafprozess, darf unentschieden bleiben. Wo eine faire Lösung unmöglich scheint, muss eine annähernd faire, zumindest doch vertretbare, gefunden werden. Das Recht hat die Aufgabe, unter eine zählbare Menge an Gesetzen die unendliche Vielfalt der Realität zu subsumieren, um ein geordnetes und organisiertes soziales Leben zu ermöglichen. Im Sinne der Gerechtigkeit muss in der Regel sogar vereinfacht und schematisiert werden. Wenn für alle Menschen die gleichen Regeln gelten sollen, weil vor dem Gesetz alle gleich sind, dann müssen die Regeln auch auf einen jeden passen.

Eine in der Rechtsanwendung und von Rechtspraktikern zumeist unbeantwortet bleibende, manchmal auch nicht gestellte Frage, ist die nach dem Anteil der Fiktion in der juristischen Tatsachenerfassung[2]: Sachverhalte, Verfahrensabläufe,

---

1   Jakob Grimm: Von der Poesie im Recht. Darmstadt 1957, S. 8.
2   Jörg Schönert: Zur Einführung in den Gegenstandsbereich und zum interdisziplinären Vorgehen. In: Erzählte Kriminalität. Zur Typologie und Funktion von narrativen Darstellungen in Strafrechtspflege, Publizistik und Literatur zwischen 1770 und 1920. Hrsg. v. Jörg Schönert. Tübingen 1991 (= Studien und Texte zur Sozialgeschichte der Literatur, Bd. 27), S. 11–55, hier: 21.

Zeugenaussagen etc. sind Erzählungen mit dem Ziel der Ordnung und Rekonstruktion von (rechts)relevanten Daten und Ereignissen. Diese scheinbare Eindeutigkeit der relevanten Daten und Fakten verliert ihre scharfen Grenzen, wenn die als Grundlage der Urteilsfindung dienenden psychopathologischen Wissenschaftsdiskurse im Gerichtsverfahren unter dem Gesichtspunkt der Fiktionalität herangezogen werden. Das Zusammenstellen der für den Sachverhalt wichtigen Daten und Fakten geschieht durch das Mittel der Sprache. Durch die (Re)Konstruktion des Falles und die gerichtsgutachtliche Bewertung wird eine Wirklichkeit, die Bedeutung hat, erst geschaffen. „Erzählte Kriminalität ist insofern Paradigma für Erzählen als Wirklichkeitskonstitution schlechthin, zumal es um Festlegungen und Strukturierungen geht, die Handlungen vorbereiten."[3] Dieses Problem denkt die Literatur im Gegensatz zur Rechtswissenschaft mit.

Es ergeben sich dann Fragen, die den Anspruch der Wissenschaft auf Unabhängigkeit betreffen. Nietzsche sagt, da „das Ding an sich"[4] nicht erkennbar und nur über das Repräsentations- und Zuschreibungssystem der Sprache zu erfassen sei, das notwendigerweise metaphorisch ist, stelle sich bei jeder wissenschaftlichen Erkenntnis auch das Problem der Fiktion. Die Rechtswissenschaft muss von einer terminologischen Genauigkeit ausgehen, um überhaupt entscheiden zu können. Die Literatur hingegen kann die Frage nach der Authentizität des von ihr verhandelten (wissenschaftlichen) Gegenstandes mitreflektieren. Aus diesem Grund kann die Literatur den komplexen Begriff der Gerechtigkeit differenzierter verhandeln. Sie steht nicht unter dem Zwang, eindeutige Entscheidungen treffen zu müssen, und kann gleichzeitig die in jeder wissenschaftlichen Erkenntnis mitschwingende Möglichkeit der Ungenauigkeit konkludent mitverhandeln, so dass sie selbst ihren eigenen Deutungsanspruch zur Diskussion stellen kann. Die im Folgenden behandelte Erzählung *Die beiden Freundinnen und ihr Giftmord* von Alfred Döblin stellt gerade diese Differenz zwischen Tatsachen und Erzählung in den Mittelpunkt.

Der Prozessverlauf

Döblin verfolgte im Berlin des Jahres 1923 den von der Presse so genannten „Giftmörderinnenprozess" von Ella Klein und Margarete Nebbe. Ella und Margarete waren beide unglücklich verheiratet und gingen während ihrer Ehen ein homosexuelles Liebesverhältnis miteinander ein. Sie beschlossen dann, ihre

---

3   Schönert (Anm. 2), S. 24.
4   Friedrich Nietzsche: Ueber Wahrheit und Lüge im aussermoralischen Sinne. In: Friedrich Nietzsche: Sämtliche Werke. Kritische Studienausgabe in 15 Einzelbänden. Bd. 1. Hrsg. v. Giorgio Colli / Mazzino Montinari. Berlin 1988, S. 879.

Ehemänner mittels Gift zu töten. Da kaum einer der Verhandlungstage öffentlich war, ist davon auszugehen, dass Döblin den Prozess mithilfe von Zeitungsartikeln und Gesprächen mit Gerichtsreportern rekonstruierte, zumal er selbst für die *Vossische Zeitung* und das *Berliner Tageblatt* geschrieben hat, die beide täglich über den Fall berichteten. Zudem lag ihm die Anklageschrift vor.[5] Das Verbrechen, das vom 12. bis zum 16. März 1923 vor dem Schwurgericht des Landgerichts III in Berlin verhandelt wurde, trug alle Merkmale, die es zu einem Aufsehen erregenden, öffentlichen Skandal machen konnten. Hauptangeklagte war die 23-jährige Ella Johanna Emilia Klein, die der Tötung ihres Ehemannes beschuldigt wurde. Fraglich war, ob sie sich des Mordes oder nur des Totschlags[6], der so genannten Giftbeibringung, damals strafbar gem. § 229 RStGB, und der Beihilfe zum Tötungsversuch der Margarete Nebbe schuldig gemacht hatte. Mitangeklagt waren die 28-jährige Margarete Nebbe wegen Beihilfe zur Tat der Ella Klein, dem versuchten Mord oder Totschlag an ihrem eigenen Ehemann sowie ebenfalls der Giftbeibringung und schließlich deren 80-jährige Mutter, Frau Riemer, die sich des Unterlassens der Verbrechensanzeige gem. § 139 RStGB der damaligen Fassung schuldig gemacht haben könnte. Unter juristischer Perspektive stellt der Fall Klein/Nebbe weder im Jahr 1923 noch heute eine besondere Herausforderung dar, bestätigt er doch nur einmal mehr ein Faktum, das die Statistiken über Verbrechen schon lange beweisen: Die Mehrzahl der Tötungsdelikte findet im so genannten ‚sozialen Nahraum' statt.[7] Der Fall bietet keine rechtlichen Besonderheiten, die damals ungeklärte Streitfragen oder die strafrechtliche Dogmatik und Systematik betreffen.

Schwierigkeiten ganz praktischer Natur auf dem Gebiet der Jurisprudenz bereiteten im Verfahren lediglich die Frage der Einordnung der Taten, Mord oder Totschlag, und die Zurechnungsfähigkeit, also die Anwendbarkeit des § 51 RStGB[8] auf die Angeklagten Ella Klein und Margarete Nebbe. Deren Verhalten

---

5   Die *Abschrift einer Haftsache* ist im Deutschen Literaturarchiv Marbach einzusehen.

6   Der Übergang vom Tatbestand des Totschlages zu dem des Mordes, der damals wie heute eine größere persönliche Schuld bedeutet und unter strengere Strafe gestellt ist, war 1923 viel schneller erreicht als es das heute ist. Die Qualifikation zum Mord bestand nach § 211 RStGB darin, die Tötung mit „Überlegung" begangen zu haben. Heute ist ein Mord verwirklicht, wenn zusammen mit der Tötung eines der Mordmerkmale realisiert wurde. Nach § 211 StGB sind dies die Tötung aus Mordlust, zur Befriedigung des Geschlechtstriebs, aus Habgier, aus anderen niederen Beweggründen oder eine heimtückisch, grausam oder mit gemeingefährlichen Mitteln begangene Tötung oder um eine andere Straftat zu ermöglichen oder zu verdecken.

7   Manfred Maiwald: „Die beiden Freundinnen und ihr Giftmord". Juristische Betrachtungen zu einem literarischen Prozessbericht. In: Literatur und Recht. Literarische Rechtsfälle von der Antike bis in die Gegenwart. Hrsg. v. Ulrich Mölk. Göttingen 1996, S. 370–382, hier: 370.

8   In § 51 RStGB war der Strafausschluss wegen Unzurechnungsfähigkeit geregelt. Psychische Störungen konnten und können zur Unzurechnungsfähigkeit führen.

wurde als auffällig, möglicherweise auch pathologisch wahrgenommen, weshalb zur Klärung der Zurechnungsfrage vier Sachverständigengutachten damals bedeutender Psychiater erstellt wurden.[9] Bei Ella Klein wurde eine Entwicklungshemmung, Infantilismus, festgestellt, wohingegen Margarete Nebbe alle Merkmale „einer dem Schwachsinn nahen Beschränktheit"[10] aufwies. Was die Diagnosen, bei denen eine weitgehende Einigkeit unter den Psychiatern bestand, über die Anwendbarkeit oder nicht Anwendbarkeit des § 51 RStGB aussagten, wurde von den Gutachtern unterschiedlich bewertet. Die Einschätzung des Dr. Juliusberger war, eine Anwendbarkeit des § 51 für Ella Klein sei weder zu bejahen noch zu verneinen. Ella habe sich im Zustand einer „krankhaft gesteigerten Gemütsart" befunden, der zwar kein richtiggehender Wahn gewesen sei, doch die Grenzen der Unzurechnungsfähigkeit sicher berühre.[11] Dr. Magnus Hirschfeld[12] hingegen äußerte sich in einem Aufsatz, den er später im Jahr veröffentlichte, kritisch über das verhältnismäßig milde Urteil. Die Zuerkennung der mildernden Umstände durch die Geschworenen hielt er für gefährlich, denn es lege den Schluss nahe, homosexuelle Neigungen können zu einer Verminderung der Schuldfähigkeit führen. Diese Auffassung sei jedoch strikt abzulehnen, denn die Homosexualität, zurückzuführen auf eine „unglückliche Keimmischung", berechtige die Betroffenen nicht, Hindernisse, die der gewünschten Lebensform im Wege stehen, zu beseitigen.[13] Dies sei im vorliegenden Fall geschehen. Dr. Friedrich Leppmann bestritt in seinem später veröffentlichten Gutachten die Annahme, die Frauen seien aufgrund ihrer homosexuellen Veranlagung von Natur aus zur Ehe ungeeignet gewesen. Ellas Infantilismus und Margaretes eigentlich normale sexuelle Veranlagung würden vielmehr Ehemänner erfordert haben, die die „geschlechtlichen Empfindungen" der Frauen geschickt zu wecken verstehen. Dies hätten weder Klein noch Nebbe vermocht, deren sexuelle Leidenschaft sich im Gegenteil in brutaler Gewalt geäußert habe.[14] Unzurechnungsfähigkeit nach § 51 RStGB liege jedoch nur bei einer „krankhaften Störung der Geistestätigkeit" vor, von der hier nicht die Rede sein könne. Weder Ella noch Margarete seien durch Infantilismus oder Beschränktheit von der Gestaltung eines normalen und erwünschten Lebens abgehalten worden, und es habe zum Zeitpunkt der Tat

---

9   Von den vier Gutachten wurden zwei nach dem Prozess veröffentlicht. Friedrich Leppmann: Der Giftmordprozess K. und Gen. In: Aerztliche Sachverständigen-Zeitung Nr. 11/12 (1923), S. 121–124. Magnus Hirschfeld: Die Giftmischerinnen. In: Die Weltbühne Jg. 19 (1923), 358–361.
10 Hirschfeld (Anm. 9), S. 359.
11 Alfred Döblin: Die beiden Freundinnen und ihr Giftmord. Berlin 1924, S. 95.
12 Magnus Hirschfeld, selbst homosexuell, war zu Beginn des 20. Jahrhunderts ein führender Wissenschaftler auf dem Gebiet der Forschung über Homosexualität.
13 Hirschfeld (Anm. 9), S. 358.
14 Leppmann (Anm. 9), S. 131 f.

auch keine Störung vorgelegen, die eine freie Willensbestimmung ausschließe, allein die temporäre homosexuelle Neigung genüge für den Ausschluss der freien Willensbestimmung nicht.[15] Aufgrund der vorliegenden Gutachten bejahte das Gericht die Zurechnungsfähigkeit der beiden Angeklagten. Eine Anwendung des § 51 RStGB hätte einen Entschuldigungsgrund dargestellt und damit zur Straffreiheit geführt.

Den Taten vorausgegangen waren konfliktreiche Ehen in einer Gesellschaft, in der es für die meisten Menschen, in besonderem Maße für Frauen, schwierig, manchmal gar unmöglich war, sich scheiden zu lassen. Sowohl Ella Klein als auch Margarete Nebbe wurden von ihren Ehemännern missbraucht und geschlagen. Ella Klein war schon mehrmals vor dem Ehemann geflohen, von ihrem Vater aber immer wieder zurückgeschickt worden. Der konventionelle Vater vertrat die Auffassung, die Frau gehöre zum Mann.[16] Als Ella und Margarete einander begegnen, beginnt zunächst eine innige Freundschaft; beide fühlen sich in ihren jeweiligen Ehen gefangen, beide suchen Trost und emotionale Unterstützung bei der andern und so wird aus der anfänglichen Freundschaft schnell eine Liebesbeziehung. Sie planen daraufhin, ihre Ehemänner zu vergiften, um sich von den Qualen der Ehen zu befreien. In über 400 Liebesbriefen[17] sind neben vielen Liebesschwüren die Pläne zur Ermordung der Männer dokumentiert. Eine Strafanzeige der Schwiegermutter Ellas, der die Todesumstände des Sohnes verdächtig schienen, führte zu einer Hausdurchsuchung von Ellas Wohnung und schließlich dazu, dass die belastenden Briefe gefunden wurden. Ein einjähriges Ermittlungsverfahren begann, das im Prozess und der Verurteilung von Ella Klein und Margarete Nebbe gipfelte. Frau Riemer wurde freigesprochen, Ella als Haupttäterin zu einer Gefängnisstrafe von vier Jahren und Margarete, der der Tötungsversuch an ihrem eigenen Mann nicht nachgewiesen werden konnte, zu anderthalb Jahren Zuchthaus wegen Beihilfe verurteilt.[18] Diese Strafen waren verhältnismäßig milde. Leicht hätten beide Frauen mit dem Tod bestraft werden können.

15 Leppmann (Anm. 9), S. 132.
16 Hirschfeld (Anm. 9), S. 358.
17 In der Forschungsliteratur ist ausnahmslos von 600 Briefen zwischen den Frauen die Rede. Allerdings übersehen diese Beiträge die Angabe im psychiatrischen Gutachten von Friedrich Leppmann, der berichtet, dass in Ellas Wohnung an die 600 Briefe, von denen jedoch nur ca. 400 auf den Briefwechsel der beiden Frauen entfallen, gefunden wurden. Vgl. Leppmann (Anm. 9), S. 122.
18 Vgl. z.B. die Abendausgabe der *Vossischen Zeitung* vom 17.03.1923 *Das Urteil gegen die Giftmischerinnen. Freundinnen.*

Die Erzählung Die beiden Freundinnen und ihr Giftmord

Zwischen Sommer 1923 und Sommer 1924 entsteht die Erzählung Alfred Döblins und erscheint im Herbst 1924 unter dem Titel *Die beiden Freundinnen und ihr Giftmord* als erster Text in der Reihe *Außenseiter der Gesellschaft. Die Verbrechen der Gegenwart.* Diese von Rudolf Leonhard herausgegebene literarische Reihe wird publiziert in dem kleinen und ehrgeizigen, aber kurzlebigen Berliner Verlag *Die Schmiede.* Bis die Reihe 1925 eingestellt wird, erscheinen 14 Erzählungen, in denen je ein Autor pro Band ein Verbrechen, das tatsächlich angeklagt und verhandelt wurde, in Prosa umsetzt. Weitere narrative Vorgaben gibt es nicht. Pluriperspektivität ist sogar erwünscht. Geplant waren unter anderem auch Veröffentlichungen von Henri Barbusse, Heinrich und Thomas Mann sowie Joseph Roth, zu denen es jedoch nicht mehr kam. Mit ihrer Darstellung von realen Verbrechen orientiert sich die Reihe programmatisch an der Pitaval-Tradition. Doch wird im Gegensatz dazu keine Kongruenz von strafrechtlichem und literarischem Verständnis von Schuld und Gerechtigkeit vorausgesetzt, sondern die Erzählungen eröffnen jeweils andere und neue Perspektiven auf die moralische Verwerflichkeit strafbaren Handelns.

Die beiden Freundinnen und ihr Giftmord blieb in der Döblin-Forschung lange Zeit unbeachtet, erst seit den 1990er Jahren beginnt, angeregt von Jörg Schönerts Sammelband *Literatur und Kriminalität*[19], eine literaturwissenschaftliche Auseinandersetzung.

In Döblins Prosatext wird aus dem Fall der Giftmörderinnen Klein/Nebbe die Erzählung über den Prozess und dessen Vorgeschichte von Elli Link und Grete Bende. Im Mittelpunkt steht die Figur Elli Link, die als lebenslustige, manchmal freizügige, junge Frau eingeführt wird, die einen gewalttätigen Mann heiratet. Links Liebe zu seiner Frau stellt die Erzählung trotz seiner körperlichen Brutalität nicht in Frage, vielmehr wird ein Komplex aus möglichen Gründen und Zusammenhängen entworfen, die schließlich zur Gewalttätigkeit gegenüber Elli führen. Kontrastiv und parallel dazu steht auf der anderen Seite die Liebesbeziehung zwischen Elli und Grete Bende. Auch für diese Beziehung bietet die Erzählung keine eindeutigen Erklärungsmodelle. In der Realität streiten die gerichtlichen Gutachter auch noch im Anschluss an den Prozess über die Kausalitäten, darüber, ob das lesbische Liebesverhältnis zwischen Elli und Grete ursächlich für die unglücklichen Ehen ist oder ob es umgekehrt die unglücklichen Ehen sind, die die beiden Frauen veranlassen, ein Liebesverhältnis einzugehen. Eine Zu-

---

19 Literatur und Kriminalität. Die gesellschaftliche Erfahrung von Verbrechen und Strafverfolgung als Gegenstand des Erzählens. Hrsg. v. Jörg Schönert. Tübingen 1983 (= Studien und Texte zur Sozialgeschichte der Literatur; Bd. 8).

sammenschau dieses Streits übernimmt auch der Prosatext, folgert aber im Epilog:

Da sind zuerst die fürchterlichen unklaren Worte, die man gebrauchen muss, um solche Vorgänge oder Zusammenhänge zu beschreiben. [...] Ein ganzes Konvolut von Tatsachen wird mit dem bequemen Wort Neigung weniger bezeichnet, als übersehen. Denn das Gefährliche solcher Worte ist immer, dass man mit ihnen zu erkennen glaubt.[20]

Mit Döblins Worten gesprochen sind diese vermeintlichen Kausalitätsverhältnisse „Tatsachenphantasien",[21] eine ästhetische Form, die er für das epische Werk fordert und die hier gleichsam auf das Erzählen zur Berichterstattung erweitert wird. Gerade der Epilog zeigt, dass *Die beiden Freundinnen und ihr Giftmord* ganz im Geiste der Sprachauffassung der Moderne steht. Wirklichkeit wird in Texten durch das Medium der Sprache konstruiert, so dass Literatur nicht mimetisch, also keine Repräsentation der Lebenswirklichkeit, ist, sondern selbst mithilfe der Sprache eine Wirklichkeit erst schafft.

Die Erzählung ist zwar nicht in gekennzeichnete Kapitel, jedoch in kapitelähnliche Abschnitte gegliedert. Etwa Dreiviertel des Textes beschreiben die Vorgeschichte der Tat, die Falldarstellung, wohingegen sich das letzte Viertel ausführlich dem Prozess mit seinen Zeugenaussagen, den Einlassungen der Angeklagten, den gerichtsmedizinischen und psychiatrischen Sachverständigengutachten, den Zeitungsberichten und dem anschließenden Urteil widmet. Viele Daten und Fakten sind dem realen Geschehen entnommen, was beim Lesen, besonders in Verbindung mit der Kenntnis der Berichte und Zeitungsartikel über den Fall Klein/Nebbe, insgesamt eine große Nähe zu dem realen Fall evoziert. So wird in einigen Interpretationen der Erzählung bis heute die Ansicht vertreten, *Die beiden Freundinnen und ihr Giftmord* gehe ganz im Konzept der Pitavalgeschichten auf, wolle also der damaligen breiten Bevölkerung strafrechtliche und damit ethische Normen veranschaulichen, indem eine explizite Übereinstimmung zwischen Kriminologie und moralischer Wertung angenommen wird.[22]

---

20 Döblin (Anm. 11), S. 113.
21 Alfred Döblin: An Romanautoren und ihre Kritiker. Berliner Programm. In: Alfred Döblin. Ausgewählte Werke in Einzelbänden. Schriften zur Ästhetik, Poetik und Literatur. Hrsg. v. Walter Muschg. Freiburg im Breisgau 1963, S. 15–19, hier: 19.
22 Stefan Andriopoulos: Unfall und Verbrechen. Konfiguration zwischen juristischem und literarischem Diskurs um 1900. Pfaffenweiler 1996 (= Hamburger Studien zur Kriminologie, Bd. 21), S. 108. Heinz Müller-Dietz: Literarische Metamorphosen eines Kriminalfalles. In: Recht und Kriminalität im literarischen Widerschein. Hrsg. v. Thomas Vorbaum. Baden-Baden 1999, S. 93–116, hier: 108. 1965 liest Hans von Hentig den Text von Döblin zu Zwecken einer wissenschaftlichen Ausarbeitung typisch weiblicher Mordcharakteristika. Hans Von Hentig: Die Kriminalität der lesbischen Frau. Stuttgart 1965 (= Beiträge zur Sexualforschung, Heft 15), S. 57ff. Schon 1925 versteht Hans Siemsen den

Doch obwohl sich offensichtlich nicht bestreiten lässt, dass Döblin historische Fakten in Form von Daten und Zitaten in *Die beiden Freundinnen und ihr Giftmord* integriert, dies gleichsam ein poetologisches Konzept darstellt, ist die Erzählung kein faktualer Bericht in der Tradition des Pitaval, sondern eine fiktive Geschichte, die eine eigene poetische Wirklichkeit schafft und dies auch ausdrücklich im Epilog betont. Zwar lässt der Titel der Erzählung einen Paratext vermissen, der sie als eindeutig fiktional ausweist und auch die Exposition[23] und der sachliche Erzählduktus erinnern an die Pitavalgeschichten, doch schon die Namensänderungen aller Figuren geben ihr fiktionalen Charakter. Auch das epische Präteritum weist auf die Fiktionalität hin und nicht zuletzt auch der Erscheinungsort. *Außenseiter der Gesellschaft* ist eine Reihe, die sich ausdrücklich der Fiktionalisierung authentischer Kriminalfälle verschrieben hat. Die überwiegende Nullfokalisierung[24] eines heterodiegetischen Erzählers ermöglicht es dem Rezipienten zudem, in die Gedanken und Gefühlswelt aller Figuren einzutauchen, was auch für den fiktionalen Charakter der Erzählung spricht, und so wird in der Form der erlebten Rede viel vom Innenleben und den Motivationen aller Figuren reflektiert. Bezugspunkt und Zentrum der Erzählung ist Elli Link, ihr gehören die Eröffnung und der verhältnismäßig größte Anteil der Beschreibungen der inneren Vorgänge. Elli kommt als Friseurin nach Berlin und lernt im Zuge eines aus Amüsement und Festen bestehenden Lebens den jungen Link kennen. Er ist Tischler wie ihr Vater.

> Es ehrte und beglückte sie, daß dieser Mann um sie warb; sie war in ihrem Familienniveau. Aber sie mußte sich auch ändern; er legte seine Hand auf sie. […] Er hatte vor, sie zu versorgen; sie sollte eine eigene Wirtschaft führen. Es kam ihr vor: eine Ehe ist etwas furchtbar Drolliges, aber Nettes; er will mich versorgen und freut sich darüber. Sie war ihm eigentlich recht gut.[25]

Und weiter heißt es, Link sei Elli verfallen, woraufhin Elli beginnt, Link zu verachten.

Prosatext als tatsachengetreue Fallgeschichte. Vgl. Hans Siemsen: Außenseiter der Gesellschaft. In: Die Weltbühne Jg. 21 (1925), S. 360–361, hier: 360.

23   Hania Siebenpfeiffer: Böse Lust. Gewaltverbrechen in Diskursen der Weimarer Republik. Köln 2005, S. 119.

24   Die Fokalisierung wechselt im Verlauf der Erzählung immer wieder zur internen Fokalisierung, womit die Innensichten der Figuren, hauptsächlich die von Elli und ihrem Mann Link, anschaulich werden. Die häufigen Fokalisierungswechsel stellt auch Hania Siebenpfeiffer fest. Nimmt man den ganzen Text in den Blick, einschließlich des letzten Viertels, indem die Verhandlung erzählt wird, kann man wohl von einer überwiegenden Nullfokalisierung sprechen. Vgl. Siebenpfeiffer (Anm. 23), S. 120.

25   Döblin (Anm. 11), S. 8.

Und ganz leise stieg etwas in ihr auf: ganz leise verdachte sie ihm dies Wesen. [...] Nun sank er auf die Stufe ihrer früheren Liebhaber. Nein, tiefer, weil er so an ihr hing, so schrecklich aufdringlich an ihr festhielt. Zu ihrem Ärger, ihrem Schmerz bemerkte sie, mit dem konnte man ja umspringen.[26]

Schon an dieser Stelle sind die Konflikte, die den Figuren zum Verhängnis werden sollen, aufgestellt. Elli heiratet einen Mann, weil sie eine „eigene Wirtschaft" drollig findet, offenbar in Unkenntnis aller anderen Lebensbereiche, für die eine Ehe Veränderungen mit sich bringt, und Link fühlt sich durch die sexuelle Kälte seiner Frau um sein Heim gebracht.

Jetzt fluchte er für sich. Was war das? Sie trieb es zu weit mit ihren Kindereien, sie war nicht lieb zu ihm. Man konnte nett mit ihr sein bei Tag, auch da war sie oft schlimm, aber in der Umarmung war sie tot. Er grollte ihr. Sie änderte sich nicht, jetzt hatte er *kein Heim*. Er konnte zärtlich zu ihr sein wie zu einer *Puppe*, aber wenn er sich mit ihr verbinden wollte, um sie ganz zu gewinnen, blieb sie *fremd*, nahm ihn nicht an.[27]

Der später an Elli diagnostizierte Infantilismus äußert sich Link gegenüber darin, dass sie ihm erscheint wie eine Puppe, so leblos und ohne menschlich-weibliche Wärme, er fühlt sich betrogen, wird zum Heimatlosen. Die Entwicklung der „Haßsphäre"[28] zwischen den Eheleuten zeigt sich schon hier. Nicht Heimat, sondern Fremdheit bringt die Ehe für Link, und das kann der labile Mann nicht verkraften. Er wollte eine Frau, die „Anteil nimmt", und bekommt eine Puppe. Dieser Puppe versucht er nun Leben einzuhauchen und sei es durch Gewalt. Die Erzählung setzt ein, als Link und Elli einander kennenlernen und zeigt zugleich, dass die kommenden Ereignisse diesen ersten Begegnungen bereits immanent sind. Es zeichnet sich eine Entwicklung ab, die die Figuren schon jetzt nicht mehr in der Hand haben, und wohl niemals in der Hand hatten. Die Vorgeschichten der Figuren haben individuelle Verhaltensweisen konstituiert, die als Muster schon zu diesem Zeitpunkt beeinflussend hinter der Begegnung liegen. Deutlich wird hier eine narrative Funktion der erlebten Figurenrede: Sie stellt die Antithesen gegeneinander, die verschiedenen Erwartungen, mit denen die Figuren in die Ehe gehen. Die Würfel scheinen gefallen noch bevor die Geschichte der Ehe richtig beginnt. „Es lief den schon gebahnten Weg"[29] heißt es, als Elli nach einer ihrer Fluchten zu Link zurückkehrt. Das Motiv der Vorbestimmung des Weges, den Link und Elli gehen, gibt der Erzählung gleichsam Struktur. Nicht die Figu-

---

26   Döblin (Anm. 11), S. 9.
27   Döblin (Anm. 11), S. 12. [Hervorhebungen E. K.]
28   Motiv aus *Die beiden Freundinnen und ihr Giftmord* zur Charakterisierung der zwischenmenschlichen Ebene von Elli und Link.
29   Döblin (Anm. 11), S. 46.

ren bestimmen über ihr Tun und Handeln, sondern die Zusammenhänge und Beziehungen zwischen den Figuren, denen sie sich eher ausgeliefert fühlen, als dass sie entscheidend an ihnen beteiligt sind. Elli und Link führen eine „Unterhaltung" heißt es an anderer Stelle. Sie leben in einem festen Muster, einem Schema, für das sie selbst nur bedingt verantwortlich sind und können sich doch nicht daraus befreien. Wer wollte Elli den Ekel vor einem gewalttätigen Mann vorwerfen und wer wollte Link verdenken, dass die Ablehnung der Ehefrau ihn tief erschüttert und reizt Ablehnung, Frustration und Gewalt beginnen, sich gegenseitig zu bedingen.[30]

> Sein geschlechtlicher Drang war gesteigert. Er suchte häufiger und intensiver sich und die Frau zu erniedrigen. Er lockte sie wieder und trieb sie in die finstere Haßsphäre. Erregte in ihr diese Triebe, die sich dann furchtbar gegen ihn selbst richten sollten. Es war im Grunde sein eigener Haßtrieb, der ihn später umbrachte. [...] Es war auch ein Heilungsversuch dieses Minderwertigkeitsgefühls: durch Beseitigung des Mehrwertigen.[31]

Ebenso wie Elli ist auch Link kein mit freiem Willen ausgestattetes, verantwortliches Subjekt, sondern er ist zugleich ein Opfer der komplexen Gefühlsstrukturen sowie der inneren und äußeren Einflüsse: Das Verhältnis zur Mutter ist nicht von gegenseitigem Respekt und Liebe geprägt, sondern von Streitereien, der Vater brachte sich durch Erhängen um, als Link noch im Kindesalter war, und physiologisch leidet er unter Epilepsie ebenso wie unter fortschreitendem Alkoholismus. Die lebenslustige, quirlige Elli sollte die Medizin werden gegen seine Leiden und ihm Heimat und Liebe schenken. Aus der anfänglichen Symbiose mit Elli und der darauf folgenden Ablehnung seiner Frau entsteht ein wildes Verzweiflungsgefühl. Link fühlt sich „minderwertig" und möchte diese negativen, selbstzerstörerischen Emotionen beseitigen, indem er die als „mehrwertig" empfundene Ellis zerstört. Dadurch glaubt er ein eigenes Selbstwertgefühl wiederherstellen zu können. Natürlich resultiert aus Links Gewalttätigkeit gegenüber seiner Frau nicht ihre Liebe, sondern ihr Hass. So bringt ihn schließlich sein eigener „Haßtrieb" um.

Ganz in diesem Sinne der Erzählung sind auch die Begegnung und das beginnende Liebesverhältnis zwischen Elli und Grete Bende nicht der freien Willensbestimmung geschuldet, sondern erhalten schicksalhafte Züge: „Aber schon entschied *es* sich, wenigstens für jetzt. Die Liebe zwischen den beiden Frauen flammte auf."[32] Nicht die Frauen entscheiden, „Es"[33] entscheidet sich für sie. Der „schon gebahnte Weg" verläuft gerade weiter.

---

30 So sieht es auch Hania Siebenpfeiffer. Vgl. Siebenpfeiffer (Anm. 23), S. 129.
31 Döblin (Anm. 11), S. 48.
32 Döblin (Anm. 11), S. 34. [Hervorhebungen E. K.]

Zum schuldigen Subjekt, das wissentlich und willentlich handelt und die Tragweite des eigenen Handelns abschätzen kann, wird Elli erst in der Untersuchungshaft.

Elli war heftig von den Ereignissen, der Inhaftierung, den Vernehmungen, angegriffen worden. Sie kam nicht nur zu sich; es trat, die Träume zeigten es, eine Veränderung in ihr ein. Jetzt erst sah sie völlig und deutlich ihre Tat, jetzt erst war Link wirklich durch Gift von ihr getötet worden.[34]

Der strafrechtlich bedeutsame Vorsatz, also das Wissen um die Folgen und der Wille zu den Folgen des verbrecherischen Handelns, wird regelmäßig zum Zeitpunkt der Tatausführung gemessen. Unbestreitbar bleibt, dass Elli während der Wochen, in denen sie Link vergiftete, wusste, welche Folgen diese Handlungen mit größter Wahrscheinlichkeit haben würde und der eingetretene Erfolg war von ihr beabsichtigt. Strafrechtlich wird sich schwerlich der Vorsatz ausschließen lassen. Dennoch argumentiert die Erzählung auf dieser Ebene. Die Tat wird nicht begangen von einer Frau, die mit großer krimineller Energie ihren Ehemann tötet, sondern von einem Mädchen, das auch im Alter von 23 Jahren noch durch psychiatrisch diagnostiziertes infantiles Verhalten auffällt, dessen Uterus dem medizinischen Krankheitsbild zufolge nicht ausgebildet ist wie der einer erwachsenen Frau und das durch eine Verkettung unglücklicher Umstände einen Mann heiratet, der etwas für sie Unmögliches von ihr fordert, und dies mit krasser Brutalität.

Es war schwer, unmöglich, von Schuld in dieser Ebene zu sprechen, nicht einmal von größerer und kleinerer Schuld. Die Geschworenen in dem geschlossenen Zimmer sahen sich vor die Notwendigkeit gestellt, einen Uterus, einen Eierstock schuldig zu sprechen, weil er so und nicht anders gewachsen war.[35]

Nicht Elli, sondern ihre physiologischen Besonderheiten, nämlich der ironisch konnotierte Uterus, nicht Elli, sondern der strenge Vater, der sie nötigt, zum gewalttätigen Mann zurückzukehren, tragen die Verantwortung und die ,Schuld' für den Mord. Doch läuft auch dieses Kausalitätsverhältnis letztlich ins Leere, denn der Vater ist ein Prototyp bürgerlicher Gesinnung, mit strafbarem Verhalten nicht entfernt in Verbindung zu bringen, und kein Uterus ist schuldfähig. Die in

---

33   Diese Lesart untermauern auch die psychoanalytischen Interpretationen von *Die beiden Freundinnen und ihr Giftmord*, die unter anderen bei Inge Weiler und Hania Siebenpfeiffer durchscheinen. Weitergehende Ausführungen an dieser Stelle können im Rahmen der Arbeit nicht geleistet werden.
34   Döblin (Anm. 11), S. 81.
35   Döblin (Anm. 11), S. 100 f.

der Anklageschrift, in der Verhandlung und von den Gutachtern diskutierte Frage, ob Ellis und Gretes Homosexualität nun eine echte, angeborene und ursächlich für den Mord sei, wird in *Die beiden Freundinnen und ihr Giftmord* behandelt wie die Frage danach, ob Huhn oder Ei zuerst da waren. Wenn überhaupt, ist die lesbische Liebe zwischen den Frauen nur ein Grund von vielen, der zum Mord führte. [36] Der Text denunziert oder standardisiert nicht die eine oder andere Form der geschlechtlichen Liebe, sondern er sucht in den unterschiedlichsten Lebensbereichen Gründe und Ursachen für strafbares, menschliches Verhalten, für einen Mord. Nicht die moralische Einordnung der lesbischen Liebe steht im Vordergrund, sondern im Gegenteil die Feststellung, dass eindimensionale Erklärungen meist nicht greifen.

Schließlich, unter Heranziehung des Epilogs, müssen doch alle Aussagen über psychische, physische und biographische Ursachen für die Tat ungeklärt bleiben. Ursache und Wirkung lassen sich nicht mehr auseinanderhalten, sondern lösen sich auf in vielschichtigen Strukturen und Verbindungen zwischen den Figuren. Die Beweiskraft der Tatsache verschwimmt. „Die meisten Seelendeutungen sind nichts als Romandichtungen."[37] Die Frage bleibt, ob die psychologischen Erklärungsversuche für das Verbrechen wirklich befriedigende Erklärungen bereitstellen, oder ob der psychiatrische Diskurs die Qualifizierung von Verhaltensweisen als pathologisch nicht erst schafft.

> Man muss die Tatsachen dieses Falles, die Briefe, Handlungen hinnehmen und es sich planmäßig versagen, sie wirklich zu erläutern. […] Da sind zunächst die fürchterlichen unklaren Worte, die man gebrauchen muss, um solche Vorgänge oder Zusammenhänge zu beschreiben. […] Ein Mischmasch, ein Durcheinander, für die elementare praktische Verständigung gemacht. Man hat hier Flaschen etikettiert, ohne ihren Inhalt zu prüfen.[38]

Im Epilog werden nicht nur die im realen Fall angenommen Kausalitäten und Zusammenhänge in Frage gestellt, sondern auch die in der eigenen Falldarstellung ausgebreitete Vielschichtigkeit auf die Spitze getrieben. Die Falldarstellung wird nicht etwa durch den Epilog, in dem sich ein kommentierendes Erzähler-Ich

---

36 In der Forschungsliteratur wird die lesbische Liebe der Frauen, so wie es auch die Gutachter tun, teilweise als Ursache für den Mord gelesen. Vgl. Uhl, Karsten: Verbrechen als Liebe – Liebe als Verbrechen. Kriminologie, Literatur und die historischen Grenzen des Sagbaren. In: Bündnis und Begehren. Ein Symposium über die Liebe. Hrsg. v. Andreas Kraß u.a.. Berlin 2002 (= Münchner Universitätsschriften, Bd. 14), S. 229–244, hier: 242. Zu einem ähnlichen Ergebnis kommt auch Stefan Andriopoulos. Vgl. Andriopoulos (Anm. 22), S. 111.
37 Döblin (Anm. 11), S. 94.
38 Döblin (Anm. 11), S. 113.

zu erkennen gibt, ausgeschlossen und aufgehoben,[39] sondern im Gegenteil erweitert, denn er zeigt, wie in mancher Hinsicht abstrus anmutende Fakten als relevant gesetzt werden. Ein unterentwickelter Uterus soll den Infantilismus einer Angeklagten belegen und ihre Zurechnungsfähigkeit gegebenenfalls ausschließen. Dabei wird übersehen, dass diese Diagnose ein mithilfe der Sprache und im wissenschaftlichen Diskurs geschaffenes Konstrukt ist, ein Konvolut von vermeintlichen Tatsachen und Fakten, die in der strafrechtlichen Systematik und kriminologischen Praxis durch Zuschreibungen erst Bedeutungen erhalten, aus denen sich Rechtsfolgen ableiten lassen. Der Epilog übernimmt hier die Funktion, all die kritischen Relativierungen, die zuvor im Hinblick auf die rechtspraktischen Anwendungen von Kausalität gemacht wurden, nun auch auf die eigene, vorangegangene Darstellung des Falles anzuwenden.[40] Ebenso wie die Kausalitäten, die in der Verhandlung und den Ermittlungen angenommen wurden, im Lichte der allen sprachlichen Äußerungen inhärenten Fiktionalität fraglich scheinen, sind im gleichen Licht besehen auch die Zusammenhänge in der eigenen Falldarstellung fraglich.

Im Gegensatz zu der vielschichtigen, alle monokausalen Wirkungszusammenhänge bestreitenden ,Studie' Döblins steht die Anklageschrift der Staatsanwaltschaft.[41] Diese ,Erzählung' bedient sich ebenso wie Alfred Döblin es in seiner Erzählung tut der Sprache. Sie gelangt jedoch zu konträren und besonders zu eindimensionalen Deutungen. Genauso wie im Text *Die beiden Freundinnen und ihr Giftmord* ist die Anklageschrift aus Gründen der Beweisführung mit Zitaten aus diversen Briefen zwischen Ella und Margarete wie zwischen Ella und ihrem Mann Klein unterlegt. Sie erfüllen jedoch einen ganz anderen Zweck als in der Erzählung: Alle Aussagen in den Briefen werden nahezu wörtlich verstanden und dementsprechend als unbestreitbare Tatsachen gelesen. Wo die Erzählung von Döblin Mutmaßungen über dieses oder jenes Zitat aus einem Brief anstellt, manchmal eine Aussage sogar so weit deutet, dass sie auch ihr eigenes Gegenteil bedeuten kann,[42] sieht die Anklageschrift zwingende Fakten. Wenn Klein den El-

---

39 Die Ansicht, dass ein reziprokes Ausschlussverhältnis zwischen Falldarstellung und Epilog besteht, gibt es in vielen Forschungsbeiträgen. Vgl. Linder, Joachim: Außenseiter der Gesellschaft. Die Verbrechen der Gegenwart. Straftäter und Strafverfahren in einer literarischen Reihe der Weimarer Republik. In: Kriminologisches Journal Jg. 26 (1994), S. 249–272, hier: 262. Zu Linders Ergebnis kommt auch Stefan Andriopoulos. Vgl. Andriopoulos (Anm. 22), S. 106.

40 Diese relativistische Deutung des Epilogs findet sich auch bei Inge Weiler und Hania Siebenpfeiffer. Weiler, Inge: Giftmordwissen und Giftmörderinnen. Eine diskursgeschichtliche Analyse. Tübingen 1998 (= Studien und Texte zur Sozialgeschichte der Literatur, Bd. 65), S. 246. Siebenpfeiffer (Anm. 23), S. 133.

41 Die *Abschrift einer Haftsache* ist im Deutschen Literaturarchiv Marbach einzusehen.

42 So werden in der Erzählung die derben Ausdrücke in den Briefen Ellis, die sie während der Zeit an Grete schreibt, in der sie ihren Mann vergiftet, als Ventil dafür gelesen, dass

tern seiner gerade vor ihm geflohenen Ehefrau mit der Bitte und in der Hoffnung schreibt, sie möge zu ihm zurückkommen, und darin seine körperlichen Exzesse gegenüber seiner Frau verharmlost – dass er Ella geschlagen habe, müsse zu verstehen sein und zudem seien es nur „ein paar Klapse" gewesen – so liest die Anklage aus diesen Briefen einen verliebten Ehemann heraus, der insgesamt einen „glaubhaften Eindruck" macht.[43] Auch die Schuldfrage auf dem Gebiet der Ehen der beiden Angeklagten beantwortet die Anklageschrift anders: „Ihre Ehen haben sich in der Hauptsache durch ihre [Ellas und Margaretes] eigene Schuld nicht glücklich gestaltet."[44] Vor allem Ella Klein habe einen sie liebenden Ehemann besessen, was die Briefe, die sie vor der Ehe von Klein erhielt, genauso dokumentieren wie sie als Beleg dafür gelesen werden können, dass es Ella Klein war, die den Mann „schlecht behandelt"[45] hat. Die Briefe, die Klein an Ella schreibt, als sie vor ihm flieht, sollen bezeugen, dass die Anschuldigungen Ellas, ihr Mann habe sie misshandelt, stark übertrieben sind, und ein ärztliches Attest, das Ellas physische Verletzungen belegt, wird ein „Attest über die hierbei *angeblich* beigebrachten Verletzungen"[46] genannt. Das Motiv für den Mord sieht der Staatsanwalt in einem tiefgehenden Hass der Frauen gegen ihre Ehemänner, dessen Ursache und Anfänge finden jedoch keine Erwähnung. Die Frage nach dem Motiv für eine verbrecherische Tat sollte allerdings nicht nur im Rahmen einer narrativen, Geschichten erzählenden Instanz eine wichtige Rolle bei der Feststellung von Schuld oder Unschuld eines Menschen spielen, sondern gerade auch in den staatsanwaltlichen Ermittlungen zu einer Straftat. Warum Ella vor ihrem Mann floh und was sie dazu veranlasst hat, ihn zu töten, bleibt unbeantwortet. Gerade in Anbetracht eines einjährigen Ermittlungsverfahrens scheint doch eine so umfassend wie möglich gestaltete Aufklärung erstrebenswert. Der Schwerpunkt in der Argumentation der Anklage liegt nicht darauf, Ella Klein den Mord an ihrem Mann zu beweisen, denn die Briefe zwischen Ella und Margarete sind ein fast nicht zu widerlegender Beweis. Vielmehr versucht die Anklage zu beweisen, dass die mildernden Umstände und die Anwendung des § 51 RStGB, die Ellas Verteidiger durchsetzen will, haltlos sind, indem die Misshandlungen innerhalb der Ehe verharmlost werden. Viel Raum nimmt darüber hinaus die Argumentation ein, die Margarete die Beihilfe zum Mord und Margaretes Mutter das strafbare Unterlassen einer Verbrechensanzeige nachzuweisen versucht. Als Belege der Beweisführung werden ebenfalls die Briefe zwischen den Frauen he-

---

sie selbst die Qualen des vergifteten Mannes mitleidet, sich in die Briefe flüchten muss, um die Vergiftung fortführen zu können. Faktisch ist in den Briefen aber von dem „Schwein", das „doch nur bald krepieren" solle die Rede. Vgl. Döblin (Anm. 11), S. 63.

43 Alfred Döblin: Abschrift einer Haftsache, S. 10f.
44 Döblin (Anm. 43), S. 2.
45 Döblin (Anm. 43), S. 4.
46 Döblin (Anm. 43), S. 9 f. [Hervorhebung E. K.]

rangezogen, aus denen die Mitwisserschaft von Frau Riemer hervorgeht und die belegen, dass Margarete Ella während der Zeit der Giftbeibringungen mit Rat und Tat zur Seite stand. Auch dieser Tatvorwurf wird nicht mit Motiven untermauert. Insgesamt stellt die Ätiologie in der Anklage kein Problem dar, Zusammenhänge werden ‚behauptet' und bewiesen, aber nicht auf ihre psychologische Stichhaltigkeit hin überprüft.

Alfred Döblin kritisiert dagegen gerade die von der Justiz postulierte Eindeutigkeit. Die in der zweiten Hälfte des 19. Jahrhunderts gängige Trennung zwischen frei gewähltem und deshalb vorwerfbarem ‚Schuldig- oder Unschuldig-Sein', die sowohl in der Justiz als auch in den Kriminalerzählungen, erkennbar an dem Konzept der poetischen Gerechtigkeit, gemacht wird,[47] löst er auf. Stattdessen entwirft der Text eine Bedeutungspluralität, die aus den verschiedenen Beziehungen und Motivationen der Figuren hervorgeht, die in die Straffälligkeit einzelner Figuren münden, so dass schließlich die Frage der Gerechtigkeit ungeklärt bleiben muss. Die Kongruenz der strafrechtlichen und moralischen Verurteilung wird aufgehoben.[48] Entgegengestellt wird eine Konkurrenz eines alternativen Normensystems. Das Recht, selbst eine Wissenschaft, bedient sich anderer wissenschaftlicher Disziplinen, wenn beispielsweise die psychologische Einordnung von Daten, Fakten und Tatsachen erforderlich ist, um die Schuldfähigkeit oder die Zurechnungsfähigkeit eines Angeklagten zu bestimmen. Doch sind alle diese Deutungen Konstruktionen, deren Sinn je nach Perspektive ebenfalls konstruiert scheinen kann.

Was ist Gerechtigkeit?

Die Frage danach, was denn nun Gerechtigkeit ausmacht, an welchen Kriterien sie sich festmachen lässt, in welchen Kategorien sie gedacht werden muss und ob möglicherweise eine der Disziplinen ‚gerechter' ist als ihre ‚Schwester', kann wohl trotzdem nicht abschließend beantwortet werden. Beide Wissenschaften, Literatur und Recht, bringen die methodischen Voraussetzungen mit, die die Be-

---

47 Monika Frommel: Internationale Reformbewegung zwischen 1880 und 1920. In: Erzählte Kriminalität. Zur Typologie und Funktion von narrativen Darstellungen in Strafrechtspflege, Publizistik und Literatur zwischen 1770 und 1920. Hrsg. v. Jörg Schönert. Tübingen 1991 (= Studien und Texte zur Sozialgeschichte der Literatur, Bd. 27), S. 467–495, hier: 477.

48 Linder, Joachim: „Sie müssen das entschuldigen Herr Staatsanwalt, aber es ist so: wir trauen euch nicht…". Strafjustiz, Strafrechtsreform und Justizkritik im *März*, 1907–1911. In: Erzählte Kriminalität. Zur Typologie und Funktion von narrativen Darstellungen in Strafrechtspflege, Publizistik und Literatur zwischen 1770 und 1920. Hrsg. v. Jörg Schönert. Tübingen 1991 (= Studien und Texte zur Sozialgeschichte der Literatur, Bd. 27), S. 533–570, hier: 539.

handlung des Problems erfordert und beide sind dadurch in die Lage versetzt, Gerechtigkeit zu konstruieren. Der lebenspraktische Vorteil der Jurisprudenz ist ihre strikte Systematisierung. Sie verlangt es ihren Anwendern ab, das abstrakte Regelwerk des Gesetzgebers auf einen jeden ‚Fall' anzuwenden. Dies schafft eine Homogenität in der Rechtsanwendung, die über die Rechtspraxis hinaus dem modernen Verständnis des Begriffs ‚Gerechtigkeit' implizit zu sein scheint. Ganz im Sinne des Dogmas: Gleiche Behandlung für gleiche Menschen. Entscheidungen und Urteile werden dadurch zwar nicht vorhersagbar, aber sie können dennoch vorab einem kundigen Rechtsgelehrten zur Einschätzung und Abwägung unter Zuhilfenahme eines objektiven Instrumentariums vorgelegt werden. Dies ist ein nicht zu unterschätzender Vorteil des modernen Rechts, dem die ihm verpflichteten Bürger einen großen Teil ihrer persönlichen Handlungsfreiheit verdanken. Die Jurisprudenz schematisiert und schafft damit eine in ihrer Bedeutung nicht zu unterschätzende Möglichkeit der Abwägbarkeit von Recht und Unrecht.

Doch gerade in ihrer dogmatischen Verknappung der Lebenspluralität liegt auch die größte Schwäche der Jurisprudenz. Weil die Literatur einen anderen Umgang mit Tatsachen und Fakten pflegen kann und eben nicht an traditionell juristische Falldarstellungen gebunden ist, eröffnet sie neue Bedeutungshorizonte, die in einer schon im Hinblick auf ihre Subsumtion unter ein Gesetz entworfene Falldarstellung, nicht angelegt sind. Ätiologien, soziale oder (mögliche) familiäre Zwangslagen werden offensichtlich, für die das Recht blind ist, weil ihm die einschlägige Norm fehlt. Döblin macht darauf aufmerksam, dass die Vorgeschichten der Täterinnen zwar ermittelt und in das Verfahren und die rechtliche Beurteilung aufgenommen wurden, dass sich aber unter einer minimalen Verschiebung der Perspektive ein völlig anderes Bild der Gerechtigkeit präsentieren kann, als jenes der Rechtswissenschaft. Und dies, obwohl die Veränderungen, die er am Fallgeschehen vornimmt, gering sind und er noch nicht einmal die zeitlichen Grenzen der Erzählung im Vergleich zur Staatsanwalt ausweitet. Natürlich ist der verhandelte Diskurs einer aus dem Berlin der Weimarer Republik. Homosexualität, gescheiterte Ehen und physische Gewalt in der Ehe waren hochbrisante Themen, damals noch viel mehr als heute. Heute werden sie in der öffentlichen Meinung und auch in der Strafrechtsanwendung anders verhandelt. Obwohl die Elemente, aus denen dieser Sensationsprozess bestand, auch heute noch für Aufmerksamkeit sorgen würden, hat sich der gesellschaftliche, sozialpsychiatrische und strafrechtliche Umgang mit psychischen Störungen, die zur Unzurechnungsfähigkeit führen können, gewandelt. Niemand würde heute ein in der Sache angelegtes Kausalverhältnis zwischen einer lesbischen Liebe und einem Verbrechen annehmen. Viele menschliche Verhaltensweisen, die die Gesellschaft der 1920er Jahre noch verurteilte, moralisch und strafrechtlich, sind heute in der Mitte der Gesellschaft angekommen und eine selbstverständliche Errungenschaft der zivilisierten Welt. Auch die Rechtslage ist heute eine andere. Die Zurechnungsfähigkeit unterliegt der Dreiteilung. Neben der Zurechnungsfähigkeit und der Unzurechnungsfähigkeit gibt es auch die verminderte Schuldfähigkeit nach § 21 StGB. Dass diese Änderung im Rechtssystem auf Döblin zurückzuführen ist, ist nicht anzunehmen, zumal es fraglich ist, ob bei Ella Klein und Margarete Nebbe auch heute eine psychische Störung diagnostiziert würde, die zu einer verminderten Schuldfähigkeit führen könnte. Aber die Literatur hat hier aufgrund ihres Perspektivreichtums schon sehr viel früher als die Rechtswissenschaft eine Handlungsnotwendigkeit erkannt. So ist die Literatur nicht per definitionem ‚gerechter' als die Jurisprudenz, denn demokratische Rechtssysteme sind zwar dogmatisch, aber durchaus flexibel. Das Recht ist lernfähig. Demnach stellt die Literatur kein besseres rechtliches Regelwerk zur Verfügung, aber sie sieht Dinge, die dem geschulten Blick des Rechtsgelehrten verschlossen bleiben. Gute Literatur ist dem Recht ihrer Zeit voraus.

Unter dem Gesichtspunkt des Konstruktionscharakters der Gerechtigkeit ist diese de facto nicht erreichbar. Wie dargelegt, muss das Recht die Realität selektieren und verknappen, um überhaupt Entscheidungsgrundlagen bereitzustellen. Die Gerechtigkeit ist das zu erfüllende Soll, das wie eine Folie unter der Anwendung des Rechts liegt. Dabei bleibt die Forderung jedoch abstrakt. Sie ist der Maßstab des Urteilens. Je nach Perspektive verändert der Maßstab aber seine Parameter. Gerechtigkeit hat ihren nicht zu ersetzenden Platz in der sozialen Interaktion, aber sie bleibt eine Fiktion, denn verschiebt sich die Perspektive, so verschiebt sich auch die Gerechtigkeit. Und so kann das Erzähler-Ich im Epilog sagen:

Die Schwierigkeiten des Falles wollte ich zeigen, den Eindruck verwischen, als verstünde man Alles oder das Meiste an solchem massiven Stück Leben. Wir verstehen es in einer bestimmten Ebene.[49]

---

49 Döblin (Anm. 11), S. 117.

Wider den Standard: Négritude und Goethezeit, Ablehnungen klassischer „Regelpoetik"

Amadou Oury Ba, Université Cheikh Anta Diop, Dakar

Einleitung

Standards und Normen erheben den Anspruch, für jede Organisation, Struktur oder jeden Kulturkreis, was für unser Thema von besonderem Interesse sein wird, allgemeingültig zu sein. Negritude und die Literatur der Goethezeit, besonders Sturm und Drang und Romantik, gelten als Ablehnung allgemeingültiger literarischer Standards und Normen. Dem französischsprachigen Westafrika wurde das französische Kulturmodell in quasi allen gesellschaftlichen Bereichen aufgezwungen. In den Schulen wurde das koloniale Bildungssystem durchgesetzt. Dieses Schulsystem ersetzte auf gesellschaftlicher Ebene die Initiationsriten, die laut Joachim Fiebach zur Sozialisation des Individuums wesentlich beigetragen hatten.

> Die Initiation, eine der zentralen Institutionen der Dorfgemeinschaften, ist als lebenswichtig gedachte und ausgeübte soziale und kulturelle Praxis eine Folge theatralischer Akte, die sich oft zu ,Lehrtheater' Sequenzen verdichten. Die Initiation selbst wird als Theater gedacht und praktiziert: die Jungen und die Mädchen gehen als Kinder oder ,Neutra' in sie hinein, verändern sich in ihr über verschiedene Phasen hinweg zu einem neuen Wesen, dem Erwachsenen, dabei das Verändern, Sterben und Neuerstehen darstellend.[1]

So kam es, dass afrikanische Studenten wie Leopold Sedar Senghor oder David Diop, die ursprünglich in jenen Initiationskreisen sozialisiert wurden, später mit einem neuen, ganz anderen Bildungs- und Wertesystem konfrontiert waren. Es entstand eine Alterität, die sich erst in Paris, fern von der Heimat offenbarte. Paris bedeutete vor allem die Begegnung mit dem Surrealismus. Die Person wie auch die Poesie wurden nicht mehr in bloßen Normen und Konventionen begriffen, sondern auch anders erfasst. Der Stil in der Literatur wurde gelockert. Die strengen Regeln der Schrift wurden durch eine neue Unabhängigkeit in Wort und Bild zerrüttet. Die Psychoanalyse suchte andere Wege zur Erfassung des Menschen als der cartesianische Verstand, währenddessen der Marxismus die

---

1   Joachim Fiebach: Die Toten als die Macht der Lebenden. Berlin 1986, S. 29.

Schwächen und Nachteile des Kapitalismus an den Pranger stellte. Er war der Négritude somit ein willkommenes Medium. Die Identitätsfrage war dadurch leichter zu stellen, da die eine absolute Wahrheit nicht mehr gegeben war. Von nun an konnten Probleme auf verschiedene Arten erfasst werden und nicht nur durch die „cartesianische Vernunft", die die Négritude-Protestler als koloniale Ideologie definiert hatten.

Betrachtet man die Evolution der Négritude, erinnert sie in vielen Aspekten an die Periode der Goethezeit, vor allem an die Bewegung des Sturm und Drang und an die der Romantik, die sich jenem Kulturimport französischer Provenienz widersetzten. Vor allem war die Literatur des Sturm und Drang sehr engagiert und verdeutlichte das Streben nach einer freien Literaturform, die sich vom Diktat der Vernunft trennen möchte. Großgeschrieben wurde in dieser Epoche, die sich bewusst von der strengen aus Frankreich importierten „Regelpoetik" fern hielt, Spontaneität, Genie und Empfindungsvermögen. Folgender Artikel setzt sich zum Ziel, das Paradigma von Standards und Normen im Bereich des kulturellen Ausdrucks afrikanischer und deutscher Intellektueller zu reflektieren und ihre Ablehnungen komparatistisch zu betrachten.

Kanonisierung, Kolonialisierung

Nach dem Literatur- und Kulturtheorie Lexikon[2] wurde der ursprünglich aus dem Bereich der heiligen Schriften entlehnte Begriff des „Kanon" erst seit Ende des 18. Jahrhundert auf die Literaturwissenschaft angewendet. Das Verständnis von Kanon umfasst dann ein Korpus an literarischen Texten, die eine Trägergruppe oder eine ganze Kultur autorisiert und als wertvoll definiert. Den Kanon betrachten wir somit als standardisierte Schriftnorm im europäischen Kontext, die dennoch mit kulturellem Einfluss verbunden wird. Der Kampf gegen die geistige Kolonisierung, die von Europa ausgehend in die Überseeländer überschwappte, stellt sich hier als Ablehnung klassischer Standards der Poetik in der Tradition des griechisch-römischen Erbes dar. Poetik definierte Normen und Regeln der Schrift, vor allem was Drama, das klassische Drama angeht, nämlich die drei Einheiten von Zeit, Raum und Handlung. Schon in Frankreich meldeten sich während der Periode der Romantik mit dem Werk Hernanis' Stimmen gegen diese Schreibregeln. Dieser Kampf ist durch den Namen „la Bataille d'Hernani" bekannt.[3]

---

2   Vgl. Ansgar Nünning: Metzler Lexikon. Literatur-Kulturtheorie. 4. Auflage. Weimar 2008, S. 344.

3   Vgl. La bataille d'Hernani. Online: http://blog.bnf.fr/gallica/?p=1279. (letzter Zugriff 01.03.2011).

Dennoch wurden in die Überseeländer, die unter dem Einfluss der französischen Kolonialmacht standen, Kultur- und Wertevorstellungen transferiert. Dieser Kulturtransfer ist als „direct rule" bekannt, im Gegensatz zum englischen Modell des Nicht-Eingreifens, oder „indirect rule". Das Bildungssystem Frankreichs wurde dann zum Modell erhoben, das eigene religiöse System mit der Einführung der Missionskirchen disqualifiziert. Somit erfolgte eine volle Normierung afrikanischen Lebens, die sich in den Gedichten afrikanischer Intellektueller ausdrückte. In einem Gedicht namens „Solde" rechnet Césaire, ein Dichter der Négritude-Bewegung, mit den französischen Lebensweisen und den darauf basierenden Bildungsstandards ab.

J'ai l'impression d'être ridicule
Dans leurs souliers
Dans leurs smoking
Dans leur plastron
Dans leur faux-col
Dans leur monocle
Dans leur melon

J'ai l'impression d'être ridicule
Avec mes orteils qui ne sont pas faits
Pour transpirer du matin jusqu'au soir qui déshabille
Avec l'emmaillotage qui m'affaiblit les membres
Et enlève à mon corps sa beauté de cache-sexe
[...][4]

Diese Zurückweisung klassischer Regelpoetik vereinte eine Gruppe um Senghor, Suzanne und Aimé Césaire aus Martinique, Alioune Diop aus dem Senegal, Lyon Damas aus Guyana, die durch Leo Frobenius in Kontakt mit der deutschen Dichtung kamen. Anlass dieser Begegnung waren die Ausstellungen von Malereien und afrikanischen Masken, wobei es Übersetzung und Rezensionen von Frobenius' Werken wie die *Kulturgeschichte Afrikas* (1939) sowie die *Schicksalskunde* (1940) gab.[5]

4   Nach Marilyn Séphocle: Die Rezeption der „Negritude" in Deutschland. Stuttgart 1991, S. 79.
5   Frank Wittmann: Probleme ethnographischer Lesarten: Eine kritische Untersuchung zur Bedeutung der Kulturmorphologie von Leo Frobenius innerhalb der Neubegründung einer Kulturwissenschaft (http://pages.unibas.ch/afrika/papers/fw.Frobenius.pdf, S. 16).

Die Goethezeit bezeichnet eine literarische Epoche, die mehrere Jahrzehnte umfasst. Diese Periode erstreckt sich zwischen drei Perioden der Literaturgeschichte, nämlich dem Sturm und Drang, der Klassik und der Romantik. Diese drei Etappen waren alle durch verschiedene Begrifflichkeiten und Weltanschauungen gekennzeichnet. Vor allem die Klassik gilt hier als eine Periode des Festhaltens an der „Regelpoetik" und ist aus diesem Grund für uns, was unser Thema angeht, nicht so relevant. Wichtiger sind die Perioden des Sturm und Drang und der Romantik, insofern beide grundsätzlich den Normen der Regelpoetik widersprechen. Diese beiden Perioden widersetzen sich also den auferlegten Kulturstandards.

Was das Problem von Normen und Standards auf kultureller Ebene angeht, ist nun auch die Négritude ein interessantes Thema. Die Négritude entstand in Frankreich, genauer: im Pariser Viertel „Quartier Latin". Die afrikanischen Studenten vom südlichen Teil der Sahara, deren Länder unter Kolonialherrschaft standen, und gleichgesinnte Studenten von den Antillen beschlossen, den damals in Frankreich herrschenden Vorurteilen und der Unterdrückung durch die Kolonialherren entgegenzuwirken. In dieser Periode der Négritude wurde noch nicht über die politische Unabhängigkeit geredet, sondern über die Verteidigung der afrikanischen Identität und die Verbesserung der Situation der Studenten in den Metropolen.

Standards sind meiner Meinung nach entweder Vereinbarungen oder auferlegte Regeln, die sich etablierten, weil sich eine Institution, ein Land oder eine Kultur als Leitinstitution, -kultur oder -zivilisation durchsetzte. Frankreich, damals mächtige Kolonialmacht, definierte seine Zivilisation als universelle Zivilisation. In Verbindung damit kam es zu einer Art kultureller Mission, die alle anderen Systeme außer Kraft setzen wollte. Von da an propagierte Frankreich theoretisch, politisch und militärisch seine Zivilisation in anderen Kulturen. Diese Kolonialpolitik paart sich mit einem heftigen kulturellen Imperialismus, der danach strebt, alle afrikanischen Kulturen unter französischem Einfluss nach einem bestimmten Muster zu formatieren. Auch geistig wurden Denkweisen geprägt, so dass afrikanische Intellektuelle auch in diesem kolonialen Bildungssystem geformt und stark beeinflusst wurden. In Paris jedoch, in ihrer Begegnung mit archäologischen Forschungen von Leo Frobenius, Delavignette, Delafosse und anderen Forschern, sahen sich afrikanische Studenten in der Position, diese Kulturstandards als fremde Einflüsse anzusehen und sie als verschieden aber gleichwertig zu betrachten. Dieses Bewusstsein wurde erst durch den Aufenthalt in Paris geweckt:

Das physische Exil fern der afrikanischen Heimat, ebenso wie das geistige Exil in der Assimilation abendländischer Wertvorstellungen haben auf den Neger im Sinne einer Entfremdung von seiner ursprünglichen, im afrikanischen Kulturkreis verwurzelten Persönlichkeit gewirkt. Sobald dieser Vorgang vom Individuum als bewusst erfahren wurde, erschien die Harmonie zwischen Ich und Welt gestört.[6]

Von da an entwickelte sich die Rebellion gegen französische Kulturstandards ähnlich der Rebellion des Sturm und Drang und der Romantik.

Eine thematisch-poetologische Ablehnung der „Regelpoetik"

Zur Geniefrage

Spontaneität, Genie und Empfindungsvermögen waren Prinzipien, die während der Periode des Sturm und Drangs großgeschrieben wurden. Eine engagierte Literatur wurde von einer Gruppe von rebellischen Jugendlichen geschaffen. Diese Bewegung zwischen 1770 und 1790 wurde von Emanzipationsbestrebungen der Aufklärung vorbereitet genauso wie von verschiedenen Kulturkritikern wie Jean Jacques Rousseau, dessen Motto „zurück zur Natur" begeistert aufgenommen wurde. Standards sind Konventionen und Konventionen gab es auch zu dieser Zeit sozial, religiös und kulturell. Die „Stürmer und Dränger" lehnten sich vor allem gegen die Vorstellung von einer Gesellschaftsordnung mit strengen Ständeschranken und erstarrten Konventionen auf. Wegbereiter dieser Epoche wie Hamann setzten schon früh verstärkt auf das Gefühl gegenüber der vernunftbetonten Epoche der Aufklärung. Herder wies nachdrücklich auf die Kraft natürlicher Sprache, auf die Kraft der Volkssprache, hin und orientierte sich an Shakespeare. Nicht nur Lessing ließ sich von Shakespeare inspirieren und lehnte die strengen Regeln des Dramas ab. Er inspirierte auch die jungen Stürmer und Dränger, die nun Dramen wie *Götz von Berlichingen* (1773), *Die Räuber* (1781) usw. schrieben. Die Themen kreisten um politische und menschliche Freiheit. Völker, Sprachen und Kulturen wurden von ihrem Ursprung her in ihrer Einzigartigkeit erfasst. Alles, was Fremdbestimmung, Moral, Konvention und elterliche Willkür bedeutete, wurde abgelehnt. Das Projekt des Sturm und Drangs kam einer Literaturrevolution gleich, die weitere Aspekte beinhaltete, nämlich die Distanzierung von allen Zwängen und Normen. Die Thematik des Genies und der Autonomie war ein Pfeiler des Sturm und Drang, wobei Genie nicht im Sinne einer individuellen Entfaltung allein begriffen wurde, sondern als eine anspornen-

---

6   Peter Aberger: Die Bedeutung der Harlem Renaissance für das dichterische Werk Léopold Sédar Senghors. Würzburg 1972, S. 64.

de Kraft, die dazu fähig war, die Massen zu begeistern und sie zum Handeln zu motivieren. Das Genie war für das Neue bereit und setzte sich ein, um dieses Neue durchzusetzen. Dabei war ein großes Empfindungsvermögen erwünscht, da der Mensch im Verständnis des Sturm und Drang nicht nur aus Verstand, sondern auch aus Gefühl bestand.

Dieser Impuls, sich selbst zu helfen, der in den Werken des Sturm und Drang propagiert wird, war für die Négritude-Theoretiker sehr anziehend und wirksam. Senghor vor allem war stark von Helden wie Egmont oder Prometheus beeindruckt. Ähnlich wie diese Helden oder wie Götz rebellierten nun er und seine Gleichgesinnten gegenüber allen kulturellen Standards der Kolonialmacht.

> C'était à la fin de l'année 1941: j'étais, depuis un an, à Poitiers, dans un camp de prisonniers de guerre, coloniaux'. Mes progrès en allemand, m'avaient, enfin, permis, de lire des poésies de Goethe dans le texte. Ce fut une révélation, qui m'amena à relire, d'un esprit plus attentif, les grands œuvres du maître. Dans ma minuscule bibliothèque je plaçais, maintenant, Faust et Iphigénie à côte de l'Enéide, des Pensées de Pascal et des Dialogues de Platon, devenus mes livres de chevet. [7]

Poetologische Formulierungen der Absage in Deutschland und in Afrika

Eine poetologische Umsetzung dieser Absage an klassische Standards liegt darin, dass die Regel der drei Einheiten umgestoßen wurde, nämlich die der Handlung, der Zeit, des Ortes. Der Schauplatz wechselt häufig, die Handlung umfasst viele Stränge um die Hauptfigur und über die Zeit wird beliebig verfügt. Der Einfluss aus Frankreich, was die Poetik angeht, wurde an den Pranger gestellt. Für Herder war die Thematik der Revolte gegen die importierten Regeln zentral. Herder, ein Schüler Hamanns, ersetzte die göttliche Inspiration des Genies durch die naturhafte Schöpfungskraft. Das Genie hatte die Kraft zu schaffen und sich unabhängig von fremden Einflüssen selber zu entfalten. Vor allem durch die Übernahme von Herders Ideen zeichnete sich Goethe als Stürmer und Dränger aus, der in der platten Vernunft der Aufklärung eine unwahre Natur sehen wollte. Die Umsetzung dieser Revolte zeigte sich dann in den literarischen Werken des jungen Goethe, wie den Werken *Egmont* (1775), *Götz von Berlichingen* (1773), sowie in Werken von Schiller wie z. B. *Die Räuber* (1781). Die Protestbewegung der jungen Stürmer und Dränger folgte einer emanzipatorischen Richtungslinie, die sich von allen Zwängen befreien wollte. Goethe zum Beispiel formuliert diese Zwänge in einem sehr bekannten Zitat:

7   Léopold Sédar Senghor: Liberté I. Négritude et Humanisme. Paris 1964, S. 83.

Es schien mir die Einheit des Ortes so kerkermässig ängstlich, die Einheiten der Handlung und der Zeit lästige Fesseln unserer Einbildungskraft. Ich sprang in die freie Luft und fühlte erst, dass ich Hände und Füße hatte.[8]

Bei den Romantikern wurde diese Ablehnung auch gegen die Regelpoetik ausgerichtet. Es hieß das exklusive Vernunftdenken zu verwerfen und sich einem neuen Gefühl zuzuwenden. Das bedeutete die Hinwendung zu alten deutschen Mythen, die Verherrlichung der Natur usw. Bei Novalis äußert sich diese Ablehnung in verschiedenen Gedichten. Er schreibt:

Wenn nicht mehr Zahlen und Figuren
Sind Schlüssel aller Kreaturen
Wenn die so singen, oder küssen,
Mehrs als die Tiefgelehrten wissen,
Wenn sich die Welt ins freye Leben
Und in die Welt sich zurück begeben,
Wenn dann sich wieder Licht und Schatten
Zu ächter Klarheit wieder gatten,
Und man in Mährchen und Gedichten
Erkennt die wahren Weltgeschichten,
dann fliegt vor Einem geheimen Wort
Das ganze verkehrte Wissen fort.[9]

Ähnlich wirkt sich dies bei Eichendorff aus, dessen Naturlyrik in einer Periode der militärischen Auseinandersetzung gegen Napoleons Truppen zu situieren ist. Entstanden sind Gedichte, die die Natur verherrlichen, die Heimat und die eigenen kulturelle Werte besingen.[10] Bei August W. Schlegel erkennt man den starken Drang nach kultureller Selbstbehauptung fern von Importmodellen aus dem Ausland: „Nachdem wir lange genug in allen Weltteilen umhergeschweift, sollten wir endlich anfangen, einheimische Dichtung zu benutzen."[11]

Ähnlich den Romantikern setzten sich die Négritude-Theoretiker von der klassischen Regelpoetik ab. Ihr Stil wurde vom Surrealismus sowie von afrikanischen Gedichtformen beeinflusst, die man bei den Griots (afrikanischen Troubadouren) fand. Ihre Gedichte sind polyrhythmisch und folgen dem Rhythmus der traditionellen Instrumente. Im Falle Senghors schreibt Janheinz Jahn dazu:

---

8   Nach Ernst und Erika von Borries: Aufklärung und Empfindung, Sturm und Drang. In: Deutsche Literaturgeschichte. Band 2. München 1992, S. 198.
9   Zit nach Hubert Uerling: Novalis. Stuttgart 1998, S. 118.
10   Online: http://gutenberg.spiegel.de/?id=5&xid=521&kapitel=1#gb_found (letzter Zugriff 24.06.2010).
11   Zitiert nach J.-F. Angelloz: Le romantisme allemand. Presses universitaires de France, Paris 1973, S. 63.

Es ist kein prosodischer oder metrischer Rhythmus, der Silben zählt oder Betonungen. Dieser Rhythmus schreitet unermüdlich fort, lässt die Silben sprudeln und tropfen und verhält nur, wenn er – wie die Ausrufer in afrikanischen Dörfern – die Pausen, die lyrischen Haltepunkte und die Schlussakzente hervorhebt. Dieser Rhythmus ist gebändigte Ekstase.[12]

Der Weg führt zu freien Rhythmen, zu den Heimatrhythmen. Somit vervollkommnet sich die Zurückweisung fremder Standards und Normen, durch die das Eigene wegen des kolonialen Schulsystems geringgeschätzt und verboten wurde. Die poetologische Artikulation dieser Ablehnung äußert sich bei Senghor im Kampf gegen die Syntax und den Alexandriner, Elemente des französischen Klassizismus.

Ach mourir à l' enfance, que meure le poème se désintègre la syntaxe, que s'abime tous les mots qui ne sont pas essentiels. Le poids du rythme suffit, pas besoin de mots ciments pour bâtir la cité de demain.[13]

Thematische Entmythifizierung und Dekonstruktion der Zivilisierungsmission

Zu dekonstruieren galt es für Senghor und die Négritude-Theoretiker die Zivilisierungsmission der französischen Kolonialmacht, die vor allem mit wirtschaftlicher Nutzbarmachung der Bodenschätze der Kolonien zugunsten der Kolonialmacht einherging. Dies konnte leider nicht wirksam werden, ohne dafür eine passende Ideologie der Zivilisierungsmission zu finden. In Auseinandersetzung mit dieser Rechtfertigungsideologie sagt Monika Midel:

Afrika existierte vor der Entdeckung durch die Europäer. Die episodenhafte Darstellung eines bestimmten, als entscheidend angesehenen Punktes afrikanischer Geschichte trägt die Gefahr in sich, die Ereignisse als kategorische Brüche der historischen Kontinuität erscheinen zu lassen. Auch vor der europäischen Invasion gab es in Afrika politische und soziale Umwälzungen, Diplomatische wie Kriegerische Auseinandersetzungen. Die Kolonisation war nicht die Stunde Null, sondern eine bedeutende aber nicht einzigartige Veränderung in der Geschichte Afrikas.[14]

Hier wird an den geistigen Einfluss deutscher Forscher erinnert, da es deutsche Archäologen waren, die weitere Argumente für die Négritude vorbrachten. Leo

---

12 Jahnheinz Jahn: Léopold Sedar Senghor. Botschaft und Anruf. München 1963, S. 213.
13 Leopold Sedar Senghor : Œuvre poétique. Paris 1990, S. 201.
14 Monika Midel: Fulbe und Deutsche in Adamaua Nord Kamerun. Univ. Diss. Bonn 1990, S. 17.

Frobenius' Einfluss auf Senghor und Césaire Anfang des 20. Jahrhunderts, zwei Protagonisten der Négritude-Bewegung, ist sehr bekannt. Ob Senghor die notwendigen Argumente für seinen Kampf um eine eigenständige Zivilisation bei den deutschen Archäologen finden konnte, bleibt fragwürdig, aber die Ablehnung fremder Kulturstandards meinte er in der Periode der Romantik und des Sturm und Drang gefunden zu haben. Senghor sagt:

> Wir liessen uns von den leuchtenden Thesen von Leo Frobenius verführen, dem zufolge die Neger-Seele und die deutsche Seele Schwestern seien. [...] Leo Frobenius hatte uns in einem neuen «Sturm und Drang» eingereiht und uns zu Wolfgang Goethe geführt, einem Goethe, der schön war wie Ganymed, leuchtender als Alkibiades und von verwegener Kühnheit. Im Gefolge des Aufrührens erhoben wir uns gegen die Ordnung und die Werte des Westens, besonders gegen die Vernunft.[15]

Der Kampf gegen das französische Kultur- und Bildungsmodell äußerte sich in poetologischen und theoretischen Schriften. Vor allem das Wertesystem der Kolonialmacht wurde an den Pranger gestellt. Senghor orientiert sich infolgedessen an den deutschen Epochen des Sturm und Drang und der Romantik, zumal diese als irrationale Momente kulturellen Ausdrucks aufgefasst wurden. Diese Rückbesinnung auf die eigenen Kulturwerte und die Orientierung an bestimmten Epochen der deutschen Literatur erfolgte in einer Periode des Krieges in Europa. Dies brachte ihn in Kontakt mit literarischen Texten deutscher Autoren wie Goethe und den Romantikern. Er fügt hinzu:

> C'était à la fin de l' année 1941: j' étais depuis un an à Poitiers, dans un camp de prisonniers de guerre coloniaux. Mes progrès en allemand m'avaient enfin permis de lire des poésies de Goethe dans le texte. Ce fut une révélation, qui m'amena à relire d'un esprit plus attentif les grandes œuvres du maitre. Dans ma minuscule bibliothèque je plaçais maintenant Faust et Iphigénie à cote de l'Enéide, des Pensées de pascal et des dialogues de Platon, devenus mes livres de chevet.[16]

All diese Texte zeigen, dass hier die aufgezwungene Zivilisation, die westliche Zivilisation als Kulturstandard definiert und anderen Völkern, nämlich afrikanischen Kulturen, aufgezwungen worden war. Mit der Dekonstruktion dieser vorgeschlagenen Zivilisation ging die Beschäftigung mit der eigenen Zivilisationen einher, mit den eigenen alten Reichen in Westafrika, wie Mali, Ägypten oder Gao usw. Wirksame Argumente fand Senghor in den Texten der Romantiker, in

---

15 Wittmann (Anm. 5).
16 Senghor (Anm. 7), S .83.

dem Sinne, dass er in verschiedenen Texten anti-technokratische (gegen Carte-sianismus, gegen diskursives Denken) Züge findet:

> Jeune professeur, débarrassé des examens et concours, militant de la Négritude, qui avait juré d' oublier Descartes et ses principes, je découvrais, avec ivresse, les poètes Novalis, Brentano, plus tard Heine et Hölderlin sans parler des poètes prosateurs qu'étaient Hoff-mann et Eichendorff.[17]

Schlussfolgerung

Obwohl das Thema Standards eher für andere Wissensbereiche gedacht zu sein scheint, ist es, was unser Thema angeht, sehr passend. Zum Einen wurde darges-tellt, dass sich die Négritude ebenso wie der Sturm und Drang und die Romantik gegen die fremden auferlegten Kulturstandards ausgesprochen haben. Einem Négritude-Theoretiker wie Senghor kam dies einer kulturellen Revolution gleich:

> Mais, déjà, la trompette de Louis Armstrong avait retenti sur la capitale française, comme une condamnation, les hanches de Joséphine Baker secouaient vigoureusement tous ses murs et les «fétiches» du Trocadéro achevaient la «Révolution nègre» dans l'Ecole de Pa-ris. Cependant, dans nos laborieuses dissertations au lycée Louis-le-Grand et en Sorbonne, ou, à l'ébahissement des professeurs, nous nous référions aux «valeurs noires», il nous manquait, avec la «vision en profondeur», l'explication philosophique. C'est Leo Frobe-nius qui nous donna.[18]

Um bestehen zu können, mussten sie eigene Standards definieren, nach eigenen Wertesystemen agieren. Das formulierte Senghor unter dem Begriff „romantisme dominé" und unter der Parole „s'enraciner pour mieux s'ouvrir". Das bedeutet keine kategorische Verschließung, bzw. Abkapselung gegenüber fremden Werte-systemen, sondern eine sich selbsterneuernde Denkweise, die zum Austausch und zur Begegnung bereit ist.[19] Die Gedichte der Négritude-Theoretiker rebel-lierten in dieser Periode gegen jeden normativen Zwang.

> In Senghors Versen offenbart sich Tiefe und Schönheit der afrikanischen Kultur, er „betet zu den Masken", er grüßt den „löwenköpfigen Ahn", er hat die französische Sprache auf

---

17 Léopold Sedar Senghor: Liberté III. Négritude et civilisation de l'universel. Paris 1977, S. 197.
18 Ebd., S. 399.
19 Vgl.: http://www.boersenverein.de/sixcms/media.php/806/1968_senghor.pdf (letzter Zu-griff 01.03.2011).

afrikanische Weise tanzen gelehrt, sie umgeprägt zu einer neoafrikanischen Sprache, die jene Qualitäten enthält, derer der afrikanische Dichter bedarf. In seinen Essays hat er afrikanisches Denken und Fühlen auf europäische Weise interpretiert und es so den Nicht-Afrikanern erschlossen. Seine Politik ist die Exekutive seiner Poesie, seine Dichtung die Kraftquelle seiner Politik. Die harmonische Einheit des Menschen in schöpferischem Denken und Handeln, die Senghor fordert, lebt er selbst vor.[20]

Dass die Romantiker auf die Négritude-Theoretiker inspirierend wirkten, ist nicht zu bestreiten. Die Themen der Natur und der Zeit der Jugend, die Betonung der geistigen Unabhängigkeit und Apologie der eigenen Kultur sind bei der Négritude-Bewegung und der Romantik ähnlich. So gesehen können wir behaupten, dass Goethezeit und Négritude zwei Literaturperioden sind, die erstens durch eine stark heimatorientierte Dichtung gekennzeichnet werden. Zum zweiten, dass diese Periode bahnbrechende Veränderungen in Normen und Standard der Poetik brachten. Die Problematik des Genies bei den Stürmern und Drängern und die der „ecriture automatique" der Négritude-Theoretiker sind einem bemerkenswerten Wandel der kulturellen Normen und Standards unterworfen.

20 Léopold Sédar Senghor: Botschaft und Anruf. Sämtliche Gedichte. (Hg. Janheinz Jahn), München 1963, S. 214.

Ausschluss und Gleichschaltung. Franz Kafkas Gemeinschaften[1]

Vivian Liska, Universiteit Antwerpen

Wer „wir" sagt, verspricht Vieles: Das Gefühl, geborgen zu sein, geschützt, gestützt, umringt von anderen, die ihm gleichen und in deren Namen er spricht. Er steht für sie ein und verleiht ihnen eine Stimme. Mit vereinter Kraft und einheitlichen Interessen schafft „Wir-Sagen" Einmütigkeit und Eintracht, und mit diesen die Dispute der Vielfalt aus der Welt. Doch: Wer „wir" sagt, verspricht sich. Er schaltet Unterschiedliches gleich, gibt vor, eine Einheit zum Sprechen zu bringen und verschweigt dabei seine Sonderstellung als Wortführer der Gruppe, die er im „Wir" benennt. Wer wir sagt, erklärt sich für verbunden und seine Aussage für verbindlich. Er spricht aus dem Kreis eines Kollektivs heraus, dem er angehört, für das er stellvertretend einsteht und mit dem er sich zusammenschließt, doch verdeckt er dabei den Unterschied, der ihn in seiner Autorität als Sprechendem von den im „Wir" Mitgemeinten trennt, macht diese ihm selbst und untereinander gleich. Dabei verschweigt er nicht nur sein Ich und ein Du anerkannter Andersheit, sondern schafft eine Grenze zum „Ihr" oder „Sie" jener, die nicht dazugehören. Wer „wir" sagt, schafft Gemeinschaft und ermächtigt sie und dabei sich selbst. Wer „wir" sagt, schließt aus und schaltet gleich.

In *Einsam wie Franz Kafka* bemerkt Marthe Robert, dass Kafka selten „wir" sagt und wenn, dann „selten unzweideutig."[2] Kafka sagt jedoch viel häufiger „wir" als gemeinhin angenommen wird, und seine Verwendung der ersten Person Plural, wie seine Darstellung von Gemeinschaften geht über jegliche Ambivalenzen weit hinaus. Roberts Zitat stammt aus ihrem Kommentar zu Kafkas Tagebucheintrag vom 5. Oktober 1911, in dem er sich erinnert: „Bei manchen Liedern, der Aussprache ‚jüdische Kinderlach', manchem Anblick dieser Frau, die auf dem Podium, weil sie Jüdin ist, uns Zuhörer, weil wir Juden sind, an sich zieht, ohne Verlangen oder Neugier nach Christen, gieng mir ein Zittern über die

---

1   Dieser Text ist eine stark gekürzte und veränderte Version eines Aufsatzes, der sich mit Kafkas Verhältnis zum Judentum und zum Zionismus befasst: Vivian Liska: Nachbarn, Feinde und andere Gemeinschaften. Kafka und der Zionismus. In: Kafka und der Zionismus. Ed. Mark Gelber. Tübingen: Niemeyer Verlag, 2004, S. 89–106. Demnächst wiedergedruckt in: Vivian Liska: Fremde Gemeinschaften. Deutsch-jüdische Literatur der Moderne. Wallstein Verlag.

2   Marthe Robert: Einsam wie Franz Kafka. Frankfurt a. M. 1987, S. 52.

Wangen."[3] Für Robert rufen diese Worte und der Gebrauch der ersten Person Plural Kafkas Erfahrung einer wirklichen Gemeinschaft in Gegenwart der jiddischen Schauspieler und seiner „tief empfundenen Antwort auf den mütterlichen Ruf der Schauspielerin"[4] auf. In diesem Moment, schreibt Robert, nimmt Kafka „seinen Platz unter den jüdischen ‚Kinderlach' der großen Familie wieder ein, von der er fortgelaufen war."[5]

In einer berühmten Passage aus *Beim Bau der Chinesischen Mauer* heißt es:

> [W]ie groß und reich und schön und liebenswert ihr Land war, jeder Landsmann war ein Bruder, für den man eine Schutzmauer baute und der mit allem was er hatte und war sein Leben lang dafür dankte, Einheit! Einheit! Brust an Brust, ein Reigen des Volkes, Blut, nicht mehr eingesperrt im kärglichen Kreislauf des Körpers, sondern süß rollend und doch wiederkehrend durch das endliche China.[6]

Trotz der offensichtlichen Übertreibung, der atypisch exaltierten Parataxis und der Tatsache, dass sie eine totale Unterwerfung unter die Bruderschaft nahe legt, wurde diese meisterhafte Darstellung der Idee einer organischen Volksgemeinschaft häufig als ein verzückter Ausdruck des Kafkaschen Ideals interpretiert. Hartmut Binder geht sogar so weit, diese Passage als Beweis für Brods Intuition zu lesen, das Judentum nehme Kafka allmählich in Besitz: „Der hier gepriesene Zusammenhalt des Volkes und des Blutes im Kaiserreich des Ostens ist offensichtlich ein Bild für die von Kafka erstrebte, im Ostjudentum immer sichtbar gebliebene völkische Einheit, die ihm ein Garant eines glücklichen Lebens war."[7] Es gibt viele ähnliche Bilder der Einheit und Ganzheit in Kafkas Werk, aber es ist fraglich, ob eines dieser Bilder als direkter Ausdruck von Kafkas Hoffnungen gelesen werden kann. Wahrscheinlicher ist, dass diese Passagen genau jenen Ort der Ambivalenz bezeichnen, an dem das Ideal einer homogenen Gemeinschaft für Kafka zugleich ein Objekt der Sehnsucht und ein Moment des Terrors ist.

In Kafkas *Forschungen eines Hundes* beschreibt der erzählende Hund liebevoll die Solidarität der „Hundeschaft"[8] als das größte Glück, nach dem man sich sehnen kann, das „warme Beisammensein", und vergleicht dieses mit der Indifferenz und Feindseligkeit der anderen Kreaturen. Doch im wenig anziehende

3   Franz Kafka: Tagebücher 1909-1912. Frankfurt a. M. 1994, S. 49.
4   Robert (Anm. 2), S. 53.
5   Ebd.
6   Franz Kafka: Beim Bau der chinesischen Mauer und andere Schriften aus dem Nachlaß. Frankfurt a. M. 1994, S. 68.
7   Hartmut Binder (Hg.): Kafka-Handbuch II. Stuttgart 1979, S. 505.
8   Franz Kafka: Das Ehepaar und andere Schriften aus dem Nachlaß. Frankfurt a. M. 1994, S. 48.

Bild von Hunden, die als Kollektiv „alle förmlich in einem einzigen Haufen" leben[9], evoziert Kafka einen Zweifel an Gemeinschaften, der im folgenden Satz
seinen Höhepunkt findet: „Warum tue ich es nicht wie die andern, lebe einträch-
tig mit meinem Volke und nehme das, was die Eintracht stört, stillschweigend
hin.."[10]

Diese Beschreibung der Gemeinschaft von sieben Hunden in *Forschungen eines Hundes*, von dem erzählenden Hund dargeboten als Ereignis in seiner Jugend
(und von mehreren Kritikern überzeugend als eine autobiographische Reminis-
zenz Kafkas an seine jugendliche Sympathie für die Schauspieler des jiddischen
Theaters, die für ihn der Inbegriff einer vereinten „Volksgemeinschaft" waren),
wiederholt das Bild des Reigens aus *Beim Bau der chinesischen Mauer*: „Das
Heben und Niedersetzen ihrer Füße, bestimmte Wendungen des Kopfes, ihr Lau-
fen und ihr Ruhen, die Stellungen, die sie zueinander einnahmen, die *reigenmä-
ßigen* Verbindungen, die sie miteinander eingingen".[11] Das Bild des Reigens, das
einen geschlossenen Kreis darstellt und als Zeichen einer begehrenswerten Harmonie gelesen werden könnte, scheint jedoch in einem anderen kurzen Prosa-
stück, *Eine Gemeinschaft von Schurken*, in dem Kafka die Bedingungen, die der
Bildung einer Gemeinschaft unterliegen, eine negative Konnotation zu erhalten.

Eine Gemeinschaft von Schurken

Es war einmal eine Gemeinschaft von Schurken, d. h. es waren keine Schurken, sondern
gewöhnliche Menschen, der Durchschnitt. Sie hielten immer zusammen. Wenn z. B. einer
von ihnen etwas schurkenmäßiges ausgeübt hatte, d. h. wieder nichts schurkenmäßiges,
sondern so wie es gewöhnlich, wie es üblich ist, und er dann vor der Gemeinschaft beich-
tete, untersuchten sie es, beurteilten es, legten Bußen auf, verziehen udgl. Es war nicht
schlecht gemeint, die Interessen der einzelnen und der Gemeinschaft wurden streng ge-
wahrt und dem Beichtenden wurde das Komplement gereicht, dessen Grundfarbe er gezeigt hatte. So hielten sie immer zusammen, auch nach ihrem Tode gaben sie die Gemeinschaft nicht auf, sondern stiegen im Reigen zum Himmel. Im Ganzen war es ein Anblick
reinster Kinderunschuld wie sie flogen. Da aber vor dem Himmel alles in seine Elemente
zerschlagen wird, stürzten sie ab, wahre Felsblöcke.[12]

Der Titel *Eine Gemeinschaft von Schurken*, den Max Brod dem Text gab, wird
dessen Komplexität nicht gerecht. Dies gilt bereits für den ersten Satz: Der nur
wenige Zeilen lange Text erfasst den Mechanismus der Gleichschaltung, auf den
nicht nur eine Schurkengemeinschaft, wie Brods Titel impliziert, sondern *jede*

---

9   Ebd., S. 49 f.
10   Ebd., S. 50.
11   Ebd., S. 51 f. [Hervorhebung V. L.]
12   Kafka (Anm. 6), S. 170.

geschlossene Gemeinschaft beruht: Wenn eines ihrer Mitglieder die internen Regeln bricht – was wiederum „gewöhnlich" und „üblich" ist – und dadurch die Einheit der Gemeinschaft bedroht, so wird diese durch einen ritualisierten Prozess wieder hergestellt. Um die Ganzheit der Gemeinschaft zu sichern und ihre Harmonie zu wahren, muss die Differenzierung, die durch die individuelle Handlung erzeugt wurde – und diese muss nicht unbedingt „etwas Schurkenhaftes" sein, sondern kann *irgend* eine Form der Differenzierung bedeuten – beseitigt werden. Dies geschieht durch einen Prozess, der die Handlung des Individuums wieder in das Ganze integriert. Jede „Farbe", die das Individuum zeigt, wird durch das Hinzufügen ihrer Komplementärfarbe neutralisiert, bis der Unterschied verschwunden ist. „So hielten sie immer zusammen, auch nach ihrem Tode gaben sie die Gemeinschaft nicht auf, sondern stiegen im Reigen zum Himmel."[13] Der Reigen, der geschlossene Kreis, bei dem alle ihren Blick nur aufeinander richten und sich weigern, alles, das außerhalb liegt, anzuerkennen, wird zerstört in Anbetracht des Himmels, des Absoluten. Zweifellos verurteilt der Text implizit das Verhalten der Gemeinschaft.

Die narrative Situation scheint eindeutig zu sein: ein unpersönlicher, allwissender Erzähler spricht in der Sprache eines Märchens und aus einer scheinbar überlegenen Distanz von einer Gemeinschaft. Bei genauerem Hinsehen zeigt sich allerdings, dass diese einheitliche Perspektive gestört ist: „Es war einmal eine Gemeinschaft von Schurken, d. h. es waren keine Schurken, sondern gewöhnliche Menschen, der Durchschnitt." Und dann wieder: „Wenn z. B. einer von ihnen etwas schurkenmäßiges verübt hatte, d. h. wieder nichts schurkenmäßiges, sondern so wie es gewöhnlich, wie es üblich ist".[14] Zweimal verändert der Sprecher sein Urteil von einer negativ konnotierten zu einer neutralen Aussage. Damit beschreibt er, was geschieht, wenn man die Schwelle eines Raums oder die Grenze eines Kreises von außen nach innen überschreitet: Der kritische Blick von außen löst sich auf, und, von innen betrachtet erscheinen die Regeln und Werte der Gemeinschaft „normal": Sie werden „gewöhnlich", „üblich", und zum „Durchschnitt", sie werden – das Selbstverständliche. Bezeichnenderweise wird dieser Vorgang von Kafka nicht als moralisches Urteil präsentiert. Stattdessen durchläuft der Erzähler, der zunächst so distanziert, neutral und einheitlich schien, selbst diesen Prozess der Veränderung des Blickpunkts. Indem er die Perspektive fast unbemerkt wechselt, verdoppelt er sich zu zwei Stimmen, die fortan den Text begleiten: Er überschreitet die Grenzen der Gemeinschaft mit einem einfachen „d.h.", ist also sowohl außen als auch innen, Zuschauer und Mitglied, urteilend und am Reigen teilnehmend. Damit trägt er zur Formation einer

---

13 Ebd., S. 171.
14 Ebd., S. 170.

Figur bei, die zugleich nach innen und nach außen weist und die Singular und Plural in einem anderen, befremdlichen „Wir" vereint.

Gemeinschaft

Ein anderer kurzer Text, von Max Brod *Gemeinschaft* genannt, kann als quasi symmetrisches Gegenstück zu *Eine Gemeinschaft von Schurken* gesehen werden. Beide Texte entlarven den Mechanismus, den eine geschlossene Gemeinschaft verwendet, um ihren Zusammenhalt zu sichern. Doch im Gegensatz zur vorherigen Geschichte, in der es um den Prozess der internen Neutralisierung von Differenz und Abweichung geht, behandelt *Gemeinschaft* die Art, wie eine Gemeinschaft sich von ihrem Außen abgrenzt. Der Erzähler der Geschichte ist ein „Wir" und spricht als Mitglied einer Gemeinschaft von fünf Freunden. Er erzählt von den Ursprüngen der Gruppe und ihrer beharrlichen Weigerung, einen Sechsten aufzunehmen, der sich ihr anzuschließen versucht.

> Wir sind fünf Freunde, wir sind einmal hintereinander aus einem Haus gekommen, zuerst kam der eine und stellte sich neben das Tor, dann kam oder vielmehr glitt so leicht wie ein Quecksilberkügelchen gleitet der zweite aus dem Tor und stellte sich unweit vom ersten auf, dann der dritte, dann der vierte, dann der fünfte. Schließlich standen wir alle in einer Reihe. Die Leute wurden auf uns aufmerksam, zeigten auf uns und sagten: Die fünf sind jetzt aus diesem Haus gekommen. Seitdem leben wir zusammen, es wäre ein friedliches Leben, wenn sich nicht immerfort ein sechster einmischen würde.[15]

Diese ersten Zeilen unterminieren den „Gründungsmythos" einer Gemeinschaft. Tatsächlich kamen die Fünf aus demselben Haus, doch sichert oder rechtfertigt dieser gemeinsame „Ursprung" noch lange nicht ihren Zusammenhalt. Der Sprecher stellt sich in der ersten Person Plural vor, doch beim Aufzählen der Mitglieder der Gruppe verschwindet er. Statt dass er sagt „ich kam als erster ... oder zweiter oder dritter", benutzt er die unpersönliche Form einer Zahl und impliziert damit die Auslöschung seiner Individualität: Die Mitglieder der Gruppe sind austauschbar geworden.

Erst nachdem sie von außen als Einheit identifiziert werden, wird aus der Gruppe eine Gemeinschaft. Dem Sprecher ist der Unterschied zwischen der eigentlichen Konstituierung der Gemeinschaft und ihrer Wahrnehmung von außen sehr wohl bewusst: er weiß, das *einmal*, d. h. irgendwann, die Freunde aus *einem Haus*, d. h. aus irgend einem Haus, kamen, und dass sie ohne offensichtlichen

---

15 Franz Kafka: Zur Frage der Gesetze und andere Schriften aus dem Nachlaß. Frankfurt a. M. 1994, S. 139.

Grund eine Reihe bildeten. Erst als andere sie bemerken, die definitive Form verwenden und sagen, *die* fünf sind jetzt aus *diesem* Haus gekommen, konstituiert sich die Gemeinschaft. Das Bild des „Quecksilberkügelchens" – das chemische Element mit einer ausgeprägten Neigung zur Osmose – beschreibt auf perfekte Weise die völlige Auflösung des Individuums in der Gruppe. Diese organische Metapher impliziert zudem, dass eine Gemeinschaft versucht, ihren Zusammenschluss als Naturgesetz erscheinen zu lassen. Der Rest des Textes demaskiert schrittweise und schonungslos dieses Vorgehen und offenbart den grausamen Mechanismus, der ihm unterliegt.

Die Gruppe der fünf benötigt den Blick eines Außenstehenden um sich zu konstituieren; sie bedarf eines sechsten, den sie ablehnt, um sich abzugrenzen und ihr Bestehen zu perpetuieren. Die Konturen der Gemeinschaft können nicht ein für alle Mal fixiert werden. Es ist der Prozess der kontinuierlichen Ablehnung eines *Anderen*, der das Überleben der Gemeinschaft sichert. Das Herzstück des Textes besteht aus einer ausführlichen, pseudo-logischen Erklärung, warum der sechste nicht in die Gemeinschaft aufgenommen werden kann.

> Er tut uns nichts, aber er ist uns lästig, das ist genug getan; warum drängt er sich ein, wo man ihn nicht haben will. Wir kennen ihn nicht und wollen ihn nicht bei uns aufnehmen. Wir fünf haben früher einander auch nicht gekannt und wenn man will, kennen wir einander auch jetzt nicht, aber was bei uns fünf möglich ist und geduldet wird, ist bei jenem Sechsten nicht möglich und wird nicht geduldet. [...] Mag er noch so sehr die Lippen aufwerfen, wir stoßen ihn mit dem Ellbogen weg.[16]

Was als ein apologetischer Rechenschaftsbericht über die Existenz und Handlungsweise der Gruppe beginnt, wird zunehmend zu einer Warnung vor der Dynamik, die der Herstellung und Aufrechterhaltung von Gemeinschaften unterliegt. Der Text demaskiert schrittweise die fundamentale Selbstlüge der Gemeinschaft. Es wird offensichtlich, dass ein gemeinsamer Ursprung nicht ausreicht, um sie zusammenzuhalten. Der ausgestoßene Sechste ist unabkömmlich für das Weiterleben der Gemeinschaft. Kafka unterwandert die Argumente, die der Sprecher zur Verteidigung des Verhaltens der Gemeinschaft vorbringt, mit subtilen, linguistischen Strategien: Er verwischt Aktiv und Passiv, so dass die Wahrnehmung des Außenseiters als Störung in *seine Ausführung* einer störenden Handlung verwandelt wird. („Er tut uns nichts aber er ist uns lästig, das ist genug getan.") Des Weiteren scheint die Erklärung, die der Sprecher für die Ablehnung des Sechsten durch die Gruppe gibt, gemäß einer perfekten logischen Kausalität aufgebaut zu sein. Bei näherem Hinsehen zeigt sich jedoch, dass diese Erklärung tautologisch ist: „Wir lehnen ihn ab, *weil* wir ihn nicht kennen: Wir fünf haben

---

16   Kafka (Anm. 15), S. 139 f.

früher einander auch nicht gekannt [...] *aber* was bei uns fünf möglich ist und geduldet wird, ist bei jenem sechsten nicht möglich und wird nicht geduldet. Außerdem sind wir fünf und wollen nicht sechs sein." Schließlich wird die Legitimität der Gruppe nur noch mit der Erhaltung des *status quo* verteidigt: „Auch bei uns fünf hat es keinen Sinn, aber nun sind wir schon beisammen und bleiben es."

Die Ablehnung des Sechsten ist nichts anderes als ein Mittel, die Gruppe zusammenzuhalten. Dies wird durch ein weiteres Pseudo-Argument des Sprechers bestätigt, in dem er auf eine obskure gemeinsame Vergangenheit verweist, um das Verhalten der Gruppe zu rechtfertigen: „Eine neue Vereinigung wollen wir nicht, eben auf Grund unserer Erfahrungen".[17] Die Berufung auf vergangene Erfahrungen bleibt elliptisch: Die einzige Erfahrung, die der Text mitteilt, ist der Prozess des Ausschlusses selbst. Auf verschlagene Weise kommt der Sprecher Alternativen zuvor. Im Schlussargument bezieht er die Ablehnung jeglichen Dialogs mit dem Sechsten in seine Rechtfertigung ein: „Lange Erklärungen würden schon fast eine Aufnahme in unsern Kreis bedeuten, wir erklären lieber nichts und nehmen ihn nicht auf."[18]

Und dann der letzte Satz: „Aber mögen wir ihn noch so sehr wegstoßen, er kommt wieder."[19] Diese letzten Worte des Textes können auf unterschiedliche Weise gelesen werden: Man kann meinen, dass sie angesichts des diskriminierenden Verhaltens der Fünf einen „Triumph der Gerechtigkeit" bedeuten, oder zumindest die unmögliche Erfüllung des Ziels der Gemeinschaft, sich abzugrenzen. Man kann aber auch die Perspektive desjenigen einnehmen, der ausgeschlossen wird: Warum beharrt er? Aus diesem Blickwinkel gelesen kann man in diesen letzten Worten die verzweifelte Hoffnung des Sechsten erahnen, doch noch aufgenommen zu werden. So verweist Kafkas Text gleichzeitig auf die Sinnlosigkeit und den Terror der von geschlossenen Gemeinschaften praktizierten Ausgrenzung wie auf die ebenso sinnlose Sehnsucht, von ihnen aufgenommen zu werden. Das „Wir", mit dem der Text beginnt, verweist in diesen letzten Worten nicht mehr auf eine geschlossene Gemeinschaft, sondern auf eine Situation ungleicher, jedoch unabdingbarer Zusammengehörigkeit über alle Abgrenzungen hinweg.

17 Ebd., S. 140.
18 Ebd.
19 Ebd.

„Einsam wie Franz Kafka" zu sein, ist nicht mit Isolation und Abgeschiedenheit gleichzusetzen. Mehr noch als in der Einsamkeit lebte und schrieb Kafka in der schwierigen Situation dessen, der die Versuchungen und den Terror der Gemeinschaftlichkeit kannte. Die Sehnsucht, zu einer Gruppe zu gehören entstammt der Befürchtung, ausgesetzt, ein Niemand und ein Nichts zu sein. Kafkas Schreiben erkennt das Versprechen von Geborgenheit und Sinnstiftung, das von Gemeinschaften ausgeht, demaskiert es jedoch als Gefahr und Illusion. Zwar gibt es ohne Zugehörigkeit keinen festen Boden unter den Füßen, doch die Alternative kann zu einer Falle werden. Kafkas Schriften setzen gelegentlich Kontrapunkte zu dieser Aporie. Indem Kafkas Werk auf die Interdependenz von Ungleichem, ja sogar Antagonistischem, verweist, eröffnet es Perspektiven unerwarteter Verbindungen über die Grenzen hinweg und löst ausgrenzende und gleichschaltende Zusammenschlüsse auf. Wo sich diese Bewegungen kreuzen, entsteht ein anderes „Wir" und eine andere Gemeinschaft.

Modernistische Hypertexte

John Neubauer, Universiteit van Amsterdam, Niederlande

Die Idee eines WWW (World Wide Web), eines „weltweiten Netzes", hat Tim Berners-Lee erst Anfang der 1990er Jahre vorgeschlagen. Als Naturwissenschaftler am Genfer Atomforschungsinstitut CERN wollte er den Physikern eine einfache Informationsquelle vorschlagen. Mit R. Cailliau schrieb er in einer E-mail vom 12. November 1990 an die Mitarbeiter von CERN:

> HyperText is a way to link and access information of various kinds as a web of nodes in which the user can browse at will. It provides a single user-interface to large classes of information (reports, notes, data-bases, computer documentation and on-line help).

Die Idee wurde mit rasender Schnelligkeit ausgearbeitet. Mit Selbstverständlichkeit machen heute Milliarden von Menschen täglich Gebrauch von ihr in allen Bereichen der Wissenschaft und des Lebens. WWW bedeutet ja nichts anderes, als einen Hypertext, der die jetzt schon unzähligen Websites miteinander verbindet. Im Folgenden will ich zeigen, da der erst durch das Internet möglich gemachte Hypertext schon gewissen modernistischen Romanvorstellungen zugrunde lag.

Hyperlinks in Musils Der Mann ohne Eigenschaften

Wir nehmen als Ausgangpunkt einen Abschnitt der Wikipedia Website über Musils Roman:

> In einer stark durch essayistische Exkurse und Reflexionen geprägten Prosa entfaltet Musil ein zeitgeschichtliches Panoptikum, das im Mikrokosmos des Romans den Übergang von der durch Aufklärung und Rationalität geprägten großbürgerlichen Gesellschaft zur modernen Massengesellschaft illustriert. Den Verwerfungen zwischen Individuum und Gesellschaft, welche diesen Prozess begleiten, gilt Musils Hauptinteresse. In einer der Lebensphilosophie und Nietzsche nahestehenden Weise arbeitet er immer wieder Ansätze einer mystischen Lebenshaltung heraus. Der Versuchung der Verabsolutierung des mystischen „anderen Zustands" steht dabei die vielzitierte Formel der geforderten Verbindung von „Genauigkeit und Seele" entgegen. Der dem Autor nahestehende Protagonist Ulrich (siehe unten) trägt den Widerstreit von Mathematik und Mystik exemplarisch in sich aus. Notizen Musils zum Romanaufbau sehen den falschen Gegensatz von Genauigkeit und Seele bereits in der griechischen Antike angelegt. Mit Hinweis hierauf beziehen sich spä-

tere Theoretiker auf dem Feld der <u>Anthropologie</u> nicht selten auf Musils *Mann ohne Ei-genschaften* (so <u>Peter Sloterdijk</u> in seiner Trilogie *Sphären*) oder werden auf diesen rück-bezogen (so <u>Niklas Luhmann</u> aus der Sicht von <u>Robert Spaemann</u>).[1]

Wie heute schon jeder Internetgebraucher weiß, sind die unterstrichenen Wörter Hyperlinks: Wenn man im Internet auf so einen Hyperlink klickt, wird man zu einer Website dieses Begriffs oder Namens weitergeleitet. Alle hier aufgeführten Hyperlinks (z. B. Anthropologie) verweisen auf Informationen, die weit über Musils Roman hinausgehen.

Uns interessiert nicht die Informationswelt zu Musils Roman, sondern die Textwelt, die den Roman ausmacht. Dieser existiert seit 2009 in einer digitalen Version innerhalb der Klagenfurter Ausgabe, ist aber – wie, meines Wissens auch alle anderen digitalisierten Romane – nicht mit Hyperlinks versehen. Allerdings kann der Leser relativ einfach einen eigenen, Hypertext zusammenstellen. Er kann z. B. mit dem berühmten Begriff der „Parallelaktion" beginnen, dann be-trachten, wie dieser Begriff in neuen Situationen neue Bedeutungen bekommt, und wie er mit anderen Begriffen und Namen im Roman Verbindungen eingeht. So können unzählige Hypertexte des Romans mit unzähligen Hyperlinkkombina-tionen entstehen. Im Folgenden möchte ich zeigen, da genau solch eine Lesart Musil vor Augen schwebte –natürlich ohne dass er die Internetmöglichkeiten ge-kannt hätte.

Musils Hauptfigur Ulrich nimmt einen einjährigen Urlaub, um sich zu finden, aber im „Heimweg" betitelten 122. Kapitel des ersten Buches irrt er zunächst ziellos herum und findet auch keinen richtigen Kontakt zu seinen eigenen Kind-heitsbildern:

> [...] der Menge nach ist es ja beiweitem nicht die Hauptvoraussetzung des Glücks, Wider-sprüche zu lösen, sondern sie verschwinden zu machen, wie sich in einer langen Allee die Lücken schließen, und so, wie sich allenthalben die sichtbaren Verhältnisse für das Auge verschieben, daß ein von ihm beherrschtes Bild entsteht, worin das Dringende und Nahe groß erscheint, weiter weg aber selbst das Ungeheuerliche klein, Lücken sich schließen und endlich das Ganze eine ordentliche glatte Rundung erfährt, tun es eben auch die un-sichtbaren Verhältnisse und werden von Verstand und Gefühl derart verschoben, daß unbewußt etwas entsteht, worin man sich Herr im Hause fühlt. „Diese Leistung ist es al-so," sagte sich Ulrich „die ich nicht in wünschenswerter Weise vollbringe.[2]

Ulrich kann keine Perspektive über sein eigenes Leben finden, die mit der Perspektive einer Baumallee zu vergleichen wäre, in der die in der Entfernung

---

1   http://de.wikipedia.org/wiki/Der_Mann_ohne_Eigenschaften (Zugriff am 26. März 2011)
2   Robert Musil: Der Mann ohne Eigenschaften. In: Gesammelte Werke. Hamburg: Ro-wohlt, 1978, Bd. 2, S. 649.

liegenden Bäume sich lückenlos aneinanderreihen. Man könnte in diesem Zusammenhang die Wörter „Allee" oder „Lücke" mit Hyperlinks versehen.

Ulrichs Unfähigkeit, sein Leben aus einer einzigen kohärenten Perspektive zu sehen, ist auch das Problem des Erzählers seiner „Geschichte". Folgerichtig gibt deshalb der Erzähler Ulrich die Freiheit, sein persönliches Problem als ein Gattungsproblem im modernen Zeitalter zu sehen:

> Und als einer jener scheinbar abseitigen und abstrakten Gedanken, die in seinem Leben oft so unmittelbare Bedeutung gewannen, fiel ihm ein, daß das Gesetz dieses Lebens, nach dem man sich, überlastet und von Einfalt träumend, sehnt, kein anderes sei als das der erzählerischen Ordnung! Jener einfachen Ordnung, die darin besteht, daß man sagen kann: „Als das geschehen war, hat sich jenes ereignet!" Es ist die einfache Reihenfolge, die Abbildung der überwältigenden Mannigfaltigkeit des Lebens in einer eindimensionalen (sic!), wie ein Mathematiker sagen würde, was uns beruhigt; die Aufreihung alles dessen, was in Raum und Zeit geschehen ist, auf einen Faden, eben jenen berühmten „Faden der Erzählung", aus dem nun also auch der Lebensfaden besteht. Wohl dem, der sagen kann „als", „ehe" und „nachdem"! [...] Die meisten Menschen sind im Grundverhältnis zu sich selbst Erzähler. [...] sie lieben das ordentliche Nacheinander von Tatsachen, weil es einer Notwendigkeit gleichsieht, und fühlen sich durch den Eindruck, dass ihr Leben einen „Lauf" habe, irgendwie im Chaos geborgen. Und Ulrich bemerkte nun, daß ihm dieses primitiv Epische abhanden gekommen sei, woran das private Leben noch festhält, obgleich öffentlich alles schon unerzählerisch geworden ist und nicht einem „Faden" mehr folgt, sondern sich in einer unendlich verwobenen Fläche ausbreitet. (Musil Bd. 2, S. 650)

Hier könnte man „erzählerische Ordnung", „einfache Reihenfolge", „Faden der Erzählungen" „primitiv Epische", „unerzählerisch" und andere Wörter als Hyperlinks verstehen. Teilen der Erzähler und der Verfasser die subjektive Reflexionen Ulrichs? Wir wissen, dass das „primitiv epische" auch Musil abhandengekommen war. Wie schon Wolfdietrich Rasch bemerkt hat: „Das Existenzproblem Ulrichs wird unmittelbar zu Formproblem des Romans."[3] Wie schreibt man aber einen Roman, wenn man überzeugt ist, dass „öffentlich alles schon unerzählerisch geworden ist"? Musil selbst hat dazu im Jahre 1932 geschrieben: „Die Geschichte dieses Romans kommt darauf hinaus, da die Geschichte, die in ihm erzählt werden sollte, nicht erzählt wird" (Rasch S. 81).

Das Modell für das Nicht-Erzählen einer intendierten Geschichte ist Laurence Sternes Roman *Tristram Shandy* (1759–65), aber dieses Werk kann kaum als Quelle für eine Erzählkrise im 20. Jahrhundert betrachtet werden. Musil hat Sternes radikalste „Tricks" auch nicht angewendet: „In Musils Roman bleibt der erzählerische Gestus bewahrt: ein Erzähler, der alles überblickt, spricht ständig,

---

3   Wolfdietrich Rasch: Über Robert Musils Roman „Der Mann ohne Eigenschaften". Göttingen: Vandenhoeck & Ruprecht, 1967, S. 79.

färbt den Bericht, kommuniziert zuweilen die Vorgänge, reflektiert" (Rasch S. 79).

Auf die Analogie zwischen Ulrichs Situation und der Erzählkrise des Romans macht Ulrich selbst uns mit der Bemerkung aufmerksam, dass seine Geschichte keinem Faden mehr folgt, „sondern sich in einer unendlich verwobenen Fläche ausbreitet". Musil selbst schrieb dazu etwas kryptisch: „Der Inhalt breitet sich auf eine zeitlose Weise aus, es ist eigentlich immer alles auf ein Mal da" (Rasch S. 80). Rasch spricht in diesem Sinne vom „Zurücktreten der Zeitdimension" (Rasch S. 80). Tatsächlich macht sich der aus zerstreuten Elementen zusammengestellte Hypertext des Romans weitgehend unabhängig von der Zeit.

Hypertexte statt Erzählfäden

Was Musil und sein Interpret Rasch hier andeuten, findet sich auch in mehreren der wichtigsten modernistischen Romane, und wurde in komparatistischen Studien schon in der Nachkriegszeit ausgearbeitet, vor allem in Joseph Franks berühmtem Essay „Spatial Form in Modern Literature" (1945) und in Ralph Friedmans Buch *The Lyrical Novel* (1963).

Was Ulrich als die Ausbreitung des Erzählfadens in „eine unendlich verwobene Fläche" und Rasch als das „Zurücktreten der Zeitdimension" in Musils Roman bezeichnet, ist, laut Frank, ein Kennzeichen aller modernistischen Künste, insbesondere des Romans. Ob „Spatial Form" dafür der beste Begriff ist, sei dahingestellt. Frank gebraucht diesen Begriff in seiner Analyse von Joyce, Proust, und, vor allem, von der damals noch weithin unbekannten Djuna Barnes. Joyce hat, laut Frank, *Ulysses* aus unermesslich vielen Verweisungen und Querverbindungen konstruiert, die vom Zeitablauf der Geschichte unabhängig sind: Das Buch erhält erst dann eine bedeutungsvolle Struktur, wenn der Leser die Verweisungen miteinander verknüpft und als ein Ganzes betrachtet.[4] Frank meint, da Joyce diese unendlich vielen Teilchen des Puzzlespiels letztlich in ein Bild der Stadt Dublin vereinigen wollte, aber man kann Joyce auch andere Intentionen zuschreiben, und viele von diesen sind keine räumlichen Formprinzipien. Sie sind jedenfalls virtuelle Formen, deren Elemente nicht in einer Zeitfolge verknüpft sind.

Joyce fragmentiert also den Zeitablauf seines Romans noch viel radikaler als Musil, und er belastet damit seine Leser mit viel mehr Arbeit. So schrieb er einmal zynisch: "Ich habe so viele dunkle Stellen und Rätsel in mein Werk versteckt, dass die Professoren sich Jahrhunderte lang streiten werden, was ich ei-

---

4   Joseph Frank: „Spatial Form in Modern Literature". In: The Widening Gyre. Crisis and Mastery in Modern Literature. Bloomington: Indiana University Press, 1963, S. 16.

gentlich meinte – und dies ist der einzige Weg, mich von der Unsterblichkeit zu vergewissern".[5] Frank formulierte das freundlicher: „Der ganze faktische Hintergrund, der dem Leser eines normalen Romans zusammengefasst wird, muss hier rekonstruiert werden aus Fragmenten, die manchmal Hunderte Seiten voneinander getrennt und im Buch zerstreut sind. Der Leser wird gezwungen, *Ulysses* wie ein modernes Gedicht zu lesen: Er muss Fragmente miteinander verknüpfen, und Hinweise in seinem Gedächtnis aufbewahren, bis er sie durch Reflexion („reflexive reference") mit ihren Komplementen verbinden kann (Frank S. 18).

Prousts monumentaler Roman erzählt wesentlich chronologischer, doch findet Frank auch hier eine zentrale Rolle für reflexive Verweisungen: Der Leser wird bei Proust immer wieder mit Momentaufnahmen von fiktiven Figuren konfrontiert, die zu verschiedenen Etappen ihres Lebens gehören. Prousts Intentionen werden nur dann richtig entschlüsselt, wenn es dem Leser gelingt, diese Momentaufnahmen reflexiv aufeinanderzulegen (Frank S. 25).

Die radikalste statische Verwebung von Bildern und Redewendungen findet Frank in Djuna Barnes' *Nightwood*; ein Roman, den man eigentlich auch ein Prosagedicht nennen könnte (Frank S. 49). Auch Barnes gestaltet keinen Raum; sie benutzt eine zeitunabhängige Bildsprache, die den Leser zwingt, die logisch-chronologische Linie zu vernachlässigen, und die im Text zerstreuten Bilder miteinander zu assoziieren. Die Bilder können z. B. Fragmente eines Stadtbildes (wie Frank das im Falle von *Ulysses* behauptet), aber auch Aspekte eines Charakters, und noch allgemeiner auch Elemente einer jeglichen Bildsprache sein, deren Struktur der Leser finden muss. In diesem Sinne hat Ralph Friedman die neue Romanform treffend als „lyrical novel" bezeichnet; der lyrische Roman „absorbiert völlig die Handlung, und gestaltet sie neu als ein Muster von Bildern."[6]

Modernistische Hypertexte

Die zitierten Romananalysen entsprechen heutigen Konzepten der Internetsprache. Ohne diesen neuen Diskurs zu kennen, haben Schriftsteller und Literaturwissenschaftler versucht, im Roman zeitunabhängige Strukturen zu identifizieren, die von einer linear-chronologischen Lektüre wegführen – ein Thema, das heute auch im Zentrum von Diskussionen der Geschichtsschreibung und der Literaturgeschichtsschreibung steht. Die zeitunabhängigen Strukturen antizipieren,

---

5   Richard Ellmann, *James Joyce*, New York: Oxford University Press, 1965, S. 535.
6   [The lyrical novel] "absorbs action altogether and refashions it as a pattern of imagery" (Ralph Freedman, *The Lyrical Novel. Studies in Hermann Hesse, André Gide, and Virginia Woolf*, Princeton: Princeton UP, 1963, S. 2).

was heute in der Internetsprache als Hypertext genannt wird. Umgekehrt könnte man sagen, dass der heutige Internetdiskurs Begriffe aus der Roman- und Texttheorie metaphorisch aufgreift. Hypertext und Hyperlink kommen allerdings nicht aus der Romantheorie.

Von den wichtigen Unterschieden zwischen den besprochenen Romantheorien und der Idee eines WWW kann ich hier nur zwei nennen. Im WWW sind die Hyperlinks nicht chronologisch geordnet; sie benötigen keine Lektüre, die notwendigerweise in der Zeit abläuft. Wann und woher die Information kommt, ist unwichtig – solang man ihr Vertrauen schenken kann. Noch wichtiger ist es, dass die Intentionalität von Hypertexten nur sehr schwer, wenn überhaupt, zu fassen ist, da man sie nicht einer ursprünglichen kreativen Instanz zuschreiben kann. Inwiefern Romaninterpretationen auf eine Intentionalität zurückgreifen sollen, war ein Hauptthema in texttheoretischen Diskussionen in der zweiten Hälfte des 20. Jahrhunderts. In den von mir zitierten Romantheorien spielte Intentionalität noch eine wichtige Rolle. Rasch, Frank, Freedman und andere haben ja immer wieder gefragt, was Musil, Joyce, Proust oder Barnes eigentlich gemeint haben, und sie haben stets versucht, historisch zuverlässige Intentionalitäten zu konstruieren.

Dies ist auch der Fall in Gerald Gillespies neuerer Studie über den modernistischen Roman, *Proust, Mann, Joyce in the Modernist Context* (2003). Gillespie, ein ehemaliger Präsident der ICLA mit beeindruckender Gelehrsamkeit, zeigt, dass die Romane dieser Schriftsteller geschlossene Welten sind und komplexe Enzyklopädien von intellektuellen, kulturellen und historischen Verweisungen enthalten. Tatsächlich entfaltet Gillespie ein großes Spektrum von Anspielungen, Metaphern und Referenzen, Netzwerke, die laut Gillespie typisch für die Romane des hohen Modernismus sind. So ist es auch in *Ulysses*:

> Wir können endlos Variationen verspinnen zum textuellen Status von *Ulysses*, zu seinen Künsten und fiktiven Figuren. Unsere kritische Beschäftigung mit dem Buch als ein Multitext von Subtexten ist keine spätere oder unabhängige Fermentierung; es reflektiert und setzt die Zentralität der interpretatorischen Fragen im Roman selbst fort.[7]

Damit nimmt Gillespie die Rolle jener Professoren ein, die sich, laut Joyce, Jahrhunderte lang streiten werden über die vielen dunklen Stellen und Rätsel, die er in sein Werk versteckt hat. Gillespie will die Unsterblichkeit von Joyce befördern.

Man muss sich allerdings fragen, ob derartige Sammlungen von Verweisungen, Anspielungen und Kreuzverweise sich immer auf die vom Verfasser inten-

---

7   Gerald Gillespie: Proust, Mann, Joyce in the Modernist Context. Washington, D.C.: Catholic University of America Press, 2003, S. 153.

dierten Verbindungen beschränken. Sind die Interpretationen von Frank, Friedman oder Gillespie tatsächlich nur *konstativ*, indem sie sich rigoros auf das beschränken, was der Autor intendierte? Ich glaube nicht. Ob die Interpreten es zugeben oder nicht, verarbeiten ihre Hypertexte auch ihre eigenen kreativen Beiträge. Es gibt keine deutliche Grenze zwischen dem, was Joyce (bewusst oder unbewusst) in *Ulysses* hereingestopft hat, und dem, was Gillespie als kreativer Kritiker hinzudichtet – auch wenn er nicht bereit ist, dem Leser eine kreative Rolle in der Textgestaltung zuzugestehen. Für ihn ist es eine postmoderne Arroganz, wenn ein Kritiker oder Leser als zweiter Verfasser auftritt. Seine Position ist eher mit der von George Steiner zu vergleichen: Leser und Kritiker sind Gäste eines echten Schriftstellers, und ihre Haltung muss dementsprechend demütig sein.[8]

Aber Schriftsteller sind nicht imstande, die Reichweite ihres Hypertextes zu kontrollieren. Das gilt auch für Gillespie. Obschon er nur Intentionalitäten rekonstruieren will, setzt er als Literaturwissenschaftler die Hypertextkonstruktion fort, die die Schriftsteller begonnen haben. Seine Arbeit mit Hyperlinks ist weitgehend kongruent mit der kreativen Methode von Joyce, Proust und Mann; sie entfaltet und führt eine in den Romanen gefundene Methode weiter. Das meint auch Georg Steiner: „Ein guter Kritiker oder Interpret [...] wird jene Strategien hervorheben, die der Verfasser selbst, bewusst oder unbewusst gebraucht hat" (Steiner 126).

Harmonia Celestis

Wenige der heutigen Romane streben nach einem WWW; aber die komplexe neuere Erzählweise erweitert den Hypertext. Dafür kann ich hier nur ein einziges Beispiel geben, mit einem einzigen Roman, der sowohl die Kontinuität als auch die Abweichungen der Hypertextkonstruktion gut illustriert. Es geht um den Roman *Harmonia caelestis* (2000), der, zusammen mit seiner *Verbesserten Auflage* (2002), dem ungarischen Schriftsteller Péter Esterházy den Friedenspreis des deutschen Buchhandels brachte.[9]

Schon die kürzeste Übersicht von *Harmonia caelestis* zeigt, dass die im Modernismus eingeleitete Auflösung der Zeitstruktur hier eine höchst radikale Form erreicht hat. Der Text ist nicht durch einen Zeitablauf strukturiert, sondern durch nummerierte Abschnitte, deren zeitliche Reihenfolge willkürlich ist. Das erste Buch, mit dem Untertitel „Nummerierte Sätze aus dem Leben der Familie Es-

---

8   George Steiner: Real Presences. London: Faber and Faber, 1989, S. 176.
9   Erstausgabe Budapest: Magvető, 2000. Deutsche Übersetzung von Terézia Mora, Berlin: Berliner Taschenbuchverlag, 2003.

terházy", enthält 371 solcher Abschnitte; das Zweite, „Bekenntnisse einer Familie Esterházy" enthält 201 durchschnittlich etwas längere Abschnitte. Die inhaltliche Verschiebung zwischen den beiden Büchern wird in den Untertiteln als eine Wendung von „*der* Familie" zu „*einer* Familie" Esterházy angedeutet. Die Beschränkung auf eine „Subfamilie" der erweiterten Sippschaft wird weiterhin mit der Bezeichnung „Bekenntnisse" dramatisiert.

Eine weitere Zeitverwirrung entsteht dadurch, da die Erzählstimme jeden der Esterházy-Vorfahren als „Vater" anspricht, sich aber etwas manieristisch weigert, den Familiennamen auszusprechen. So z. B.: „Hier folgt der Name meines Vaters!" (Esterházy S. 9). Noch wichtiger ist eine schon in Nr. 5 des ersten Buches angedeutete thematische Verwirrung, die nicht zeitbestimmt ist. Die Erzählstimme kommentiert hier die Quelle ihres Buchtitels, die Komposition *Harmonia Caelestis* (1711) von Prinz Pál Esterházy (1635-1713). Diese Sammlung 55 sakraler Gesänge wird auch heute noch geschätzt. Dass der Romanschreiber unter dem barocken Titel seines Vorvaters die durchaus turbulenten Geschichten seiner Familie und seines Landes erzählt, ist natürlich ironisch. Weniger bekannt ist die Relevanz der Sätze, die der (post)moderne Schriftsteller über das Werk seines Vorvaters hinzufügt. Pál Esterházy gilt zwar als ein hervorragender Komponist, aber die neuesten Forschungen bezweifeln seine Errungenschaft:

> Nicht nur, weil ein Großteil der in der Sammlung erhaltenen Melodie erwiesenermaßen nicht von ihm stammt (schließlich verwendeten die meisten zeitgenössischen Komponisten fremde Melodien), sondern weil vermutlich auch die Bearbeitung der Melodien bzw. die Komposition der Stücke nicht von ihm (oder nicht von ihm alleine) ausgeführt wurden. Seine Notenschreibung ist nicht nur von ihrer äußeren Gestalt her, sondern auch sonst primitiv, unsicher und auch falsch. (Esterházy S. 8)

Kenner von Péter Esterházys Werken werden hier deutliche Hinweise auf seine eigene Arbeitsmethode finden. Die „himmlische Harmonie" seines Vorvaters entstand nicht aus dem Werk selbst oder aus der kreativen Vorstellung seines Verfassers. Die Gesänge sind unterschiedlicher Herkunft, und die „Harmonie" der Sammlung umfasst viele Fremdstimmen. Esterházy hat recht, dass solche Aneignungen von Fremdmaterial im Barockzeitalter durchaus gewöhnlich waren; sie sind aber seit der Romantik und dem Entstehen des Autorenrechts eigentlich nicht mehr erlaubt. Péter Esterházy ignoriert aber das Autorenrecht und folgt der Methode seines Vorvaters, indem er sich Aneignungen fremder Materialen ohne Anmeldung der Quellen erlaubt. In *Harmonia caelestis* sind so viele „fremde" Texte aufgenommen, dass man nie recht weiß, ob man eigentlich Esterházy oder einen anderen Schriftsteller liest. In einem einzigen, ganz eklatanten Fall hat er das Plagiat selbst bekannt gemacht. Es geht um Nr. 24 im ersten Buch, eine Geschichte der Hinrichtung eines Esterházy. Diese Geschichte hat Péter Esterházy bereits einmal im Haus seiner Familie in Eisenstadt vorgelesen, und dann in sein Buch *Bevezetés a szépirodalomba* aufgenommen.[10] Nicht der wiederholte Gebrauch des Textes lässt einen stutzen, sondern die Quelle: Verfasser dieser Geschichte ist nämlich Esterházys frühverstorbener Freund Danilo Kiš.

Die ungarischen, deutschen und französischen Verlage von *Harmonia caelestis* hatten keine Einwendungen gegen Esterházys Plagiate, aber der englisch-amerikanische Verlag Flamingo hatte Angst, er würde Prozesse auf den Hals kriegen, und bestand darauf, dass Esterházy wenigstens seine wichtigsten Quellen bekannt macht.[11]

Ich habe anderorts gezeigt, dass Esterházys spielerischer Umgang mit Fremdtexten ihn in noch größere Schwierigkeiten brachte, als er durch eigene Recherchen erfuhr, dass sein Vater am Ende seines Lebens Informant der geheimen Polizei war. Dies hat er in der *Verbesserte Ausgabe* verarbeitet, und auch in seiner Dankrede für den Friedenspreis thematisiert.

Wir verlassen dieses „weite Feld" und fragen, wie Esterházy seine Methode verteidigt. Sein Kommentar am Schluss der englischen Übersetzung erklärt dazu:

> When you're working with sentences, you're in need of sentences. Sentences can come from a variety of places – some overheard on the street, others were whispered in my ear, still others I read; you'll even find some that I made up by myself. These have a different status only at first glance. A sentence never stands in isolation; it is always intertextual. If I write down a yes, that is always just a bit the last word of Joyce's *Ulysses* as well. These borrowed words are interwoven into this text not for lack of my own but to show that literature is a commentary on our shared human experience. I entertain the romantic notion that novels stand in a congenial relationship to one another and help one another out. (*Celestial Harmonies*, S. 843)

Zwei verschiedene Aussagen schießen hier durcheinander. Die erste entspricht Michael Bakhtins Auffassung, dass unsere Sprache zur Hälfte immer anderen gehört, dass die Sprache mit Intentionen anderer überfüllt ist. Wenn Esterházy in seine Texte aufnimmt, was er auf der Straße mitgehört hat bzw. was man ihm zuflüsterte, dann folgt er eigentlich nur einer traditionellen Romankonstruktion. Wenn er aber postuliert, dass Romane eine „kongeniale Beziehung" zueinander haben, so will er damit seine intertextuellen „Adoptierungen" legitimieren. Das Argument klingt gut, es überzeugt aber nicht, obwohl es deutlich an den Diskurs über den Tod des Autors (Barthes, Foucault etc.) anschließt.

---

10   Péter Esterházy: Bevezetés a szépirodalomba (Einführung in die Belles Lettres). Budapest: Magvető, 1986, S. 642–45.

11   Péter Esterházy: Celestial Harmonies. An Epic Historical Novel of the Rise and Fall of a Great Family. Übersetzt von Judith Sollosy, London: Flamingo, 2004.

Erwartet Esterházy, dass seine Leser der Herkunft seiner „adoptierten" Texte nachgehen? Als er darauf einmal angesprochen wurde, antwortete er zunächst spontan „nein", fügte aber gleich hinzu, es sei eine ganz andere Geschichte, wenn ein Leser keine von seinen Verweisungen identifizieren könnte, und damit die „Intention" des Ganzen verfehlte: „Ich glaube, dass gute Leser meiner Bücher der Herkunft der Sachen selbsttätig aufspüren."[12]

In welcher Weise modifiziert diese postmoderne Konstruktionsweise die Aufstellung von Hyperlinks und die Erstellung von Hypertexten? Der Hypertext muss sich bei Esterházy unendlich erweitern, denn er muss zudem intertextuelle „kongeniale Beziehungen" zu anderen Romanen entschlüsseln. Unvermeidlich entstehen dadurch unzählige persönliche Hypertexte von *Harmonia caelestis*, mit denen ein „Hyperleser" vielleicht ebenso spielen kann, wie der Verfasser mit seinen zusammengeklebten adoptierten Textfragmenten.

---

12   Marianna Birnbaum: Esterházy-Kalauz: Marianna Birnbaum beszélget Esterházy Péter-rel. Budapest: Magvető, 1991. S. 6.

„Standard" – ein japanischer Begriff?

Teruaki Takahashi, Rikkyo-Universität, Tōkyō

1. Kontrastive Analyse des Wordfeldes „Standard"

Das Wort „Standard" wird heute sowohl im deutschen wie auch im japanischen Sprachraum als Fremdwort verwendet. Im *Duden – Deutsches Universalwörterbuch* (5. Aufl., Mannheim 2003) steht, dass das Wort englischer Herkunft ist und eigentlich mit dem Wort „Standarte" gleichzusetzen ist, das wiederum vom altfranzösischen „estandard" herrührt. „Standarte" ist die Sammelbezeichnung für Stangen mit plastischen Bildern und wurde seit dem Mittelalter als Bezeichnung für Reiterfahne verwendet.

Im Folgenden geht es zuerst darum, ob in der japanischen Sprache Wörter einheimischer Herkunft zu finden sind, die in semantischer Hinsicht für „Standard" äquivalent oder zumindest mit „Standard" vergleichbar sein könnten. Da das Wort „Standard" aber in beiden Sprachen ein Fremdwort englischer Herkunft ist, wäre es ratsam, das gesamte Ausmaß seines Wordfeldes zur Kenntnis zu nehmen und festzustellen, welche Teile des Wortfeldes durch die Einführung des englischen Wortes jeweils ins Deutsche und ins Japanische übernommen wurden. Weil die Gliederung des Wortfeldes des englischen Ausdrucks sich vorzüglich im zweisprachigen Wörterbuch Englisch-Deutsch vorfinden lässt, orientieren wir uns hier an Langenscheidts *Handwörterbuch. Englisch-Deutsch* (Berlin u. München 2000). Um die Wortfelder beider Sprachen zu vergleichen, wird bezüglich der deutschen Sprache Dudens *Deutsches Universalwörterbuch* herangezogen, das allerdings als Sprachwörterbuch enzyklopädische Erläuterungen im Grunde ausschließt. Deshalb ist hier zur Ergänzung noch ein Konversationslexikon zu berücksichtigen. Dazu ist allerdings die neueste Auflage der großen *Brockhaus Enzyklopädie* (Leipzig 2006) zum Stichwort „Standard" nicht geeignet, da die Einträge zum Stichwort „Standard" zu knapp sind. Deshalb wird hier die unmittelbar vorangegangene Ausgabe, nämlich *Brockhaus Enzyklopädie digital* (Mannheim 2003) zu Rate gezogen.

In Deutschland schlägt man, um sich vor allem in semantischer Hinsicht nach dem richtigen *Standard*deutsch zu erkundigen, in Dudens *Universalwörterbuch* nach. Wenn man in Japan Fragen nach Bedeutungen und Schriftzeichen sowie Aussprachen im *Standard*japanischen hat, konsultiert man das *Standard*wörterbuch *Kōjien* (5. Aufl., Tokyo 1998), dessen Titel etwa „Großer Wortgarten" heißt. Im Unterschied zum *Duden* sind die Einträge im *Kōjien* auch mit kurzen

175

enzyklopädischen Angaben versehen, sodass hier kein japanisches Konversationslexikon benötigt wird.

Die Übersichtstabelle des kontrastiven Wortfeldes „Standard" zeigt, welche Wortfeldteile des englischen Wortes jeweils im deutschen und im japanischen Fremdwort zu finden sind. Langenscheidts englisch-deutsches Wörterbuch führt neben dem in der Übersichtstabelle herangezogenen Wort noch ein zweites selbständiges Stichwort „standard" an, das sich semantisch direkt auf „Standarte" und somit im politischen und militärischen Sinn auf „Fahne, Flagge, Banner" sowie im technischen Bereich auf „Ständer, Pfosten, Pfeiler, Stütze" und im landwirtschaftlichen Sinn auf „Hochstämmchen" bezieht. Dieses zweite Wort „standard", auf das auch „Duden" im Zusammenhang mit etymologischen Erläuterungen hinweist, darf man allerdings in den folgenden Betrachtungen wohl unberücksichtigt lassen, so sehr es auch attraktiv zu sein scheint, die beiden gleich lautenden Wörter in semantischer Hinsicht aufeinander zu beziehen.

Das Wortfeld des deutschen Fremdwortes „Standard" wird im *Duden* so dargestellt, dass sich daraus nur noch vier Bedeutungseinheiten ergeben. Dabei sind die Wortfeldteile von 1 bis 4, d. h. die Bedeutungen „Norm", „Muster, Vorbild", Maßstab" und „Richtlinie" in einer semantischen Einheit zusammengefasst, die folgendermaßen beschrieben wird: „etw., was als mustergültig, modellhaft angesehen wird u. nach dem sich anderes richtet; Richtschnur, Maßstab, Norm". Dafür stehen im „Brockhaus" die Begriffe „Richtschnur", „Maßstab" und „Norm". Das vom Englischen ins Japanische übernommene Fremdwort „standard" wird im japanischen Wörterbuch *Kōjien* auf Grund der heutigen Schreibregel der japanischen Sprache in einem der beiden Silbenschriftsysteme *katakana* als Stichwort wiedergegeben: スタンダード. Weil die japanische Aussprache des Wortes durch dessen Transkription japanisiert wird, wird sie in der Übersichtstabelle mit lateinischen Buchstaben angegeben: *sutandādo*. Im „Kōjien" folgt nun gleich auf das Stichwort in *katakana* das Wort im englischen Original, das in lateinischer Schrift wiedergegeben und ebenso wie in der Tabelle in dicken Klammern eingeschlossen ist: 【standard】. Zur Erläuterung sind zwei sinojapanische Synonymwörter hinzugefügt, die in semantischer Hinsicht für das japanische Fremdwort *sutandādo* stehen könnten. Es sind die vom Altchinesischen übernommenen und somit sinojapanischen Wörter *hyōjun* und *kijun*, die jeweils mit zwei sinojapanischen Schriftzeichen wiedergegeben werden: 標準 und 基準. Dabei beinhaltet das erstere Wort *hyōjun* in semantischer Hinsicht die Wortfeldteile von 2 bis 7 sowie teilweise auch 16: Es entspricht den Bedeutungen „Muster, Vorbild", „Maßstab", „Richtlinie", „(Mindest)Anforderungen" und als Fachausdruck der Wirtschaftssprache für „Standard(qualität), Standard(ausführung)" sowie „Richtmaß" und schließlich bei attributiven Verwendungen auch „Normal…" und „Durchschnitts…". Dagegen steht das letztere Wort *kijun* eher nur für die Wortfeldteile 3, 4 und 7, indem es „Maßstab", „Richtlinie" und „Richt- und

Eichmaß" bedeutet, wofür allerdings auch das erstere *hyōjun* zuständig sein kann.

Der Wordfeldteil 18, d. h. das englische Original „standard" im Sinn von „klassisch" wird nicht im *Duden*, sondern nur im *Brockhaus* und im japanischen Wörterbuch *Kōjien* berücksichtigt. Dabei wird dieser Teil in den letzteren beiden durch enzyklopädische Angaben ausgezeichneten Nachschlagewerken konkret auf Musikrepertoires bezogen, während Langenscheidts englisch-deutsches Wörterbuch nicht über eine linguistische bzw. lexikographische Worterklärung hinausgeht. Der *Brockhaus* weist darüber hinaus auch auf eine wohl spezifische deutsche Verwendung des Wortes „Standard" im Golf-Spiel hin (Wortfeldteil 15), die sich als ein Sonderfall der dem Wortfeldteil 5 zugeschriebenen Bedeutung „(Mindest)Anforderungen" (*Langenscheidt*) bzw. „im allgemeinen Qualitäts- u. Leistungsniveau erreichte Höhe" (*Duden*) verstehen ließe. Besonders hervorzuheben ist, dass im *Brockhaus* die verschiedenen Verwendungen des Stichwortes im technischen Bereich ausführlich erläutert werden. Hier wird „Standard" für „eine grundlegende Technik, ein Anwendungsprogramm oder ein Datenformat mit weiter Verbreitung und allgemeiner Anerkennung" und im konkurrenzorientierten Marktwirtschaftssystem insofern auch für erstrebenswert gehalten, als „Hersteller und Programmierer bestrebt sind, ihn zu unterstützen, damit ihre Produkte konkurrenzfähig vermarktet werden können".

Sowohl im *Duden* als auch im *Brockhaus* umfasst die Bedeutungseinheit, die aus den Wordfeldteilen 1 bis 4 besteht, noch den Wortfeldteil 17, der im „Langenscheidt" nur deshalb separat angegeben wird, weil es sich hier um adjektivische Wendungen handelt. Diese Funktion kann im Japanischen das Wort *hyōjun* übernehmen, aber im „Kōjien" steht zum Stichwort *sutandādo* („Standard") zusätzlich noch das Kompositum *hyōjunteki* 標準的, das aus dem Substantiv *hyōjun* 標準 und dem Suffix *-teki* 的 besteht und als Adjektiv verwendet wird.

Der in der Übersichtstabelle unter Nr. 8 angegebene Wortfeldteil wird im *Brockhaus* in Bezug auf ein „Anwendungsprogramm oder Datenformat mit weiter Verbreitung und allgemeiner Anerkennung (DIN, ISO, etc)" ausführlich erläutert, während sich weder im *Langenscheidt* noch im *Duden* besondere Einträge dazu finden lassen. In den beiden Wörterbüchern wird aber der Wortfeldteil 8 nicht ignoriert, sondern in die Wortfeldteile von 1 bis 4 integriert und von diesen Bedeutungen nicht besonders abgehoben. Für „Standard" in diesem technischen Sinn hat die japanische Sprache das besondere Äquivalent *kikaku*, das als Übersetzungswort dafür verwendet und schriftlich in zwei sinojapanischen Schriftzeichen 規格 wiedergegeben wird. Im japanischen *Kōjien* wird das Wort *kikaku* in den Einträgen zum Stichwort *sutandādo* nicht gefunden, sondern nur als selbstänädiges Stichwort angegeben und erläutert, ohne auf das Fremdwort „Standard" zu sprechen zu kommen. Eines der zwei angegebenen Äquivalente ist allerdings das Wort *hyōjun*, das auch in der Erläuterung des Stichwortes *sutandādo* angeführt

	Langenscheidt Englisch-Deutsch	Duden Universalwörterbuch
	Standard	Standard
1	Norm	etw., was als mustergültig, modellhaft angesehen wird u. nach dem sich anderes richtet; Richtschnur, Maßstab, Norm
2	Muster, Vorbild	
3	Maßstab	
4	Richtlinie	
5	(Mindest)Anforderungen	im allgemeinen Qualitäts- u. Leistungsniveau erreichte Höhe
6	*Wirtschaft* Standard(qualität) Standard(ausführung)	
7	Richt-, Eichmaß	*Fachspr.* Normal [verwiesen wird auf die Angabe 1 zum Stichwort „Normal", die lautet: „(Fachspr.) mit besonderer Genauigkeit hergestellter Maßstab, der zur Kontrolle für andere verwendet wird."]
8	[Vgl. 1–4]	[Vgl . 1–4]
11	(*Gold- etc.*)Währung (*Gold- etc.*)Standard	
12	a) *(gesetzlich vorgeschriebener)* Feingehalt *(der Edelmetalle)* b) Münzfuß	*Münzk.* (gesetzlich festgelegter) Feingehalt einer Münze
13	Niveau, Grad	
14	*Schule besonders Britisches Englisch* Stufe, Klasse	
15	[Vgl. 5]	[Vgl. 5]
16	[a] *Adj.* normal, Normal...*(-film, -wert, -zeit etc.)* [b] **Standard**...*(-modell etc.)*, Einheits...*(-modell etc.);* [c] Durchschnitts...*(-wert etc.)*	[Vgl . 1–4]
17	*Adj.* gültig, maßgebend, **Standard**...*(-muster, -werk),* hochsprachlich	[Vgl . 1–4]
18	*Adj.* Klassisch	

Wortfeld Standard

Brockhaus Enzyklopädie	Kōjien 広辞苑
Standard	**sutandādo** スタンダード 【standard】
Maßstab, Norm, Richtschnur	hyōjun 標準 hyōjun 標準 kijun 基準
die im allgemeinen Qualitäts- und Leistungsniveau erreichte Höhe.	hyōjun 標準
Normalmaß, Normalausführung einer Ware	hyōjun 標準
Eich- und Messwesen: das Normal.	hyōjun 標準 kijun 基準
Anwendungsprogramm oder Datenformat mit weiter Verbreitung und allgemeiner Anerkennung (DIN, ISO, etc)	[kikaku 規格]
Golf Par; die Spielstärke eines erstklassigen Spielers, der den betreffenden Platz mit der festgesetzten Zahl von Schlägen oder mit weniger spielen kann	
[Vgl . 1–4]	[a] hyōjun 標準 hyōjunteki 標準的 [b] [kikaku 規格] [c] hyōjun 標準 hyōjunteki 標準的
[Vgl . 1–4]	hyōjun 標準 hyōjunteki 標準的
Musikstück, das zum festen Bestand des Repertoires einer Band oder bestimmter Bands (desselben Jazzstils) gehört	sutandādo スタンダード (standard)

wird. Das andere Äquivalent für *kikaku* lautet nach *Kōjien* das Wort japanischer Herkunft *sadame*, das wörtlich „Bestimmtes" oder Gesetztes" bedeutet und dem deutschen Wort „Gesetz" im juristischen Sinn nahesteht. Das Wort bzw. der Begriff *kikaku* ist spätestens seit dem 4. Jahrhundert nach Chr. bei chinesischen Klassikern zu lesen, worauf Shizuka Shirakawas Wörterbuch chinesischer Schriftzeichen *Jitsū* („Schriftzeichenkenntnisse", Tokyo 1996, S. 243) in den Erläuterungen zum Schriftzeichen *ki* hinweist. Shirakawa zufolge bezieht sich das semantische Wortfeld von *kikaku* ausschließlich auf den juristischen Bereich, bezeichnet „Gesetzessystem" und auch speziell „gesetzliches Verbot". Dafür führt das *Kōjien* offenbar das erwähnte Äquivalent *sadame* an.

Interessant ist der Wortfeldteil 16. Denn zu ihm lassen sich in den beiden zur semantischen Analyse des deutschen Wortes „Standard" herangezogenen Lexika keine besonderen Angaben möglicher Äquivalente finden. Sowohl im *Duden* wie auch im *Brockhaus* ist er in den größeren Wordfeldteil integriert, der die im englisch-deutschen Wörterbuch *Langenscheidt* differenzierter aufgefassten Teile 1 bis 4 enthält. Dagegen wird er im Japanischen in zwei Begriffe unterteilt: Die im *Langenscheidt* dem englischen Wort „standard" zugeschriebenen und von mir mit den Zeichen [a] und [c] versehenen Bedeutungen von „Normal…" und „Durchschnitts…" entsprechen beide dem japanischen Substantiv *hyōjun* bzw. dem Adjektiv *hyōjunteki*, während für die mit [b] bezeichnete Bedeutung „Einheits…" eindeutig das japanische Wort *kikaku* zur Verfügung steht.

Einige im *Langenscheidt* angegebene Wordfeldteile, die in der Übersichtstabelle etwa unter Nr. 11 bis 14 stehen, werden im japanischen Fremdwort *sutandādo* gar nicht berücksichtigt. Dazu gehören die Bedeutungen „*(Gold-etc.)*Währung, *(Gold- etc.)*Standard" (11), „*(gesetzlich vorgeschriebener)* Feingehalt *(der Edelmetalle)*, Münzfuß" (12), „Niveau, Grad" (13) und „*Schule besonders Britisches Englisch* Stufe, Klasse" (14). In dieser Hinsicht lässt sich eine gewisse Parallele zur deutschen Sprache ausmachen. Auch im deutschen Wort „Standard" sind die Wordfeldteile 11, 13 und 14 nicht enthalten, obwohl im *Duden* doch der auf den „(gesetzlich festgelegte[n]) Feingehalt einer Münze" bezogenen Wortfeldteil 12 angegeben ist.

In Bezug auf die japanische Sprache ist dabei der Umstand beachtenswert, dass der im *Langenscheidt* an erster Stelle angegebene Wortfeldteil 1 „Norm" nicht übernommen wurde. In dieser Hinsicht musste die Redaktion der Jahrzehnte nach der vorangegangenen Bearbeitung endlich wieder gründlich revidierten 5. Auflage des japanischen Wörterbuchs *Kōjien* die frühere Auflage dadurch korrigieren, dass die Bedeutungsangabe für „Norm" gestrichen wurde. Sie stand vielleicht deshalb in *Kōjien*, weil früher im Fremdwort *sutandādo* die englische Bedeutung „Norm" eingeschlossen wurde, aber im Laufe der Zeit mehr und mehr verschwand. Oder die Redaktion könnte, indem sie vielleicht englisch-japanischen Wörterbücher konsultierte, die mögliche Tatsache übersehen haben, dass das ins Japanische eingeführte Fremdwort *sutandādo* nicht im Sinn von „Norm" verwendet wurde. Man könnte auch annehmen, die Ausgrenzung der Bedeutung „Norm" durch die Einführung des englischen Wortes „standard" ins Japanische ist ein Indiz dafür, dass der Begriff „Norm" in japanischer Wertvorstellung zu fremd ist. Das deutsche Wort „Norm" wird in deutsch-japanischen Wörterbüchern mit dem Wort *kihan* 規範 bzw. 軌範 widergegeben. Weil dieses für „Norm" stehen kann, würde das neue Fremdwort englischer Herkunft für die Bedeutung „Norm" überflüssig sein. Dadurch wird aber jener Annahme nicht widersprochen, weil das Wort chinesischer Herkunft *kihan* den zu diesem Stichwort im japanischen Wörterbuch *Kōjien* eingetragenen Angaben zufolge im traditionellen Sinn als „Vorbild" zu verstehen ist. Laut *Kōjien* ist die Bedeutung „Norm" erst durch Verwendung des Wortes *kihan* für den deutschen Begriff „Norm" bei der japanischen Übersetzung von deutschen philosophischen Werken in der Verwestlichungsphase Japans seit Mitte des 19. Jahrhunderts entstanden. Sonst weisen nicht nur in deutscher, sondern auch in japanischer Sprache das Fremdwort „Standard" und Wörter in dessen semantischem Umkreis eine deutliche Tendenz auf: Sie bringen nämlich zum Ausdruck, dass durch die Einführung von „Standard" etwas zum Zweck einer Einheit eingeschränkt wird.

2. Japanischer Formbegriff katachi als Weg vom Standard zur Originalität

Abgesehen von dem ursprünglich japanischen Wort *sadame*, d. h. „Gesetz" im juristischen Sinn, und von dem vom Englischen eingeführten Fremdwort *sutandādo* stammen im Japanischen alle angesprochenen Wörter im semantischen Umfeld von „Standard" aus dem Chinesischen. Gibt es nun kein japanisches Wort im semantischen Umfeld von „Standard", welches dafür stehen bzw. es ersetzten könnte? – Leider ließe sich kein Wort japanischer Herkunft finden, obwohl in der japanischen Kulturgeschichte vom Bereich der Architektur bis zum Gebiet der kleinen handwerklichen Arbeit ausreichend Anlässe zur Standardisierung vorhanden waren. In dieser Hinsicht spielt in der japanischen Tradition von Kunst und Handwerk das Wort einheimischer Herkunft *katachi*, das auch *kata* heißen kann, eine zentrale Rolle. Es könnte mit den deutschen Wörtern „Gestalt" und „Form" verglichen werden.

In der japanischen Kulturtradition erfährt *katachi* große Aufmerksamkeit. Bekannt ist die Formalität der Tee-Zeremonie, im No- und Kabuki-Theater beherrschen strenge Formen die Bühne. Ein so riesiger Holztempel wie der Todai-ji, dessen Daibutsu-den (Halle des Großen Buddhas, 751 erbaut, zweimaliger Wiederaufbau nach den Bränden von 1180 und 1567, Vollendung der heutigen Halle 1708) als das größte Holzgebäude der Welt gilt, hätte nicht gebaut werden können, ohne die Baumaterialien streng zu normieren und zu standardisieren. Eine

Stärke des traditionellen Handwerks in Japan besteht darin, dass man das in formaler Hinsicht Gleiche in großer Menge produziert und dabei unter den Produkten kaum Abweichungen erlaubt. In dieser Hinsicht soll die handwerkliche Kunst sogar die Genauigkeit maschineller Herstellung übertreffen. Denn die Gussformen beispielsweise, die man in eine Maschine einbaut, um ein Produkt in der gleichen Form anzufertigen, werden schließlich handwerklich bearbeitet. Auch der Spitzenteil des ersten Shinkansen-Wagens, also des japanischen Vorgängers des deutschen ICE, wird am Ende handwerklich poliert, um den Luftwiderstand optimal zu reduzieren. Ähnliches gilt auch für die Bearbeitung der Flügelkanten von Flugzeugen.

In der Tee-Zeremonie wird bezüglich der Stationen des Übungsweges zum Tee-Meister von *shu*, *ha* und *ri* (守, 破 und 離) gesprochen, von Schlüsselwörtern, die jeweils „Bewahren", „Brechen" und „(Sich) Entfernen" (sowohl transitiv als auch intransitiv) bedeuten. Auf der ersten Stufe eignet man sich die durch Regeln streng bestimmte Form an. Hier kommt es auf die Beherrschung der *Standard*formen an. Erst danach darf man versuchen, die vorgegebenen Regeln zu „brechen" und von den Formen abzuweichen. Man orientiert sich auf dieser zweiten Stufe insofern noch an den Standardformen, als man im Vergleich zu diesen andere Formen sucht und anprobiert. Schließlich findet man Formen, die ganz unabhängig von den Standardformen eigene Gestalt annehmen. So hat man sich vom Standard der Tee-Zeremonie „entfernt" und seine eigene, um mit europäischen Begriffen zu sagen, „individuelle" und „originale" Form gestaltet. Dieser Weg zum Meister gilt in vielen Künsten und Handwerksgewerben, welche von Generation zu Generation ihre eigene Tradition weiterführen und zugleich lebendig erhalten.

Sehr aufschlussreich ist hinsichtlich dieser dynamischen Auffassung der Form, um noch einmal Shriakawas Wörterbuch chinesischer Schriftzeichen *Jitsū* (S. 390) heranzuziehen, das sinojapanische Schriftzeichen, mit dem das japanische Wort *katachi* schriftlich wiedergegeben wird. Das Schriftzeichen *katachi* 形 besteht aus zwei Teilen. Der linke zeichnet grafisch eine geschlossene Gussform, während der rechte Teil aus drei Strichen besteht, welche zusammen Farben und Glanz darstellen. Das Schriftzeichen *katachi* bezeichnet somit die Schönheit der vollendeten Form, die auch als Ausdruck der Innerlichkeit zu verstehen ist – Innerlichkeit sowohl des gegossenen Gegenstandes als auch des gießenden Geistes, wie es im um 100 nach Chr. in China entstandenen und von Shirakawa immer zu Rate gezogenen Lexikon der chinesischen Schriftzeichen steht, dessen chinesischer Titel (説文解字) in lateinischer Transkription als „Shuō wén jiě zì" wiedergegeben wird, in sinojapanischer Aussprache „Setsumonkaiji" lautet und in deutscher Sprache „Schrifterläuterungen und Schriftzeichenanalysen" heißen dürfte.

3. Spannung von Standard und Originalität in der deutschen Kunsttradition

In der deutschen Kunsttradition ist die Spannung zwischen Allgemeinheit und Individualität oder Regel und Originalität bzw. Standard und Produktivität nicht fremd. Im 16. Jahrhundert kam bekanntlich unter den bürgerlichen Handwerkern die lyrische Gattung „Meistergesang" zur Blüte. Hier kommt es darauf an, dass man die komplizierten formalen Regeln sehr streng einhält. Dabei ist an Meisterwerken selbst dieser Gattung auch die Individualität nicht zu verkennen, wenn man etwa die Werke vom Schustermeister Hans Sachs liest. Der Übergang von der Regelpoetik Gottsched'scher Prägung zur Geniepoetik im 18. Jahrhundert wäre ein Paradebeispiel für die Spannung zwischen Standard und Originalität. Berühmt ist dabei Kants Definition des Genies in seiner *Kritik der Urteilskraft* (§46). Sie wird hier im Kontext der in der zweiten Hälfte des 18. Jahrhunderts geführten Genie-Diskussion folgendermaßen formuliert:

> Genie ist das Talent (Naturgabe), welches der Kunst die Regel gibt. Da das Talent, als angebornes produktives Vermögen des Künstlers, selbst zur Natur gehört, so könnte man sich auch so ausdrücken: Genie ist die angeborne Gemütsanlage (ingenium), durch welche die Natur der Kunst die Regel gibt.

Parallel zur Idee des japanischen Weges zum Meister steht nicht zuletzt eine Passage aus dem Roman des Tübinger Genius loci. Friedrich Hölderlin beschwört im zweiten Brief des ersten Buchs des Romans *Hyperion oder Der Eremit in Griechenland* pathetisch den durch den pneumatischen Geist beseelten Menschenzustand und spricht von den „Regeln des ringenden Künstlers", der sich mit den tradierten und insofern „bewahrten" (*shu*) Regeln der Kunst auseinandersetzt, den „Harnisch" der Regeln „bricht" (*ha*) und „vor dem Bilde der ewigeinigen Welt" hinter sich lässt, indem er sich von den „Regeln" der Kunst „entfernt" (*ri*):

> Eines zu sein mit Allem, was lebt! Mit diesem Worte legt die Tugend den zürnenden Harnisch, der Geist des Menschen den Zepter weg, und alle Gedanken schwinden vor dem Bilde der ewigeinigen Welt, wie die Regeln des ringenden Künstlers vor seiner Urania, und das eherne Schicksal entsagt der Herrschaft, und aus dem Bunde der Wesen schwindet der Tod, und Unzertrennlichkeit und ewige Jugend beseliget, verschönert die Welt.

Beim deutschen Dichter Hölderlin kommt etwa in den Wendungen „Zürnen", „Harnisch", „Zepter", „Ringen", „ehern" und „Herrschaft" die gespannte Entgegensetzung von „Standard" und „Originalität" und deren Überwindung im bildlich vorgestellten Streit zum Ausdruck. Im Unterschied dazu zeichnet sich der japanische Begriff *katachi* durch eine Vorstellung vom „Weg" bzw. „Tao" aus, auf dem man von der durch jahrelange Übungen angeeignete und bewahrte Standardform (*shu*) über Versuche, diese Form trotz aller inneren Anstrengung und Bekämpfung sorgsam und geduldig zu überwinden (*ha*), bis zur Entfernung vom Angeeigneten durch die Gestaltung eigener Form (*ri*) Schritt für Schritt voranschreitet.

Gemeinsam ist beiden jedoch die Forderung, uns durch die Bewahrung des „Standards" nicht in den „Harnisch" der „Regeln" und Normen hineinpressen zu lassen. Es kommt darauf an, dass wir den „Standard" „bewahren", „brechen" und uns schließlich von ihm „entfernen", um ihn zu übertreffen.

Dekanonisierende Wiederholung.
Ozu-Adaption im Film *35 Rhums* von Claire Denis

Kayo Adachi-Rabe,

Einleitung

Der formalistische Literaturwissenschaftler Jurij Tynjanov stellte die These auf, dass sich die Literatur durch die Kanonisierung der Verfahren anderer Genres oder Epochen evolutioniert.[1] Übertragen in die Gattung Film kann man sagen, dass der Film ein Medium ist, das die ständige, grenzenlose Übertragung der Ausdrucksformen von Werken aus anderen kulturellen Zusammenhängen in seiner Entwicklungsgeschichte veranschaulicht. Als ein individuelles Beispiel dafür möchte der vorliegende Beitrag auf den Film *35 Rum (35 Rhums)* von Claire Denis aus dem Jahr 2008 aufmerksam machen, der sich an den Film *Banshun (Spätfrühling)* von Yasujiro Ozu von 1949 anlehnt. Ozus Film ist ein filmästhetisches Standardwerk nicht nur für das japanische Familiendrama, sondern auch für das internationale Autorenkino. Vor allem Wim Wenders, Doris Dörrie und Hou Hsiao-Hsien sind bekannt dafür, typische Plot-Elemente Ozus übernommen und seine stilistischen Merkmale in ihren Werken kanonisiert zu haben.[2] Der Film *35 Rum* wirkt dem optischen Eindruck nach unter den bisherigen Ozu-Adaptionen am weitesten vom Original entfernt, ist tatsächlich jedoch sehr nah an dessen Sinn angelehnt. Die französische Regisseurin übertrug Ozus Familiengeschichte, die in einem bürgerlichen Wohngebiet im Tokyoer Vorort Kamakura in der Nachkriegszeit angesiedelt ist, in ein Einwandererviertel in der Pariser Vorstadt der Gegenwart. Sie wählte dazu einen dokumentarischen, naturalistischen Kamerastil, der in Kontrast zu Ozus artifiziellen Studioaufnahmen in Schwarz-Weiß steht. Das Remake folgt dem Plot von *Spätfrühling* originalgetreu und ist gleichwohl äußerst souverän in Szene gesetzt. Im Folgenden wird eine vergleichende Analyse der beiden Filme durchgeführt, die sich an den Denkansätzen

---

1 Jurij Tynjanov: Das literarische Faktum. In: Jurij Striedter (Hg.): Russischer Formalismus. München: Wilhelm Fink Verlag, 1981, 3. Aufl., S. 392-431.

2 Wim Wenders' Tokyo-Ga (1985), Hou Hsiao-Hsiens Kôhî jikô (Café Lumière, 2003) und Doris Dörries Kirschblüte – Hanami (2008) wurden als Hommage an Tôkyô monogatari (Die Reise nach Tokyo, 1953) gedreht.

von Gilles Deleuze in seiner Schrift *Differenz und Wiederholung* orientiert.[3] Dabei wird die Transformationsmethode bei Denis als eine Wiederholung definiert, die nicht auf Kanonisierung abzielt.

Wiederholung der Trugbilder

Deleuze meinte, dass die heutige Repräsentation der Dinge eine Welt der Trugbilder ohne Ursprung produziert:

> Alle Identitäten sind nur simuliert und wie ein optischer Effekt durch ein tiefer liegendes Spiel erzeugt, durch das Spiel von Differenz und Wiederholung.[4]

Dieses Spiel von Differenz und Wiederholung findet im Fall von *Spätfrühling* und *35 Rum* auf drei Ebenen statt, nämlich im Verhältnis zwischen Film und Realität, im Seriencharakter des Ausgangsfilms und seiner Nachfolger sowie im Verhältnis zwischen dem Original und seinem Remake. *Spätfrühling* erzählt die Geschichte des verwitweten Professors Shûkichi und seiner Tochter Noriko. Der Vater sorgt sich darum, dass seine Tochter bald verheiratet werden muss. Die Filmhandlung besteht aus dem langsamen Prozess bis zur Trennung der beiden Figuren durch die Heirat Norikos. Ozu wiederholte diese Thematik in weiteren Filmen, in denen er sie nur leicht variierte.[5] Er wiederholte sich selbst, um diese Geschichte als Urbild des menschlichen Schicksals herauszukristallisieren und seine Ausdrucksweise dabei zu verfeinern. Der Regisseur selbst war übrigens ein Junggeselle und lebte bis zu ihrem Tod mit seiner Mutter zusammen. Claire Denis fand in Ozus Film einen konkreten persönlichen Bezug: Ihr aus Brasilien stammender Großvater zog seine Tochter – also Denis' Mutter – allein auf.[6] Die Regisseurin setzt Ozus Motiv aber in eine Familie, die in zeitlicher und ethnischer Hinsicht einen anderen Hintergrund als ihren eigenen darstellt. Deleuze sagt:

---

3   Gilles Deleuze: Differenz und Wiederholung. München: Wilhelm Fink Verlag, 2007, 3. Aufl.
4   Deleuze 2007, S. 11.
5   Auch in Bakushû (Weizenherbst, 1951), Higanbana (Sommerblüten, 1958), Akibiyori (Spätherbst, 1960) und Sanma no aji (Ein Herbstnachmittag, 1961) geht es hauptsächlich um die Heirat einer Tochter.
6   Frankfurter Allgemeine Zeitung: Im Gespräch: Claire Denis. Jeder Blick aus der Eisenbahn ist ein Kinoerlebnis. Faz.Net. 05.03.2009. Zuletzt gesichtet 17. 05. 2011. (Das Gespräch führte Michael Althen.)
     http://www.faz.net/s/Rub8A25A66CA9514B9892E0074EDE4E5AFA/Doc~E49D13F5C
     B51940E9890C7BF96634F0EC~ATpl~Ecommon~Scontent.html

Die Kunst ahmt nicht nach, ahmt aber vor allem deswegen nicht nach, weil sie wiederholt und aufgrund einer inneren Macht alle Wiederholungen wiederholt.[7]

[...] weil die Ähnlichkeit immanent ist, muss das Abbild selbst einen inneren Bezug zum Sein und zum Wahren besitzen, der seinerseits dem des Urbildes analog ist.[8]

Ozu und Denis erzeugten das Abbild einer Familiengeschichte, um die innere Affinität essenzieller Gefühlserfahrungen transparent zu machen.

Zugreise

Die Zugreise bildet ein zentrales, gemeinsames Motiv in beiden Filmen. Der Vorspann des Films *35 Rum* zeigt eine Zugfahrt, die von einer heiteren Musik begleitet wird, wie es in Ozu-Filmen üblich ist. Aus der Sicht eines Lokführers sieht man sich die Schienen im gesamten Sichtfeld in zahllose Richtungen entfalten. Verstaubte Fensterscheiben, ungebremste Reflektionen der Abendsonne und ein wackelndes Bild erzeugen eine Subjektivität der Kameraperspektive und die dokumentarische Lebendigkeit der Szene. Nachdem ein fahrender Zug von außen gezeigt wird, erscheint der Protagonist Lionel, Fahrer bei der Pariser Schnellbahn, zum ersten Mal ins Bild. Er steht auf dem Bahnsteig, raucht und betrachtet den Zug.

In einem Interview zitiert Denis Jean Renoir mit der Aussage, dass Zugfahren eine hypnotisierende Wirkung hervorbringe.[9] Renoir verfilmte Émile Zolas *La Bête Humaine* (*Bestie Mensch*, 1938), dessen Protagonist Lokführer ist. Wie der Filmsemiotiker Christian Metz in Zusammenhang mit diesem Film äußerte, stellt die Zugfahrt an sich eine Analogie zum Film dar, weil sie das Sichtfeld in Bewegung setzt.[10] Die Zugfahrt ist ein beliebtes Filmmotiv, das in der französischen Filmgeschichte eine lange Tradition hat. Denis' Film erinnert unmittelbar an *La Roue* (*Das Rad*, 1922) von Abel Gance. Dieser erzählt von einem Lokführer, der ein Mädchen adoptiert, das er bei einem Zugunfall gerettet hat. In diesem 273 Minuten langen Stummfilm entwickelt sich eine meditative Ästhetik der fahrenden Maschine und der sich wandelnden Landschaft fast zu einer poetischen Abstraktion. *35 Rum* ist insofern ein selbstreferentieller Film, als er die Themen der Filmgeschichte repetierend aktualisiert. Denis stellt Ozu, der das Motiv der Zug-

---

7   Deleuze 2007, S. 364.
8   Deleuze 2007, S. 332.
9   Frankfurter Allgemeine Zeitung 05.03.2009. A.a.O.
10   Christian Metz: Die unpersönliche Enunziation oder der Ort des Films. Münster: Nodus Publikationen 1997, S. 111 ff.

reise ebenfalls bevorzugt verwendete, in diesen Zusammenhang der internationalen Filmgeschichte.

In *Spätfrühling* fahren Shûkichi und Noriko zusammen nach Tokyo. Alternierend erscheinen die beiden Fahrgäste in einer Nahaufnahme. Noriko steht und betrachtet die vorbeiziehende Landschaft durch das Fenster. Shûkichi, der sitzt, fragt, ob sie tauschen wolle. Sie lehnt ab. Später erscheinen die beiden Figuren nebeneinander sitzend und jeweils in ihre Lektüre versunken in einer Halbnahaufnahme. Zwischendurch sieht man den fahrenden Zug von außen.

Im Unterschied zu Denis' Darstellung korrespondiert das Kameraauge bei Ozu nicht mit dem Blick der Figuren. Der Kameramann Yûharu Atsuta filmt, unter anderem, den vorbeifahrenden Zug aus der Froschperspektive. Er hält die Kamera aus dem Zugfenster gestreckt, um einen ungewöhnlichen Blick auf einen schmalen Spalt zwischen dem Zug und der Eisenkonstruktion einer Brücke zu eröffnen. Die ungewöhnliche Perspektive sowie das ständige Aus- und Einsteigen der Kamera verdeutlichen die Präsenz einer nicht-anthropomorphen Perspektive im Film, die uns das dargestellte Ereignis distanziert anschauen lässt. Ozus Zugreise stellt ein Sinnbild für das Leben dar, in dem man nur vorübergehend Passagier ist. Bei Denis hingegen drückt die Fahrt Lionels kontemplative Anschauung auf sein Leben aus, in dem er sein eigener Herr sein will. Deleuze sagt:

> Jede Kunst hat ihre eigenen Techniken von verzahnten Wiederholungen, deren kritische und revolutionäre Gewalt den höchsten Punkt erreichen kann, um uns von den öden Wiederholungen der Gewohnheit zu den tiefen Wiederholungen des Gedächtnisses und dann zu den letzten Wiederholungen des Todes zu führen, in denen unsere Freiheit auf dem Spiel steht.[11]

Bei Ozu und Denis wird gleichermaßen das ästhetische Gestaltungspotenzial des Eisenbahn-Motivs und dadurch dessen Funktion als Allegorie des Films ebenso wie des Lebens hervorgehoben.

Nachhausekommen

Ein weiteres, immer wiederkehrendes Motiv bei Ozu ist das Nachhausekommen, welches Denis akzentuierend adaptiert. In einer Szene in *35 Rum* kommen die Tochter Joséphine und der Vater Lionel nacheinander, beide zufällig mit einem neu gekauften Reiskocher, abends in ihre Wohnung zurück. Eine Totale zeigt einen Korridor zur Eingangstür der Wohnung. Dort leert Joséphine ihre Tasche

---

11   Deleuze 2007, S. 365.

aus. In einer Nahaufnahme legt ihre Hand Wäsche in die Waschmaschine. In der Küche bindet sie ihre Haare und beginnt zu kochen. In einer Großaufnahme lächelt sie, als sie es klingeln hört. Vor der Eingangstür erscheint Lionel. In einer Totale sehen wir die beiden Figuren sich am Ende des Korridors küssen. Joséphine bringt dem Vater Pantoffeln und geht in die Küche zurück. Der Vater zieht die Pantoffeln an und geht im Korridor auf die Kamera zu, um seiner Tochter den neu gekauften Reiskocher zu bringen.

In *Spätfrühling* sieht eine Szene der Heimkehr wie folgt aus: Im Bild erscheint ein menschenleerer Korridor, wobei man Noriko singen hört. Sie kommt aus der rechten Seite in das Bild hinein, nimmt die Wäsche ab, die auf der Veranda aufgehängt ist, und geht wieder zurück. Im Wohnzimmer sitzt sie und faltet Tücher. Die Melodie ihres Liedes wird von der Filmmusik übernommen, zu deren Begleitung Shûkichi sich im nächsten Bild dem Haus nähert. Als er hineingeht, ertönt eine Klingel, die durch das Öffnen der Schiebetür ausgelöst wird. Dann ist der Eingangsbereich des Hauses von innen zu sehen. Noch einmal hört man das Klingeln, wobei die Gestalt des Vaters noch links außerhalb des Bildes verborgen bleibt. Dem nicht sichtbaren Vater nimmt die Tochter Hut und Tasche ab. Sie gehen in das Wohnzimmer, das in einer symmetrisch komponierten Totale gezeigt wird. Der Vater entkleidet sich, während die Tochter ihm Hausanzug und eine eingetroffene Postkarte überreicht, ein Mitbringsel aus seiner Tasche nimmt und schließlich das Abendmahl vorbereitet.

Denis hält sich sehr treu an die Konvention der Heimkehr-Szene bei Ozu, die sich aus dem Klingelton aus dem Off, der Begrüßung und Übergabe eines Mitbringsels, dem Umkleiden und der Zubereitung des Essens zusammensetzt. Denis' und Ozus Heimkehr-Szenen unterscheiden sich voneinander vor allem dadurch, dass die erste den Vorgang sachlich beschreibt, während die letztere ihn theatralisch inszeniert. Joséphine steckt ganz pragmatisch Wäsche in die Waschmaschine. Noriko hingegen geht mit einer Vielzahl von Tüchern wie spielend umher. Lionel zieht seine Hausschuhe in einer Nahaufnahme an. Der Prozess des Umkleidens bei Shûkichi hingegen wird durch eine Wand oder Schiebetür teilweise verdeckt und nicht vollständig gezeigt. Die Beschäftigung mit Alltagsgegenständen ist bei Denis schlichte Lebenspraxis, während dieselbe bei Ozu ein ritueller Akt bleibt. Noriko und Shûkichi verfolgen einander in der Wohnung, die wie ein Labyrinth wirkt. Im Gegensatz dazu ist die Begegnung von Joséphine und Lionel auf dem langen Korridor klar und überschaubar dargestellt.

Schon in dieser relativ undramatisch erscheinenden Alltagsszene entfaltet Denis ein umfangreiches Netzwerk von assoziativer Identifizierung und Differenzierung mit und von dem Original. Deleuze zufolge bedeutet die Wiederholung nicht, ein zweites und ein drittes Mal zum ersten hinzuzufügen, sondern dessen

„n-te" Potenz zu erheben, so wie bei der Differentialrechnung.[12] Das Motiv der Heimkehr wiederholt sich im Lauf der beiden Filme, wobei es immer wieder eine feine Veränderung der Emotionen der Figuren mit sich bringt. Denis transformiert Ozus Heimkehrmotiv von einem Gefühlschaos in ein klar überschaubares Bild, was an das „geradlinige Labyrinth" bei Jorge Luis Borges erinnert, den Deleuze oft erwähnt.[13] Gerade in der Subtilität der schlichten Inszenierung in *35 Rum* lässt sich erahnen, dass die dargestellte Gefühlswelt nicht minder komplex als in *Spätfrühling* ist. Deleuze sagt:

> Je mehr unser tägliches Leben standardisiert, stereotyp und einer immer schnelleren Reproduktion von Konsumgegenständen unterworfen erscheint, desto mehr muss die Kunst ihm sich verpflichten, und jene kleine Differenz entreißen ...[14]

Mit einer solchen Sorgfalt, wie Deleuze sie fordert, ist Denis' Alltagsbeschreibung ausgeführt.

Theater und Tanz

Die dramatischen Höhepunkte der beiden Filme sind durch das gemeinsame Thema der Eifersucht und durch ihre effektive musikalische Inszenierung miteinander verwandt. Joséphine und Lionel gehen mit ihren Freunden in ein Lokal. Wortlos drücken alle ihre Gefühle aus, indem sie sich beim Tanz mit einem gewünschten Partner oder einer Partnerin näher kommen. Zunächst tanzt Lionel mit seiner alten Freundin Gabrielle und dann mit Joséphine. Der Nachbar Noé übernimmt die Tochter. Der Vater sieht, wie das Paar in einem immer innigeren Tanz versinkt. Lionel nimmt dann die Hand einer jungen Kellnerin und tanzt mit ihr. Gabrielle richtet ihren enttäuschten Blick auf sie. Die Kamerafrau Agnès Godard choreografiert mit ihrer Handkamera die physischen und emotionalen Bewegungen der Figuren in einem musikalischen Fluss. Sie fokussiert die Wahrnehmung auf den Mittelpunkt des Geschehens und setzt die Reaktionen und Blickverbindungen der Figuren in Relation zueinander.

Ein ähnliches Spiel mit dem Blick findet bei Ozu im Nô-Theater statt. Shûkichi und Noriko treffen dort die Witwe Akiko, in der man eine Kandidatin für die künftige zweite Ehefrau von Shûkichi vermutet. Das nonverbale Schauspiel der Blicke veranschaulicht eine heimliche Erschütterung in Norikos Inneren. Die statische Kamera fängt die unbeweglichen Figuren aus der Unterperspektive ein.

---

12 Deleuze 2007, S. 23.
13 Ebd. S. 148.
14 Ebd. S. 364.

Shûkichi grüßt in das Off rechts vorne, wohin dann auch Noriko fragend ihren Blick wirft. Mit einer Verzögerung erscheint Akiko im Gegenschuss. Diese spannungsreiche Handhabung des Off-Bereichs ruft einen Eindruck der Instabilität hervor. François Truffaut meinte zum abrupten Wechsel der Blickachse bei Ozu, dass man dabei von der Vorstellung beunruhigt werde, die Figur, die im Bild erscheint, könne im nächsten Moment spurlos verschwinden.[15]

Im Gegensatz dazu sind bei Denis die Standpunkte der Charaktere durch die Kamerabewegung und die schlüssige Montage fest miteinander verbunden. Während bei Denis die Figuren ihre Gefühle frei ausdrücken, wendet sich Norikos Schmerz auf sich selbst, wobei die Emotionen von Shûkichi und Akiko gleichermaßen maskenhaft wie undurchdringlich erscheinen. Joséphine und Lionel offenbaren ungehindert ihr erotisches Begehren, während dieses bei Noriko und Shûkichi strikt tabuisiert zu sein scheint. Ozus statische Kamera ist ein Ausdruck einerseits für die menschlichen Gefühle, die sozialen Zwängen untergeordnet sind, und andererseits der tradierten minimalistischen Ästhetik, die die inneren Bewegungen der Menschen verfeinert ausdrückt. Deleuze meint:

> Die Wiederholung ist in jeder Hinsicht Überschreitung. Sie stellt das Gesetz in Frage, sie denunziert dessen normalen oder allgemeinen Charakter zugunsten einer tieferen und künstlerischeren Realität.[16]

Denis überträgt Ozus Geschichte in die heutigen Verhaltens- und Ausdrucksformen und zeigt, dass man mit seinem eigenen Handeln die Enttäuschungen überwinden kann, auch wenn man der Tragödie des Menschen, zu lieben, um zu verlieren, dadurch nicht gänzlich entrinnen kann.

Vase und Reiskocher

Eine Schlüsselszene in *Spätfrühling* wird wegen der Ambiguität ihres Ausdrucks in der Filmtheorie häufig diskutiert. Noriko und Shûkichi liegen auf ihrer letzten gemeinsamen Reise abends in einer Herberge nebeneinander. Während die Tochter noch erzählt, schläft der Vater schon ein. In einer Nahaufnahme lächelt Noriko, wobei sie das leise Schnarchen des Vaters im Off vernimmt. Die nächste Einstellung zeigt eine Vase im Dunkeln. Das Bild kehrt zu Noriko zurück, deren Gesichtsausdruck allmählich schwermütig wird. Diese Szene endet mit einer Wiederholung der Aufnahme von der Vase.

---

15 Kôichi Yamada / Shigehiko Hasumi: Toryufô soshite eiga. (Truffaut und der Film.) Tokyo: Hanashi no tokushû, 1980, S. 10.
16 Deleuze 2007, S. 17.

Der japanische Filmwissenschaftler Shigehiko Hasumi interpretiert diese Szene wie folgt: Norikos Gesicht strahlt ihre Erwartung, den Moment mit dem Vater möglichst lange auszudehnen, mit einem deutlichen erotischen Unterton aus. Im Kontrast dazu versinkt der Vater im Schatten und wird mit dem fremden toten Gegenstand gleichgesetzt, wodurch verdeutlicht wird, dass er die emotionale Annäherung der Tochter strikt ablehnt.[17] Deleuze behandelt das Erscheinungsbild der Vase in seiner filmtheoretischen Schrift *Cinema* als ein Zeitbild, das die von Raum und Bewegung unabhängige Zeit selbst darstellt. Dabei ist es zugleich ein falsches Bild, das die Verkettung der Handlung unterbricht.[18] Dieses Denkmodell assoziiert die von Deleuze ausformulierte Vorstellung des Cogito, des denkenden Ich: Zwischen dem „Ich denke" und dem „Ich bin" muss eine passive Position hinzugefügt werden, in der das seiende ICH das denkende ICH perzipiert. Deleuze meint, dass diese Position durch die Zeit eingenommen wird:

> Von einem Ende zum anderen ist das ICH (JE) gleichsam von einem Riß durchzogen: von einem Riß, der ihm durch die reine und leere Form der Zeit zugefügt wurde.[19]

Die Szene mit der Vase verweist auf das Nichtdenkbare, was aber, und zwar durch den Einbruch der Zeit, als gespaltenes Ego gedacht werden kann.[20] Deleuze zufolge

> […] wiederholt *dasjenige*, was wiederholt, nur dadurch, dass es nicht ‚begreift', sich nicht erinnert, nicht weiß oder kein Bewusstsein besitzt.[21]

Bei Denis geht diese Episode der letzten Nacht auf der Reise kurz und undramatisch vor sich. Stattdessen stellt jedoch die Endszene des Films ein ähnliches Rätsel wie die Vase bei Ozu auf. Nach der Hochzeit der Tochter kommt Lionel allein nach Hause und findet den zweiten Reiskocher, den sie am Anfang des Films versteckt hatte, weil auch der Vater einen gekauft hatte. Die Schlussszene in Ozus Film zeigt das traurige Gesicht des einsamen Vaters. Lionels Gestalt hingegen ist im Off versteckt, während die zwei Haushaltsgeräte das Bild dominieren. Hier scheinen die Reiskocher etwas eindeutiger als die Vase zu wirken. Eine Interpretation wäre, dass die doppelten Reiskocher versinnbildlichen, dass der Vater und die Tochter nicht zusammenbleiben können, weil beide das Glück

---

17   Shigehiko Hasumi: Kantoku Ozu Yasujirô. (Der Regisseur Yasujiro Ozu.) Tokyo: Chikuma Shobô, 1992, S. 250 ff.
18   Gilles Deleuze: Das Zeit-Bild. Kino 2. Frankfurt/M: Suhrkamp, 1991, S. 30 f.
19   Deleuze 2007, S. 119.
20   Vgl. ebd. S. 188.
21   Ebd. S. 33.

des Anderen wünschen, zu dem der eine nicht gehört. Eines schließt das andere aus, oder eins ist immer zuviel. Das ewige Paradox, das Ozu wiederholt aufstellte, findet in dieser kreativen Adaption eine elegante Formel. Laut Deleuze besteht das Paradox der Wiederholung darin, etwas „Unwiederbringliches" zu wiederholen.[22] Am Ende der Geschichte von Vater und Tochter bleibt die Erkenntnis zurück, dass die Zeit, die immer wiederzukehren schien, nun unwiederbringlich vergangen ist.

Schluss

Deleuze verknüpft seine Theorie der Wiederholung mit dem Begriff der „ewigen Wiederkunft" bei Friedrich Nietzsche. Deleuzes Interpretation zufolge ist die ewige Wiederkunft „die Wiederholung, die selektiert, die rettet": „[...] alles was Negation ist, wird durch die Bewegung der ewigen Wiederkunft ausgemerzt."[23] Sie sei kein Kreislauf des Gleichen, sondern ein Prozess des Werdens. Die Filme von Ozu und Denis spiegeln auf unterschiedliche Weise Strukturen der Wiederkehr. Die Selbstrepetition bei Ozu und in Denis' Remake sind als Elemente der Wiederkehr gleicher Thematik zu sehen, durch die das menschliche Schicksal auf der Leinwand in sich steigerndem Maße affirmativ hingenommen werden soll. Denis vertritt diese Tendenz deutlicher.

Mit dem Diskurs der Wiederholung beabsichtigte Deleuze, das Primat eines Originals gegenüber dem Abbild anzufechten:

> Das Trugbild ist nicht etwa ein Abbild, reißt viel mehr alle Abbilder nieder, indem es auch die Urbilder stürzt: Jeder Gedanke wird zur Aggression.[24]

So gesehen drehte Denis das Verhältnis zwischen Original und Remake um, so als ob Ozu ihr Remake wiederholt hätte.

Im vorliegenden Beitrag wurden bis auf eine Ausnahme zuerst Szenen aus *35 Rum* und dann *Spätfrühling* geschildert, da diese chronologisch umgekehrte Reihenfolge anschaulicher wirkt, um die Singularitäten der beiden Werke zu erläutern. Denis' Remake beinhaltet eine äußerst tiefgreifende Analyse des Originals, die dem Zuschauer einen geschärften Blick darauf ermöglicht. Man kann das Remake dennoch auch als ein eigenständiges Werk wahrnehmen, ohne Ozu zu kennen. Denis versuchte, die Ausdrucksform eines Standards zu dekanonisieren,

---

22 Ebd. 15 f.
23 Gilles Deleuze: Nietzsche. Ein Lesebuch von Gilles Deleuze. Berlin: Merve Verlag 1979, S. 40.
24 Deleuze 2007, S. 12.

um ihre eigene Herangehensweise an Ozus Gedanken und dadurch ein selbstständiges Universum von Lionels Cogito zu präsentieren. So gelang es ihr, eine positive Entwicklung des heutigen Menschen neu zu formulieren, und weitere wiederholende Auseinandersetzungen mit der Thematik anzuregen.

Nach welchen Werten Leben wir?

Texte der WerteWelten-Stipendiaten

La journée de Yao

Adou Valery Didier Placide Bouatenin est Catéchiste en formation, Animateur d'atéliers et étudiant en Lettres Modernes, Côte d'Ivoire.

Abidjan, comme toutes les capitales économiques des pays africains, grouillait d'hommes et de femmes, sous un soleil ardent avec ses nombreux quartiers. Yao, comme tous les jeunes de son âge avec sa maîtrise en Lettres Modernes en poche, arpentait les rues à la recherche d'un emploi. Comme on le dit dans le langage ivoirien, il grouillait ou c'est « un chercheur ». Yao, habitant de Boribanan, dormait souvent à jeun faute d'argent et la cherté de la vie chez son oncle. Boribanan est l'un des quartiers où l'insécurité sévit; c'est la précarité totale. Boribanan signifie dans la langue malinké, la langue la plus parlée en Côte d'Ivoire et dans d'autres pays de l'Afrique occidentale *la course est finie*. Boribanan est le quartier des 'sans loi' où la raison du plus fort est toujours la meilleure. C'est dans ce quartier qu'un simple bonjour est synonyme de palabre et de bagarre. Et c'est dans ce quartier que vit Yao, jeune diplômé avec son oncle Kouassi. N'a-t-on pas dit que la relève de demain est la jeunesse ? Oui, c'est la jeunesse ; une jeunesse sacrifiée, livrée à elle. Et c'est de cette jeunesse qu'est Yao, une jeunesse sans repère. Mais Yao n'est pas ce jeune qui se dit moderne, il parle bien sa langue maternelle et connaît bien les us et coutumes de son village par cœur. C'est un jeune qui allie tradition et modernité ; des valeurs qui aujourd'hui sont méconnues des jeunes et adultes. Point de référence ! Des valeurs de cohabitation parfaite négligée. Voici que ce lundi, Yao quitte la maison en bois de son quartier Boribanan sis à Koumassi, l'une des communes populaires d'Abidjan avec seulement deux cent francs pour prendre un titre de transport du bus *SOTRA* pour Plateau, une commune chique. Lundi est le premier jour de la semaine où les travailleurs, les 'grouilleurs ou les chercheurs' ou tout le monde s'empresse à arpenter les embouteillages, les obstacles pour se rendre à son lieu de travail. Yao, ce jour là, endimanché, fuyant les plaintes de la femme de son oncle Kouassi, sortit de la cour avec seulement deux cent francs pour son titre de transport. A la sortie de la cour, il fut accueilli par un soleil ardent et par une jeune femme qui a failli renverser l'eau de sa vaisselle sur lui. Au lieu de s'excuser, elle laisse tomber sur Yao un « tchrou » pour manifester son mécontentement. Assommé par ce qu'il venait de voir et entendre, Yao est resté médusé, ahuri un bon moment avant de montrer sa virilité sur un ton courtois. Il était sur ses nerfs, et puis le soleil à sept heures était insupportable. Quel pénible début pour cette journée ! La femme de son oncle, la femme à la sortie de la cour et le soleil insupportable : voici l'atmosphère, l'ambiance dans laquelle Yao se retrouve à l'arrêt du bus. A l'arrêt du bus, une foule innombrable se plaignant du retard des bus. Cette foule ignorante qui casse les bus lors des manifestations ; de véritable badaud cette foule qui attendait les bus. Et l'ignorance est l'une des bases de la discorde. On casse les bus et on se plaint du retard ou du manque de bus : quelle paradoxe ! Tous les yeux sont rivés à l'horizon, à l'affût d'un bus pour délivrer la foule enchaînée par l'attente. La foule plaignante de la chaleur du soleil, du retard des bus, laissait se manifester leur colère. Yao épinglé comme un gentleman du dix-septième siècle, arrêté comme une statue à l'ombre d'une pancarte publicitaire, attendait le bus comme cette foule impatiente. Dans son coin, il s'efforçait d'oublier ce qui lui est arrivé il y'a cinq heures déjà. Au sein de la foule la tension est à son paroxysme, neuf heures d'attente, neuf heures de souffrance, neuf heures sous le soleil ardent… les rendez-vous sont irrespectés. Yao est en retard. Le service minimum n'est pas assuré, ça c'est le propre de l'homme. On hurle « il n'y a pas travail », et quand « on a travail », on ne l'assure pas… La conscience professionnelle est aux abois. Quelle pénible journée ! Et là, Yao n'en peut plus. La colère lui traverse le sang. Des valeurs morales juste faites pour la poubelle. Dans son impatience, voyant que sa journée est bâclée, il perd tout le bon sens qui le caractérisait. Il décide alors d'arpenter les rues à pieds pour se rendre au Plateau. Un parcours de combattant…mais une idée géniale car marcher pour lui serait bénéfique et c'est l'occasion pour lui de garder ses deux cent francs. « Il faut gérer le piair (l'argent) », dit-il avec un air fier oubliant la chaleur ardente du soleil. Passant par les couloirs, par les ruelles de la « SICOGI », il se retrouve sur l'autoroute du sud à Marcory. Yao, transpirant à grosses gouttes fut éclaboussé par un véhicule noir de marque BMW et immatriculé BA 0954 CI 07. Le matin, une jeune femme a failli renverser l'eau de sa vaisselle sur lui…et voici qu'à dix heures le pire se produit : tout sale, et l'heure du rendez-vous est dépassée. Le conducteur du véhicule, un jeune homme flegmatique de quarante ans, bien grand descendit pour se faire excuser.

Le jeune homme descendit de sa voiture, s'avança vers Yao avec un air de culpabilité, et Yao qui, depuis le matin, est sujet de malheurs : les plaintes de la femme de son oncle Kouassi, la jeune femme avec son eau de vaisselle, le soleil ardent, l'irrégularité des bus de la SOTRA ; ne peut accepter ce qui lui est arrivé à dix heures. Pauvre Yao ! Tout désarçonné, le manque de communication vraie, il se rue sur le jeune homme avec des sales mots. Quant à ce dernier, il n'en pouvait pas supporter, il se met alors aux pas de Yao. Ce fut une véritable pagaille. Tous deux n'arrivaient plus à s'entendre. L'alliance ethnique, une fois de plus servira à éteindre le feu. Une puissance arme pour maintenir la paix et fortifier la cohabitation parfaite inter-ethnique. Autrefois, l'alliance entre les peuples a permis d'établir les règles de bonne conduite, de bon voisinage et d'éviter les conflits inter-ethniques. Par des propos de plaisanterie, on arrivait à consolider les liens fraternels. La discussion était houleuse, et Yao en bon Baoulé, s'exclama ainsi « Gnamin, ma n'yo sou ? (Dieu, qu'est ce que j'ai fais ?) » Là, le jeune homme se mis à rire en disant «en plus, c'est à mon esclave que j'ai affaire ». Le ton du départ se mue en ton de plaisanterie. « Qui est ton esclave, moi ? », demanda Yao. « Tu devrais te taire et dire nanan yaki, et te prosterner devant moi, ton roi », affirma Adou, le jeune homme. Adou est un jeune cadre qui travaille pour son propre compte. Il est originaire de Bondoukou. C'est un Abron. Le peuple Abron et le peuple Baoulé, selon l'histoire, viennent de Ghana. Ce sont des peuples frères, et il y'a une sorte d'alliance ethnique qui règne entre eux. Lorsque Yao a su que le jeune homme est un Abron et qu'il s'appelle Adou, il ne peut s'empêcher de dire « c'est mon esclave qui me salit ». Alors la discussion houleuse devint une plaisanterie. Et la plaisanterie amène Yao dans une boutique pour l'achat de vêtements. C'est ainsi qu'Adou lui remit sa carte professionnelle pour un rendez-vous d'entretien à quinze heures. C'est ainsi que l'alliance ethnique va donner du travail à Yao. A midi, Yao, dans son nouvel habit, se retrouve au Plateau à la Sorbonne avec toujours ses deux cent francs. « Il faut gérer le piair (l'argent », avait-il dit. A quinze heures, Yao se retrouve au bureau d'Adou à Cocody. Un bureau hyper meublé avec une secrétaire ravissante et accueillante. Il fut introduit chez Adou. Dans le bureau, c'est comme si deux frères se sont retrouvés après une longue séparation. Au lieu d'un véritable entretien, ce furent des échanges cordiaux et fraternels, des plaisanteries sur tous les sujets. A dix-sept heures, Adou conduit Yao à Boribanan. A la suite de cet entretien, Yao qui le matin voyait sa journée bâclée rentre chez lui en tant que futur responsable de la communication de la société « Dêbidawori ». L'alliance ethnique est un contrat signé entre les différents peuples pour établir et garantir la paix, et promouvoir les valeurs socio-culturelles, et aussi permettre l'entraide. Et voici que cette alliance ethnique a permis à éviter la palabre entre Yao et Adou, et surtout à Yao d'avoir un travail. Quelle journée merveilleuse pour Yao !

The Cookie Boy

Natasha Engelbrecht studied German at the University of Pretoria and worked as an educational Interpreter at the North West University, South Africa.

A few weeks ago I went shopping. As I was walking towards the shopping mall, a little boy who usually begs for money and food in that area approached me. He asked me for money. Everyone I know always warns me not to give "these people" any money, because they'll just spend it on alcohol and drugs. It's difficult for me to imagine a little boy of about ten years old, sniffing glue, but I often hear that I am too naïve and trusting. All that said, I offered to buy him a loaf of bread. Inside the shop I decided to buy him a box of cookies as well, as a loaf of bread alone is too boring. What ten-year-old boy doesn't like cookies? He is a boy after all, not just a faceless beggar.

I don't know what I expected when I handed him the food, but he just grabbed it and took off without thanking me. How rude and unthankful, I thought, as if I needed a reward for doing something good for someone else. On the other hand I thought, my job is done, my guilt is gone, I've done my good deed for the day, and I don't have to think about this issue again. But this issue wasn't and still isn't about to go away.

Later that day I saw the boy again, and again he approached me to beg for money. I told him that I already bought him food earlier. He couldn't remember me, and said that I was lying. After I mentioned the cookies, he immediately remembered, not my face but the gesture. He looked shocked, and walked away without saying anything. I felt offended and hurt that he didn't remember me, even though I have never claimed to do anything for someone else simply for personal gain. My reaction towards his behavior made me think. Why do we help other people? Is it genuinely to help them? Is it to make myself feel better and seem to be a better person, or is it simply to get the person or problem out of my face? To get rid of a feeling of guilt, which can be a very uncomfortable feeling to possess.

Instead of buying the boy warm clothes for winter; I gave him some money. Instead of taking part in charity events or working at shelters that are specifically there for children that don't have a home, I buy the boy a loaf of bread and a box of cookies. These shelters protect children from exposure to crime and drugs, and they also offer the children education that can enable them to become more qualified to apply for a job one day. A job that will enable such a person to buy his own bread and cookies one day, on his own terms, without the shame of begging for it. The food I buy him makes his tummy full for now, so he'll stay on the street one day longer where he can get food, money and sometimes even cookies. For me it was a quick fix and I expected an applause, but without him or me knowing it I am simply feeding the problem not the little boy. More times than not, people help other people out of selfishness and not selflessness.

The one motto I live by is that you should treat others, as you would like to be treated. It's just … I find it difficult to place myself in someone's shoes that comes from such extreme poverty. I can't relate to this person and can't imagine how to treat him. I was brought up to be very proud so I cannot imagine that I would ever resort to begging. Furthermore, I cannot imagine how degrading it must feel to beg for a living. I always wonder what could have happened in a person's life that he or she has absolutely no other choice than to live on the street and beg for survival. What make these uncomfortable feelings of guilt more complex is the racial aspects. As a white South African woman I experience racial issues from time to time. The aftermath of Apartheid is still ongoing with widespread poverty across the country. Because I am white I can't help but feel responsible in some way, even though, funny enough, I was only five years old when Apartheid ended and we became a democratic country. Whenever a black person asks me for food or money I feel that can't say no. Firstly I think that they will think I only say no because I am racist, which I am not. Secondly, I don't want to give white people a bad name, as we can be pretty unpopular in certain times and situations. I don't want that black boy to think that white people are stingy and selfish. It is completely irrational of me to think that I can compensate for the past mistakes of other white people by handing out a few cents to black beggars every time they ask. I shouldn't feel responsible for something I had no part in.

Auf der Suche nach Worten

Kosuke Goto ist Doktorand im Forschungsbereich Kunst der Spätantike und frühes Byzanz an der Hokkaido Universität, Japan.

Als die wunderschöne Landschaft der Balkanhalbinsel vor mir lag, waren meine Eindrücke gemischt. Mir drängte sich der Gedanke auf, dass die Natur niemals sehen lässt, was an diesem Ort in der Vergangenheit geschehen ist.

Vor einigen Jahren erschlug in einem Bergdorf ein Bauernsoldat einer Volksmiliz eine schwangere Frau. Dann entriss er ihrem Bauch ihr Baby und erstach es. Heute ist an dieser Stelle keine Spur von Schüssen oder Blut, eine beinahe friedvolle Stille als ob nichts zuvor passiert wäre. – Ein Mönch erzählte mir diese Geschichte nachts in seinem Kloster.

Keine politische oder religiöse Ideologie scheint eine Entschuldigung zu bieten in diesem Fall, obwohl ethnische Konflikte und Kriege der Hintergrund dieses Verbrechens sind. In der Tat, in dieser brutalen Ermordung als solcher – während des rassistischen Geschehens – steckt keine Botschaft. Dies war nicht die Folge des Glaubens eines Menschen.

Massaker werden in dieser Welt pausenlos angerichtet. Sie sind unserem alltäglichen Leben immer ganz nahe; derartige Kriegsberichte erreichen uns jeden Morgen. Alsbald aber fällt jedes ernste Ereignis, indem es vergeht, der Vergangenheit anheim, die wir nicht mehr berühren können. Außerdem ist ihr furchtbarer Tod nur eine von ungezählten anonymen Tragödien unserer Geschichte.

Niemand sollte die Mutter und ihr Kind als Opfer von ethnischen Konflikten betrachten. Denn solch eine Sichtweise verursacht weitere patriotische Gefühle, welche die Nachbarn ausgrenzen. Sie tendiert dazu, den Mythos eines ausschließenden Rassismus und das katastrophale Bild des modernen Balkans wiederzubeleben.

Auf der anderen Seite neigt die Macht der Massenmedien dazu, eine Geschichte, die sich nur auf unvollständige Fakten stützt, zu vereinfachen und ein leicht zu akzeptierendes Bild zu entwerfen, das weit von dem individuellen Fall entfernt ist. Dazu kommt, dass es kein Medium gibt ohne eine politische Haltung und deren Druck. Solch eine Verzerrung ist schwer zu vermeiden. Oder könnten wir etwa eine Geschichte erzählen ohne auf einer bestimmten Seite zu stehen?

Es gibt noch ein anderes Problem: Wie beschreibt man einen Fall aus der Vergangenheit? Historische Quellen oder Dokumente lassen oft kritische Informationen vermissen. Die verfügbaren Fakten sind gewöhnlich fragmentarisch. Wir beginnen zu realisieren, wie schwer es ist, an das Faktum zu rühren und seinen wahren Hintergrund zu rekonstruieren. Es gibt keinen klaren Kontext, der alle vielleicht in Zusammenhang stehenden Fakten einschließt ohne Kompromisse machen zu müssen.

Wir wissen, Ansichten und Erinnerung der Leute sind nicht immer korrekt und oftmals bestimmt durch deren kulturellen Hintergrund. Jegliches Zeugnis bzw. jegliche Beobachtung schließt die eigene Interpretation mit ein. Selbst wissenschaftliche Daten können interpretiert werden; es gibt keinen neutralen Standpunkt, um Ereignisse „richtig" zu beschreiben. Es gibt keine vollkommene Perspektive, die Welt zu sehen.

Dennoch müssen wir feststellen, was geschehen ist, und es schriftlich festhalten gegen alle Art von Zurückweisung und Indifferenz. Denn unser Bericht oder unser Zeugnis ist der Widerstand gegen das Schweigen der Natur. Trotz der Tatsache, dass der eigene Blick absolut beschränkt ist, haben wir keine andere Wahl als uns auf die Augen einzelner Personen zu verlassen.

Wie können wir einen blinden Glauben ausräumen? – Wir sollten kein volles Verstehen erwarten, auch nicht in einer kleinen Angelegenheit. Wir können sogar einen plausiblen Zusammenhang eines Ereignisses bezweifeln und außer Betracht lassen.

Dann müssen wir einer Sache unsere Aufmerksamkeit schenken, die schwer zu verstehen ist oder unmöglich nachzuvollziehen scheint. Es ist sicherlich schwierig, sich auf etwas zu konzentrieren, das nicht verständlich ist. Unsere Antwort folgt beinahe automatisch dem eigenen Interesse und Nutzen. In einer solchen Situation ist man entweder irritiert oder man beachtet es nicht. Diese Spannung jedoch ist die primäre Grenze unserer Gesellschaft.

Wenn man andere nicht akzeptieren kann, kommt es beispielsweise zu kulturellen, religiösen, ethnischen, politischen und nationalen Konflikten. Diese scheinen unsere komplexen Formen von Gesellschaft und deren Beziehungen zueinander widerzuspiegeln. Dennoch, der Beginn eines Konflikts ist einfacher: er ist die Spannung zwischen Menschen, die keine positive Verbindung miteinander haben. Dann nämlich wandeln sich alle menschlichen Stimmen in Lärm.

Wahrscheinlich gibt es in der Welt überhaupt keine Versöhnung, wenn es uns nicht gelingt, unser Auge auf das gerichtet zu halten, was nicht annehmbar ist. Was man nicht verstehen kann, ist wahrer als das, was man verstehen kann. Denn alle Leute sind gerade wie Bruchstücke eines zerbrochenen Spiegels. Unsere Ansichten beinhalten Missverständnisse und Verzerrungen. Unser Blick wird getrübt durch Vergessen und Gleichgültigkeit. Unsere Worte sind Widerstand gegen unsere nachlässige Aufmerksamkeit.

Einst werden wir unsere Augen schließen, und alles ist vergangen. Nur unsere Worte könnten eine Heimat für das ungeborene Baby sein.

Meine Werte

Urvi Jangam hat an der Universität Mumbai, Indien, studiert und arbeitet an ihrer Promotion zum Thema Deutsch als Fremdsprache für Sehbehinderte.

Alle meine Leistungen sind auf meine Eltern und meine Erfahrungen zurückzuführen. Meine Eltern sind die wichtigsten Personen meines Lebens und sind mir unentbehrlich. Ich habe ihnen für meine Erziehung zu danken.

Trotz meiner Sehbehinderung fühle ich mich genauso fähig wie die anderen Menschen. Es ist der Kernpunkt meines Lebens, dass ich mich genauso normal wie die anderen benehme.

Schönheit ist einer der wichtigsten Aspekte meines Lebens. Menschen denken, weil ich nicht sehen kann, kann ich die schönsten Sachen der Welt nicht erfahren. Aber meiner Meinung nach ist die Schönheit mehr geistig als sinnlich zu verstehen. Wenn jemand mir einen Blumenstrauß schenkt, kann ich die gleiche Schönheit spüren und riechen, auch wenn ich die Farben nicht sehen kann.

Es gibt Menschen, die ihre Sehkraft haben, aber leider die Schönheit nicht erkennen.

Mir ist die Hoffnung wie das Haus der Schnecke, das mich nicht nur vor den externen Umständen schützt, sondern mir einen Halt bietet. So ist die Hoffnung meines Erachtens einer der wichtigsten Werte.

Jedes Individuum besitzt etwas Besonderes in sich. Ich bewundere die Menschen, die fähig, strebsam, selbständig, selbstsicher, offen, tolerant, treu, hilfsbereit sind. Obwohl diese Werte sehr idealistisch zu sein scheinen, bereichern sie das Leben der Menschen. Ich verehre die Menschen, die selbst glücklich sind und die Freude mit anderen teilen. Im Gegenteil kann ich die Menschen nicht leiden, die immer selbstsüchtig und heuchlerisch sind.

Die Kultur spielt eine große Rolle beim Beibringen der Werte. Aber wo Individualismus herrscht, beschränken sich die Gefühle nur auf die individuelle Ebene. Im Gegensatz dazu erfahren die Menschen in kollektiven Kulturen die Freude zusammen. Sie denken an einander und sind immer bereit, einander zur Verfügung zu stehen. Jedoch führt eine Balance zwischen Individualismus und Kollektivismus zum besseren Leben.

Ich betrachte meine Behinderung als eine Herausforderung. Ich will nicht wie ein Schmetterling von einer Blume zur anderen Zeit vergeuden, sondern will wie eine Biene zielorientiert arbeiten. Sie schadet den anderen nicht, aber wenn sie von anderen angegriffen wird, kann sie sich gut verteidigen.

Wertewelten

Aleksandra Kudryashova studierte in Moskau und arbeitet zurzeit an der Universität Groningen an ihrer Promotion zum Thema Sprache in Dikaturen.

Werte. Werte. Werte. Values. Valori. Tsennosti. Egal wie lange und in welcher Sprache man sich das Wort auf der Zunge zergehen lässt – die Bedeutung entweicht mir immer. Wahrscheinlich geht es gläubigen Menschen leichter. Nachdem ich von dem Projekt erfahren habe, lief ich wie verrückt umher und habe Menschen – internationale Studierende, aber auch Deutsche unterschiedlichen Alters – gefragt, was sie unter dem Begriff „Werte" verstehen. Die meisten zuckten mit den Schultern und nannten nach einer Weile etwas wie „das menschliche Leben". Einer hat sich die Mühe gemacht mir eine Liste mit seinen Vorstellungen auf Facebook zu schicken: „Brainstorming (Werte): Freundschaft, Liebe, Harmonie, Wohlbehagen, Lust, Glück, Disziplin, Gesundheit, Macht, Sicherheit, Erfolg ...". Keiner von denen, die ich gefragt habe, hat Freiheit genannt.

Ich bin geboren in einem Land, das zwei Welten verbindet und in sich vereint – den Osten und den Westen. Russland – und vor allem Moskau, die Hauptstadt, aus der ich stamme – war schon immer ein Ort, an dem unterschiedliche Kulturen, Sprachen, Traditionen, Glauben und Weltanschauungen aufeinander trafen, kollidierten, Konflikte erzeugten und einander dabei ergänzten. Eine Besonderheit Russlands ist, wie ich es nenne, die zeitliche Diskrepanz, die überall stark zu spüren ist. Je weiter man sich von Moskau entfernt, desto mehr erinnert die Fahrt an eine Reise mit der Zeitmaschine: fährt man 20–40 km, landet man in der Sowjetära, noch weitere 100 km und man erinnert sich sofort an die Schullektüre – 19. Jahrhundert, Nikolai Gogol, Iwan Turgenew...

Als Kind lebte ich eine Zeit lang in England und in Deutschland und hatte damit die Möglichkeit, mich in andere Kulturen, Lebensgewohnheiten, Traditionen und auch Wertvorstellungen „einzupflanzen", „einzuleben", zu versetzen. Relativ schnell habe ich gelernt, mein „behaviour pattern" oder Verhaltensmuster nach Belieben zu wechseln. Diese Gewohnheit hilft mir in vielen Situationen, in denen meine Landsleute sich unwohl fühlen oder gar verzweifeln. Deutsche dagegen sind mit mir viel entspannter.

Das bringt mich zurück zum Thema „Werte". Einerseits bin ich mit der in der russischen Geschichte, Literatur und Philosophie verbreiteten Idee aufgewachsen, europäische Werte seien etwas ganz anderes, manchmal fremdes und sogar feindliches, etwas, was dem „russischen Geiste" nicht fernerliegen könnte. In der Tat werden viele Unterschiede auf den ersten Blick sichtbar, z. B. die Frage der

Emanzipation, wie sie verstanden wird und wie die genderspezifische Kommunikation zwischen zwei Geschlechtern funktioniert und verstanden wird. Weiblichkeit, weibliches Benehmen, Gleichberechtigung – all diese Begriffe haben einen völlig unterschiedlichen Stellen*wert* in Russland (und osteuropäischen Ländern überhaupt) als in Deutschland. Anderseits habe ich während meines Studiums genug Erfahrung gesammelt, die mir sagt: oft suchen wir nach Unterschieden und Besonderheiten, wo es sie gar nicht gibt.

Eine zweite Überlegung zu diesem Essay ist wiederum mit russischen und „westeuropäischen" Werten verbunden. Man muss sich vorstellen, dass seit 200 Jahren jede Generation in Russland (Zarenreich, Sowjetunion, Russische Föderation) einen Krieg miterlebt. Alleine im 20. Jahrhundert gab es zahlreiche lokale, globale, innere Konflikte (nicht zu vergessen – der Krieg in Afghanistan und der kein Ende nehmender Krieg in Tschetschenien). Diese ständige Gefahr erzeugt eine „Weltwahrnehmung" (rus. *Mirooščuščenije*), die durch konstante Angst vor Kriegen geprägt wird. Der größte Wert in diesem Zustand kann so formuliert werden: „Gott behüte, Hauptsache es gibt keinen Krieg". Furcht und Erschöpfung sammelten sich jahrzehntelang, wenn nicht über Jahrhunderte. Umso leichter war es und ist es für die Machthaber, das Volk zu manipulieren. In solch einer Situation wird das menschliche Leben – ein für Europäer selbstverständlicher Wert – deutlich herabgemindert, herabgesetzt. Oft gibt es im Fernsehen Meldungen über Terrorakte oder Kampfhandlungen in Tschetschenien („Bei einem Terrorakt sind 5 Tschetschene sowie 3 Polizisten ums Leben gekommen..."), solche Sätze werden aber mittlerweiler als alltäglich empfunden und die Zahl der Opfer schockiert kaum jemanden.

Im 20. Jahrhundert hat Russland insgesamt ungefähr 45 Million (!) Menschenleben in Kriegen verloren. Wenn man ständig mit solchen Zahlen umzugehen hat, verliert die einfache Zahl Eins sehr schnell an Wert und man beginnt in Hunderten zu rechnen. Als Ergebnis ist die Atmosphäre im modernen Russland manchmal sehr angespannt – einerseits steigt langsam, aber stetig überall auf der Welt der Wert des Menschen bzw. seines Lebens, anderseits ergibt sich daraus ein Konflikt mit dem schon traditionellen Wertverlust des einzelnen Lebens. Russland heute bewegt sich zwischen zwei Werten und lebt mit dem Gefühl, es müsse unbedingt auswählen: *Freiheit* oder *Sicherheit*. Letzteres wird ohne Zweifel vorangestellt. Deutschland dagegen – um hier einen Vergleich zu ziehen – setzt die *individuelle* Freiheit vor die *rechtliche* Sicherheit.

Dies erklärt unter anderem das Verhalten der meisten Russen gegenüber ökologischen Problemen. Die unglaubliche Größe des Landes, die trügerische, scheinbare Unendlichkeit seiner Schätze, das illusorische Gefühl der Grenzenlosigkeit führt dazu, dass Probleme der Umweltverschmutzung an den meisten Russen einfach vorbeigehen und kaum jemanden beunruhigen.

Zwei Überlegungen möchte ich noch hinzufügen: Zum Begriff der *Freiheit*: es wäre ein Irrtum zu sagen, es gäbe keine Freiheit in Russland. Ganz im Gegenteil. Meine deutschen Kollegen heben genau dieses Gefühl hervor, falls gefragt nach den Besonderheiten und Anziehungspunkten dieses Landes: *Freiheit*. Diese Freiheit besteht aber nicht darin, dass man jederzeit reisen oder immer auf Gerechtigkeit rechnen oder frei wählen gehen kann, sondern vielmehr in der einfachen Tatsache, dass man die *Möglichkeit* hat seine eigene Wahl zu treffen – wie in Paulo Coelhos *Der Alchimist*. Ein schwebendes Gefühl, als könne man sich jederzeit auflösen, frei handeln, das Gesetz brechen (ein sehr beliebter Spruch unter den Russen: „die Strenge russischer Gesetze wird kompensiert durch die Unverbindlichkeit, ihnen folgen zu müssen"). Das heißt nicht, dass alle Russen täglich Gesetze brechen – aber wir haben die *potenzielle Möglichkeit* dies oft ungestraft zu tun (Dostoevskijs „alles ist erlaubt"). Die westeuropäische Gesellschaft erscheint vielen Russen daher unfrei und mechanisch organisiert – eine solche Stimmung findet sich oft unter jüngeren Leuten.

Zu einem für die Russen besonderen Wert – „Blatt": das Wort stammt tatsächlich aus dem Deutschen und bedeutet wörtlich „Protektion", „Beziehung", „Connection". Im 1. Weltkrieg erhielten nämlich die russischen Gefangenen ein Blatt – also Dokument, Papier – das ihnen die tägliche Mahlzeit zu bekommen erlaubte. Wer ein „Blatt" besaß („blatnoj", „po blatu") – also gute Beziehungen hatte – konnte (mehr) essen. Und so ist das Wort im Russischen geblieben. Bis heute wird es jeden Tag benutzt und hat einen bestimmten negativen Wert, aber einen absolut nötigen Charakter. Dementsprechend wird auf solche „Blatt"-Beziehungen großen *Wert* gelegt, sie werden gepflegt und bilden das Ziel und sind stolze, aber geheime „Errungenschaft" vieler Russen.

Zu allerletzt: Die Internationale Sommerakademie der Universität Tübingen war und ist ein nahezu perfekter Ort, um Werte, Vorstellungen, Ziele und Hoffnungen von Menschen aus aller Welt zu vergleichen. Interessant ist, dass trotz kultureller Unterschiede die internationalen Studierenden immer einen gemeinsamen Boden finden und Freundschaften schließen. Umso spannender wird es, wenn sich dann doch Platz für Überraschungen ergibt: Bei einer Bodensee Exkursion stand die Besichtigung einer Kirche auf dem Plan. Als wir aber froh und satt nach dem Frühstück ankamen, blickten die meisten schockiert – vor unseren Augen wurde in die leere Kirche ein Sarg herein getragen. Die Reaktion der Europäer war eindeutig: zuerst Schock, dann ein verdecktes Ekelgefühl, Verlegenheit mit einer Prise Neugier. Umso erstaunlicher wirkte die Reaktion eines Mädchens aus Indien: sie schrie leise auf, voller Mitleid, packte mich an der Hand und flüsterte: „Sollen wir mittrauern?!" Ich brauchte eine Weile, um ihr zu erklären, dass es unnötig sei.

Ground Zero

Naobumi Oshima ist Literaturstudent an der Rikkyo Universität in Tokyo.

„Jeder Mensch ist ein Künstler". Als ich in Berlin studiert habe, bin ich auf diesen Ausspruch des Künstlers Josef Beuys gestoßen und sein freier Geist hat schließlich mit seinem Begriff der „sozialen Plastik" meine „Berliner Luft" symbolisiert. Aber ich konnte damals nicht verstehen, warum jeder Mensch ein *Künstler* sein soll, warum letztlich nicht anderes zitiert werden muss als die Stellung Künstler, zu der Beuys selbst gehört. Ich habe bezweifelt, ob er dabei Rücksicht darauf nimmt, dass die Stellung des Künstlers in unserem gegenwärtigen sozialen System, ohne es überhaupt zu hinterfragen, schon einen sehr hohen Wert hat.

In Japan gibt es einen bestimmten sozialen Habitus bei der Arbeitssuche. Im auf vier Jahre angelegten Universitätsstudium fangen die Studenten bereits schon im dritten Studienjahr an, sich auf Arbeitssuche zu begeben. Sie schicken dabei durchschnittlich 30 bis 50, manchmal sogar 100 Lebensläufe zu Firmen, um sich dort zu bewerben und zu Vorstellungsgesprächen eingeladen zu werden. Erst nach dieser ganzen Prozedur haben sie überhaupt die Möglichkeit, in eine Firma einzutreten. Anders gesagt werden die Studenten normalerweise von etwa 40 Firmen als unqualifiziert gebrandmarkt, ohne überhaupt zu wissen, warum. Wenn die Studenten in dieser Zeit des dritten Studienjahrs keine Arbeit finden können, dann gehören sie eigentlich schon zu den „Abgefallenen", denn sie verlieren dabei gleichzeitig ihren Titel als frisch gebackener „Bachelor", den die meisten Firmen rekrutieren. Gerade deshalb ist es für diejenigen, die sich nicht in diesem Status befinden, fast unmöglich, nach dem Studienabschluss eine in der japanischen Gesellschaft mehr oder weniger angesehene Arbeitsstelle zu finden. Da bin ich keine Ausnahme, denn ich betreibe als ein 27-jähriger Germanistikstudent immer noch ein eigentlich unpraktisches Studium.

Nicht wenige Intellektuelle wehren sich natürlich gegen diese Art eines unverbesserlich festgelegten Arbeitsmarktes. Einige von ihnen nutzen Internetportale wie Blogs dazu, gegen das Personalsystem japanischer Firmen zu polemisieren. Einem Professor zufolge schafft das gegenwärtige japanische Arbeitssystem weniger soziale und psychisch gesunde Menschen, als dass es vielmehr systematisch die Angst schürt, die in jedem jungen Japaner latent schlummert. Und ja, es stimmt! Egal wie sehr ich mich auch vor dem Bildschirm meines Computers aufraffe, ein Umkippen des gegenwärtigen sozialen Systems bewirke ich damit nicht. Alte Marxisten würden hier eher sagen: „Proletarier aller Länder, vereinigt Euch!".

Bei einem Spaziergang in eine große Buchhandlung ist mir eine interessante Neuerscheinung ins Auge gefallen. Auf dem Buchdeckel des weißen Schutzumschlags, einer mit Handstrich gekritzelte Graphik, die wie eine Blaupause wirkt steht der japanische Titel, der auf Deutsch etwa lauten würde: *Einführung in das Leben der urbanen Naturvölker*. Ein Handbuch also für das Überleben von modernen Clochards

Der Autor manifestiert in seinem Buch Folgendes: Selbst dann, wenn man eines Tages plötzlich gar keine Arbeit und kein Geld mehr haben würde, würde man nicht sterben. Diese manifestartig wirkende Botschaft war mir revolutionärer als jede einzelne Parole der Kommunistischen Partei oder eben jenes Zitat von Beuys, denn hier wird ganz treffend und unverhohlen erklärt: Man kann ganz bestimmt überleben, ohne eine Revolte anzuzetteln oder eben Künstler zu werden. Nichts als diese Erklärung könnte, wenn Angst vor der Arbeitslosigkeit mit derjenigen vor dem Sterben gleichbedeutend sein würde, jene ermutigen, die Angst davor haben, nicht angestellt zu werden. Die Angst vor dem Sterben und vor dem Tod, sie wird bei jedem und immer existieren, auch wenn im „Bushido", also in der Quintessenz des Samurais, proklamiert wird, dass der Weg des Kriegers im Sterben begründet sei.

Obwohl man ohne Arbeit und Geld leben könnte, hätte man doch keine Lust, sich in einer großen Stadt als Obdachloser durchzuschlagen. Gerade in unserem gegenwärtigen sozialen System wird ein Dasein ohne eigenes Dach über dem Kopf respektive ein Leben auf der Straße fast automatisch für „abgefallen" gehalten und denunziert. Niemand will leben, um ausgelacht zu werden. Gerade deswegen fragt sich der Autor jenes Handbuchs für das Überleben von modernen Clochards nach dem Grund dieses Gesellschaftssystems. Er behauptet nicht, dass jeder Mensch gleich wäre, sondern er fragt vielmehr, ob es richtig wäre, dass etwa Rohstoffquellen wie Wasser oder einfach ein Grundstück, also Geschenke der Natur, von jemandem verwaltet werden, obwohl keiner eigentlich das Anrecht darauf hat. Der Autor weist auf das Bizarre des heutigen Lebens hin, dass wir komischerweise lebenslang arbeiten, um all diese Geschenke der Natur benutzen zu dürfen. Er interpretiert den Begriff vom obdachlosen Leben völlig um und ersetzt ihn durch den Begriff vom *Leben der urbanen Naturvölker*. Es ist eine Uminterpretation, die auf den semantischen Grund Null zurückgeht und die herkömmliche Semantik von Grund auf transformiert.

Sein Unterfangen, das *Leben der urbanen Naturvölker* zu rechtfertigen, mag zu idealistisch, ja sogar unsinnig scheinen. In seiner Diskussion werden heute sehr wichtige soziale Probleme wie die Fragen der Medizin und Krankenkassen oder der Kinderpflege angesichts der Vermehrung arbeitstätiger Frauen nicht thematisiert. In seiner idealistisch wirkenden Utopie gibt es aber zumindest keine

„Abgefallenen". Er beabsichtigt zwar nicht, das soziale System und die soziale Bedingungen selbst zu verändern, regt aber durch die neuartige Interpretation der sozialen Infrastruktur des Wertes zu einer revolutionären Denk- und Sichtweise an. Um mit dem Deutschen Idealismus zu sagen: „Revolution der Denkungsart". Von *Ground Zero* aus neu zu denken – darin könnte auch eine wertvolle Möglichkeit liegen, die mein „unpraktisches", „unsinniges" Germanistikstudium in sich hat.

Foibles Teach Values

*Courtney Petchel studied German Literature, French and German Education at
the University of Delaware, USA.*

It is difficult for me to explain or even understand how or when my most important values were formed. Some people can quickly retrieve a memory of their fa-
ther teaching them a lesson on the value of hard work or quote their mother's
own version of the idea that one must follow his or her heart. So many base their
value system or lack thereof on that of their parents. However, I have had no
such experience. For me, life lessons were taught by the realization that my role
models were not fit to hold that title, because I was learning exactly how not to
be through their actions. Instead of taking on their value system, I rebelled
against everything they believed in and created my own. My values are strong,
but it would appear that I have discovered them and instilled them in myself.

My most important value in life is truth, which I think could be used as an
umbrella term for my other values such as fidelity and honesty, towards myself
and others. Lying, cheating, stealing, denial or even self-delusion are all forms of
dishonesty, which I loathe. Though, I cannot be certain of how my value of truth
was created, it was certainly not through conformity. Coming from a family,
where alcoholism reigns supreme over any other illness, denial really has come
to evoke a response from me similar to that of someone who is being lied to. Although, I know the person is mostly creating his own truth, so as not to see what
he is doing to hurt himself or others, I always perceive it as a direct insult. No
matter what the relationship, no matter how close or meaningful, one single lie or
half-truth will make me take a step back, again and again until there is a total
communication breakdown. From my perspective, anything that even distorts the
truth is a lie and is therefore disrespectful to me.

Some people really appreciate my honesty and often compliment my ability to
say exactly what I think. However, many find this trait offensive. As Americans,
we aren't suppose to tell the truth. I am not implying that we are natural born
liars, but we are definitely not expected to give strangers or even acquaintances
any details about our personal lives. For example, a proper response to the ques-
tion, "How are you?" would be, "Fine, thank you." Any answer that strays from
this norm would send a shock to the listener's system. Unlike the German ability
to tell someone that they may have gained some weight, we are expected to tell
everyone that they look great no matter what the case. I, on the other hand, am

not able to needlessly flatter someone and usually ask that the person please not ask me such questions.

Despite having grown up in a culture where direct honesty is considered distasteful and having grown up in a family where lies seem to keep people safe, I still value truth above all. I can't be sure that I taught myself this trait, as it seems to be more of a compulsion than anything else. I physically, mentally and emotionally need to tell the truth or else I feel that I am carrying a massive burden. Lying makes me feel extreme guilt, so much so that I can't lie, because my pained facial expressions will quickly give me away. As strange as this obsession with truth may seem, I strongly believe that it is the foundation of any loving relationship and that without it, nothing is sacred or meaningful.

Love also has significant value in my life and that includes love in every form, whether it be friendly, familial, romantic, or even love for my dachshund Oskar. As a hopeless romantic, whose parents divorced at the same time as I was being potty trained, it doesn't make much sense that I believe so strongly in romantic love or marriage. Despite the fact that I have never been able to use the word "parents", because they never existed as one entity, I still hope that I can one day say "I do". Perhaps one can say that my valuing the institution of marriage is a result of growing up in a country where mass-consumerism and commercialism unite to make weddings seem like both the ultimate party and the day on which every woman gets to be a princess. However, I don't support the idea of a big wedding, which now averages about $25,000 and I would be happy to elope, where I could express my undying love in private.

So, how can I believe in marriage and everlasting love when both of my parents have been married twice and my mother divorced twice? Shouldn't I, like many children of divorced parents, be disillusioned by the idea of promising to spend the rest of my life with someone? I would think so, but I'm not. For some odd reason, I am convinced that I could be one of the lucky few that gets to grow old with the one I love. I am certain that I won't make the same mistakes as my parents, because I am driven to make good choices, so that I can one day have a family completely unlike the one I was given. But, how can I have faith in something I've never had or seen?

One might suggest that my desire to marry comes from a religious upbringing and the wish to fulfill the sacrament of holy matrimony, in which a representative of God himself approves and blesses my marriage. But, I am an atheist. Even after being raised Catholic, from Baptism to Confirmation, I decided at 13 that it just wasn't likely that a higher being was watching over me, judging my every move and planning how long I would spend in Purgatory before I could be allowed into Heaven. Although my friends and family were believers and often threatened that I might burn for an eternity, I still felt perfectly happy knowing that destiny was in my hands. A life without religion allows for many more pos-

216

sibilities, because I get to take the reins and guide myself. If I make a mistake, I have only myself to face. If I do something kind for my fellow man, it is not to appease a higher being, it is to satisfy my own need to help others. I feel that it is a more truthful life, in which good deeds are done for the sake of doing good deeds; not for fear of a hellish afterlife.

If my family were any indication of the mold I should fit, I would be a single, Catholic woman with a drinking problem. Fortunately, I have a strong will to be the person I want to be, not the person genetics planned to make. I am a loving, honest nonbeliever, whose values were strategically formed by examining what I didn't want for myself. Even as a child, I knew adults, teachers and my older siblings were flawed and that I could do everything differently. Nothing is predetermined by nature or nurture, because we all have the power to change. Even values are not permanent as we can strengthen the ones we have and develop new ones at any point in our lives. I'm sure my belief in love will only grow no matter what obstacles I face. As long as I am true to myself, I will never be alone.

I (don't) see you

Sabine Petzsch worked as a reaserach assistant and is a tutor for the Visual Arts Department at the University of Pretoria, South Africa.

I see him before he can look me in the eyes and stare straight ahead. Ignorance is bliss? Not here. Blatant need reads from cardboard signs on every corner: "Help, 3 children and a wife to support. Any work, food, donation. God bless." Or: "I'd rather die of hunger than steal. God bless." Or: "Need work. God bless."

But God is marked by his absence. God is the God that wasn't there. God has forsaken humanity. God never existed at all; it is merely the idea of forgiveness, of truth and equality that appeals to people in need of proving to themselves that they are 'good', that they are being truthful and equal, despite being the ones in the new BMW ignoring the man on the street, preferring to retouch their make-up than to look at a fight for survival.

"Help me!" Everything about him screams it. His eyes plead. His hands beg. His stance is pitiful, beseeching anyone to react. The same version of desperation confronts you at every robot. In burnt white faces, in sunken black ones, in every colour poverty looks the same: the standard rags; the begging gesture; the walk between rows of cars; the bare feet touching scorching asphalt in summer and freezing to it in winter; the pained expression that surrounds you. How does one react to need when it is everywhere?

The two young women in the car next to mine imitate his gesture for food, the hands to the mouth and the pathetic expression plastered on his face. Their laughter is inaudible behind closed windows in an air-conditioned car, but their body language shows enough. I wonder what the man thinks.

Red becomes green; traffic moves on, no one has opened a window or recognized his presence. No one cares. Maybe it is not that no one cares, but more that we do not trust to care. All of us have heard the stories of the beggars not *really* being beggars, of being normal people exploiting our sense of pity:

"I was driving with my friend when he recognized the beggar on the street: he was a young man from a wealthy family whom my friend had met in rehab, now pretending to be crippled in order to get money for drugs." – "My cousin's girlfriend saw a beggar in a club, dressed normally and being seemingly quite well-off." – "My grandmother offered a woman with a cardboard reading 'Any job please. God bless.' a job as a cleaner, but the lady refused, saying begging was easier." – "An acquaintance saw a group of young boys going behind some bushes as normally clad youngsters and emerging as pitiful, starved and dirty children, in need of help."

With stories like these it is no wonder no one rolls down their window anymore. With stories like these it is no wonder that we do not trust what we see. Maybe, we have also become used to the sight of beggars everywhere. We see them as part of the scenery, as something that is always there but that needs no acknowledgement except for mild irritation. Beggars are like the particle in your eye that you cannot seem to get out: it annoys you for a second but as soon as it is out, you cannot be bothered to think about it again.

Later, as I meet friends for coffee, I feel the need to justify not giving anything to the person on the street. We all argue that we work for our money, that we deserve to be there sipping a Café Latte because we *earn* it. However, many lower class workers are immigrants from other African countries, better educated than we are, but working as car guards, as cleaners, as beggars in order to survive. Doctors, engineers, teachers putting groceries in your car, helping you park, cleaning your offices whilst you refuse to see them as equal.

We all say that we will not give money, but give our left-over lunches. Mostly this consists of the squashed apple at the bottom of our handbags. An apple a day might keep the doctor away, but it is not enough to live on and death will certainly come a' knocking if all we can give are old apples.

Morality no longer plays a part in the big-city-life everyone seems to want, as in the accompanying anonymity our actions must fear no consequences. A monstrous egotism makes us stare straight ahead, makes us mock what we presume to be insincere, makes us ignore poverty because "there is nothing we can do" and makes us inhuman.

The man I saw every day on my way to university is no longer there. However, he has been replaced by a blind Zimbabwean with a family to feed and a druggie on the next corner, looking to score. Everywhere I look, someone is lacking something, is needing something, wants something from me, and I don't know how to react. I cannot save all. I cannot bring everyone home for a shower and a meal because I am afraid I will not be able to make them leave again. I cannot hand everyone money as I will bankrupt myself.

In South Africa, poverty is ever-present and stares you in the face on a daily basis, but we have become so accustomed to it that we would rather stare ahead, stare past the person than to look at them. We prefer looking in a mirror at ourselves, reminding ourselves of how we look and what we are, than to look at the reality around us and react on our discomfort instead of merely pleading ignorance. Perhaps you give donations, perhaps you give your time, perhaps you are aiming for a change, but at the end of the day, you still go home to a house and a meal, whereas the man on the street sleeps under a bridge and will be begging for life again at your window in the morning.

The value of life in Zimbabwe

Vanessa Smeets is a freelance journalist and photographer and currently studies Reporting for Global Change at the Danish School of Media and Journalism.

Introduction

As a child, I valued all living things. I would collect crickets and dragonflies in the kitchen and set them free in the garden. As I grew up, those small things transformed into valuable assets: the values of patience, integrity, honesty, courage, kindness and forgiveness.

During the June holidays, I was on my way to Zimbabwe, the land of my birth, after living in South Africa for the last 20 years. It was time to go back to the garden filled with those noisy crickets.

Patience

The plane takes off from Johannesburg an hour late. My brother and I wait patiently, knowing our dad has been expecting us for the last three hours.

In Harare, we are greeted with sour faces: "Why are you here? What do you want?" At R300 or $30 US (the country has decided its own exchange rate), we finally get our Visas. I have to swallow my pride and smile gratefully for the tattered pink Visa in my passport. Welcome home.

Integrity

At church, a farmer tells his incredible story of loss and betrayal. Craig Deall almost lost his life after debating with ZANU-PF militants on his farm. The room fills up with tears. He is the epitome of courage. "What man intends for evil, God intends for good," he tells us. "You can choose to flee, forgive or forget."

I decide to forgive the nasty people at the airport. I decide to forget my dad shouting at pedestrians, as we were late for church. I decide to flee my negative thoughts of my documentary not going as planned.

While my Journalism classmates are celebrating the festivities of the World Cup in South Africa, I wanted to focus on "life after independence" in a forgotten paradise.

There's magic in Zimbabwe. Some describe it as extreme spirituality. The Shona people are known for praying for rain. It symbolizes hope. For many, the red dust of Zimbabwe settles at their ankles. It stopped raining thirty years ago. Their integrity and strength remain intact. It will rain again.

1980 was filled with the promises of a new government that would benefit all people. Today, Zimbabwe has no currency of its own, with thousands of people still struggling to buy food. The American dollar is a luxury few can afford.

Courage

Craig's story inspires me to start working. A woman and her two children have been squatting outside my dad's house on the street for the last month. I'm not sure how to approach her. My video camera is hidden in my coat's pocket.

It takes a lot of courage for us to start talking. She stutters as I ask her name. I look deep into her eyes. Somewhere beyond the pain of raising four children on her own (two of them are home alone), I want to get to know her.

Esther is my age. But unlike me, she has never gone to school. She has never gone a day without being hungry. Instead, she fell pregnant at 15. She can't work because her four-month old baby cries constantly. It has been sun burnt by weeks of standing on the side of the street attached to its nine-year old sister.

The little girl comforts the crying baby. She dances between the cars. Her mother doesn't flinch. "Isn't it dangerous?" I ask, pointing at a car hooting for them to get out of the way. "Yes," she whispers, "But they know I have many mouths to feed."

Honesty

I tell Esther I need to film her. At first, it is awkward. She can't look at me in the eyes anymore. But, her child is fascinated with being on film. She smiles, laughs and shows off her pretty but dirty dress.

As the little girl walks away, another man appears. Edson is a street vendor and Esther's friend. They met on the corner of the road. "If I have bread, I will share with her," he tells me, "But life is hard. I cannot feed her every day. Business is slow."

He disappears into the cars as the traffic increases. People are rushing home, but his colourful stock of balloons continues to hang on to his arms. He has incredible patience. A Mercedes stops and buys one. He smiles and waves at me.

His honesty is made apparent when he warns me: "The police are here. They saw you filming us." I hide my camera. If Edson hadn't warned me, the government's police would have erased all my film. They hate journalists.

Kindness and forgiveness

In the house, I gather up avocadoes and juice for Esther and Edson. Their kindness has made me realize how insignificant my problems really are.

These people choose to endure, rather than fight. Every day is about survival of their families, not themselves. Life for them is not about the value of money, but the value of food.

Life for them is also not about the value of politics, but the value of listening. There is healing in listening to each other's pain. We have all suffered under this regime.

Conclusion

There is value in forgiveness. There is value in hope. Craig's words haunt my mind: "I'd rather forgive than flee. You cannot flee your own hatred. Hatred is like drinking from a poisoned chalice hoping your enemy will suffer." Zimbabwe's people have suffered enough. There is value in sharing their tale with all those who read this.

Why do human beings help one another?
A perspective on the Newfoundland world of values

Isabel Taylor, originally from Newfoundland, studies archival studies and law at the University of British Columbia, Canada.

I grew up in Newfoundland, a large island off the coast of Eastern Canada with a small population that is often seen as unsophisticated by the rest of the country. Throughout my twenties I have spent considerable time in mainland Canada and Europe, and various experiences have shown me that Newfoundland has an unusual value system, largely because of the unique society that it has developed. Whenever I go back to the island, I feel the difference in its value system as something tangible and I have long been preoccupied with exploring this difference and trying to identify reasons for it. In this essay I would like to explore the meaning of helpfulness in Newfoundland society, or as social psychologists would term it, the "norm of reciprocity."

Until very recent times the classic form of Newfoundland social organisation was the tiny fishing village or 'outport.' Such communities were generally very poor until Confederation with Canada, and for a large part of Newfoundland's history were tightly controlled by the fishing merchants, who supplied fishing families with food and supplies in return for fish in a non-money economy built on a system of credit. The margin of survival was very narrow for many communities, and the residents developed a system of mutual assistance, helping each other in the knowledge that when they themselves were in need, others would help them in return. The high importance of mutual help was partly a product of the harsh conditions of outport life and partly due to the lack of money, which meant that services rendered had to be paid for in other ways. This web of favours owed and returned has made Newfoundland an unusually cohesive society. While the extended family network was (and is) a major vehicle for the giving and receiving of help, the outport community more generally could not have functioned without such co-operation at a time when there was no social security system to support its members through difficult periods. For example, owners of local stores would often unilaterally write off debts owed to them by families in diminished circumstances. The community struggle to survive is the origin of many of the self-beliefs and social views held by Newfoundlanders. It is often said that people in Newfoundland "would never let each other starve," for example. Though homelessness is generally rare in the province, the idea of it causes distress, as does the possibility that provision for the elderly may not be adequate, or that the medical system might be failing patients. Generally, the notion that other people may not be receiving what they need provokes an extraordinary level of indignation, and the Newfoundland media harness this public concern as a means of forcing the government to address such issues.

It is instructive to ponder the place of helpfulness in the general constellation of values in Newfoundland. The system of mutual help went with an almost complete lack of social class distinctions in the outport community, and even today Newfoundlanders remain largely indifferent to ideas of social hierarchy, at any rate in the sense of any sort of traditional class system. In particular, the distinction between middle class and working class, so integral to the modern Western outlook, does not seem to form part of the Newfoundland world view. Other features associated with the struggle for survival and the exchange of favours include a profound discomfort with conflict and disagreement, a general dislike of extreme points of view, a concern for fairness in the allocation of resources (shown for example in the traditional distribution of fishing spots by an annual lottery), and a critical attitude to top-down government, expressed in the long-standing antagonism between the capital St John's and its "Townies" and everywhere else, populated by "Baymen". It is interesting to compare Newfoundland's history, especially its very late development of money-based capitalism, with early modern England, in which the advance of agrarian capitalism was accompanied by the development of absolute property rights and the extinction of common land, laying the foundation for a deeply stratified modern class system and eroding traditional networks of exchange. From this point of view, Newfoundland may perhaps represent an earlier stage of British/Irish social development, or perhaps its society is unique to its own special circumstances. Particularly as regards property rights, it is remarkable that proof of ownership of land was often not necessary in Newfoundland outport society, in stark contrast to England. A family's occupation of a particular piece of land was a matter of general tacit acceptance, built on the norm of community co-operation, and therefore did not require title deeds or an entry on a Land Registry. Even today in some isolated areas of Newfoundland, lawyers are in the process of establishing property boundaries by taking down oral testimony from the oldest inhabitants of various tiny communities. Indeed, more isolated communities in Newfoundland often had to exist without the benefit of law, order and good government, and in most cases succeeded in regulating themselves well – a fact which would have startled Thomas Hobbes and gratified Rousseau.

While the strength of the norm of reciprocity has its roots in a unique set of economic circumstances, it is also interesting to observe its translation into more formal political terms. The combination of the norm and the lack of social stratification in outports is arguably partly responsible for the power of labour unions in modern Newfoundland, which is the most unionised province in Canada, but the most interesting historical example of the norm's power is probably the social-political-economic experiment conducted by William Coaker and the Fishermen's Protective Union, which he founded in 1908. Coaker was a farmer in the area of Herring Neck, a tiny community on the English-settled shore of Newfoundland, but he was born the son of a carpenter in St John's and thus came from a similar social background to the contemporary artisans who provided the intellectual leadership for the British socialist movement. Coaker critiqued the St John's merchant class and Establishment as exploitative, in terms derived in part from his reading of the Victorian English socialist William Morris. (This was not the first time that Newfoundlanders had transposed European political theory to their own circumstances: John Locke also had a significant impact on St John's politics.) The most interesting aspect of Coaker's vision is its wide-ranging nature, however. He envisioned fishing communities co-operating to take control of their future and provide everything for themselves and one another, including regulation of the fishery itself, hospitals, education for children, and old-age pensions. Although eventually defeated by Establishment interests, the movement is fascinating for the way in which it appears to have developed the norm of reciprocity into a highly sophisticated blueprint for a new, fairer and more independent society.

From my (admittedly highly subjective) standpoint, the norm of reciprocity still has great value in Newfoundland life today. Newfoundlanders are capable of behaving with a generosity that often startles foreigners. For example, catastrophes in other parts of the world tend to be felt with an immediacy that is remarkable given Newfoundland's isolation. I was in the province during the Haitian earthquake, and for weeks on end it formed the major subject of conversation and focus of charitable giving. Indeed, Newfoundland gives more per capita to charity than any other province in Canada, although it is traditionally one of the least prosperous. During the September 2001 attacks on New York many American flights were rerouted to the small airport in Gander, Newfoundland, where passengers were given food, shelter and the necessities of life in a spontaneous display of generosity by local residents. On a more everyday level, the sharing of food that helped outport communities survive is still a feature of modern Newfoundland social behaviour: for example, my parents often find neighbours or former students at their front door with unexpected presents of fish or other food that they have harvested. Informal collections for expensive medical treatment or presents for sick children are usually overwhelmingly successful. It appears that the norm of reciprocity has become so strong that generosity has come to be regarded as a good in itself, bringing the giver satisfaction even when there is little prospect of receiving a return on the favour. It may be that Newfoundlanders instinctively know that cohesion and stability in their society is built on such foundations.

Autorenverzeichnis

Kayo Adachi-Rabe ist eine in Marburg promovierte japanische Filmwissenschaftlerin. 1997-2009 Tätigkeit als wissenschaftliche Mitarbeiter im Institut für Japanologie an der Humboldt-Universität zu Berlin und an der Universität Leipzig. Zur Zeit des Kolloquiums Stipendiatin des Projekts „WerteWelten" im Deutschen Seminar der Universität Tübingen.

Karin S. Amos ist Professorin für Erziehungswissenschaft mit dem Schwerpunkt Allgemeine Pädagogik unter besonderer Berücksichtigung international vergleichender Bildungsforschung und interkultureller Pädagogik an der Universität Tübingen.

Amadou Oury Ba ist Dozent der Germanistik an der Universität Cheickh Anta Diop in Dakar. Er promovierte im Jahr 2005 über den Einfluss Goethes und Brechts auf die Ideen Léopold Sédar Senghors und Wole Soyinkas.

Alexander Baur ist akademischer Mitarbeiter und Lehrbeauftragter an der Philosophischen sowie der juristischen Fakultät der Universität Tübingen.

Winfried Hassemer war Professor für Rechtstheorie, Rechtssoziologie, Strafrecht und Strafverfahrensrecht an der Johann Wolfgang Goethe-Universität in Frankfurt am Main. Er war Mitglied und Vorsitzender des Zweiten Senats des Bundesverfassungsgerichtes sowie damit dessen Vizepräsident.

Kristiane Weber-Hassemer ist Richterin und Mitglied des Deutschen Ethikrats, dessen Vorsitzende sie von 2005 bis 2008 war.

Hans Jürgen Kerner ist Ordinarius an der Juristischen Fakultät der Universität Tübingen und zugleich Direktor des Instituts für Kriminologie der Universität Tübingen.

Elisabeth Kraus studierte Literatur, Zivilrecht und Rhetorik an der Eberhard-Karls Universität Tübingen.

Vivian Liska ist Professorin für Neuere Deutsche Literaturwissenschaft und Direktorin des Instituts für Jüdische Studien an der Universiteit Antwerpen.

John Neubauer ist emeritierter Professor für Literaturwissenschaft an der Universiteit van Amsterdam.

Holger Stroezel ist wissenschaftlicher Angestellter am Institut für Kriminologie an der Universität Tübingen.

Teruaki Takahashi ist Professor für Germanistik an der Rikkyo Universität in Tokio. Als Humboldt-Forschungsstipendiat war er von 1984–1986 und 2004 an den Universitäten in Bonn und Köln.

Miloš Vec ist mehrfach ausgezeichneter Jurist und Hochschullehrer am Max-Planck-Institut für europäische Rechtsgeschichte.

Melanie Wegel ist wissenschaftliche Angestellte am Institut für Kriminologie an der Universität Tübingen.

Elmar G. M. Weitekamp ist Senior Research Associate am kriminologischen Institut der Universität Tübingen sowie Special Visiting Professor für Kriminologie, Viktimologie und Restaurative Justice an der juristischen Fakultät der Katholischen Universität Leuven, Belgien.

Jürgen Wertheimer ist Professor für Neuere Deutsche Literatur sowie Internationale Literaturen (Komparatistik) an der Universität Tübingen.